वॉरेन बफे के मैनेजमेंट सूत्र

वॉरेन बफे के मैनेजमेंट सूत्र

प्रदीप ठाकुर

प्रभात प्रकाशन

प्रकाशक

प्रभात प्रकाशन प्रा. लि.

4/19 आसफ अली रोड, नई दिल्ली–110002

फोन : 011–23289777 • हेल्पलाइन नं. : 7827007777

इ–मेल : prabhatbooks@gmail.com ❖ वेब ठिकाना : www.prabhatbooks.com

संस्करण

2025

पेपरबैक मूल्य

तीन सौ पचास रुपए

मुद्रक

नरुला प्रिंटर्स, दिल्ली

★

WARREN BUFFETT KE MANAGEMENT SOOTRA
by Shri Pradeep Thakur

Published by **PRABHAT PRAKASHAN PVT. LTD.**
4/19 Asaf Ali Road, New Delhi-110002

ISBN 978-93-5266-940-0

₹ 350.00 (PB)

मेरी पूर्णकालिक लेखन-यात्रा को
संभव बनानेवाली धर्मपत्नी किरण और
मुझे हमेशा उत्साहित रखनेवाले
सुपुत्रों प्रभाकर, पुष्कर व भाष्कर
को
सस्नेह समर्पित

भूमिका

आमतौर पर वॉरेन बफे दीर्घकालिक निवेशक के रूप में जाना जाता है। लेकिन यदि आप वॉरेन बफे की स्वामित्वधारी कंपनी बर्कशायर हैथवे की सूची को देखें तो आप हैरान होंगे कि 67 कंपनियों में उसकी स्वामित्व हिस्सेदारी 90 से 100 प्रतिशत है। ये सहायक कंपनियाँ विभिन्न उपभोक्ता बाजारों में प्रमुख या नियंत्रणकारी भूमिकाओं में हैं और संयुक्त रूप से 109 अरब डॉलर (2017) का राजस्व अर्जित करती हैं। इसके अलावा बर्कशायर हैथवे 42 अन्य कंपनियों में भी 0.01 से लेकर 27.25 प्रतिशत तक का स्वामित्व धारण करती है। इस प्रकार बर्कशायर हैथवे 223.60 अरब डॉलर (2016) का राजस्व अर्जित कर 24.07 अरब डॉलर का शुद्ध लाभ अर्जित कर रही थी। यह वॉरेन बफे की अद्भुत प्रबंधन कला का भी प्रमाण प्रस्तुत करता है।

और इन दोनों ही रूपों में वॉरेन बफे की सफलता का मूल मंत्र रहा है—सही व्यवसाय का चयन। जी हाँ, बफे निवेशक के रूप पेशेवर जीवन शुरू करने से बहुत पहले ही इस रहस्य की खोज कर चुका था कि सभी व्यवसायों के अर्थशास्त्र एकसमान नहीं होते हैं। लेकिन कुछ विशेष प्रकार के व्यवसाय ऐसे होते हैं, जिनके अर्थशास्त्र स्वाभाविक रूप में उनके पक्ष में बहुत अधिक काम करते हैं। उसने परखा था कि जिन व्यवसायों को उनका अंतर्निहित अर्थशास्त्र समर्थन करता है, उन्हें अपनी कमाई की तुलना में बहुत ही कम पूँजीगत निवेश की आवश्यकता होती है। इस प्रकार के व्यवसाय बहुधा 'व्यापारिक नाम' (ब्रांड) वाले ऐसे उत्पाद बनाते हैं, जिन्हें कभी भी बदलने की आवश्यकता नहीं होती। या फिर, वे ऐसी महत्त्वपूर्ण सेवाएँ प्रदान करते हैं, जिनका कोई प्रतिस्पर्धी विकल्प नहीं होता। इस तरह वे 'एकाधिकार व्यवसाय' जैसे ही होते हैं। इसी कारण वे व्यवसाय अपने उत्पादों या सेवाओं की अधिक कीमत वसूल कर सकने की स्थिति में होते हैं, जो उन्हें अधिक अच्छी लाभ-सीमा (प्रॉफिट मार्जिन) प्रदान करते हैं।

यही कारण है कि वॉरेन बफे अपने समूचे पेशेवर जीवन में उन्हीं विशिष्ट व्यवसायों की खोज करता रहा है, जिनकी अंतर्निहित अर्थशास्त्र उन्हें समर्थन प्रदान करती हैं और वह उन्हें ही 'सही व्यवसाय' मानता रहा है। स्पष्ट है कि बफे की निवेश रणनीति में 'सही व्यवसाय' की खोज व चयन सबसे अधिक महत्त्वपूर्ण रही है। लेकिन वॉरेन बफे का मूल उद्‍देश्य 'सही व्यवसाय' का चयन कर उनमें निवेश कर औसत लाभ कमाना भर ही नहीं रहा है, बल्कि वॉरेन 'सही व्यवसाय' का स्वामित्व भी हासिल करना चाहता है। इतना ही नहीं, वह 'सही व्यवसाय' के लिए काम भी करना चाहता है, ताकि उन्हें उनकी सर्वोच्च संभावनाओं को प्राप्त करने में मदद कर सके। लेकिन वह 'सही व्यवसाय' की सर्वोच्च संभावनाओं का दोहन कर अधिकतम लाभ ही नहीं कमाना चाहता है, बल्कि वह 'सही व्यवसाय' को यथासंभव अधिकतम समय तक अपने पास ही बनाए रखना भी चाहता है, क्योंकि वह मानता है कि 'सही व्यवसाय' महानतम पेशेवर अवसर भी प्रदान करते हैं।

इस प्रकार वॉरेन बफे के दृष्टिकोण से वही कंपनियाँ स्वामित्व, निवेश व काम करने के लिए सबसे अच्छी हो सकती हैं, जो पेशागत उन्नति (कॅरियर एडवांसमेंट), नौकरी की सुरक्षा (जॉब सिक्योरिटी) व दीर्घकालिक लाभ कमाने का महानतम अवसर प्रदान कर सकने की स्थिति में हों। वॉरेन ऐसी ही कंपनियों को 'टिकाऊ प्रतिस्पर्धी लाभ' प्रदान कर सकनेवाला 'सही व्यवसाय' मानता है, क्योंकि उन कंपनियों का अंतर्निहित अर्थशास्त्र (इन्हेरेंट बिजनेस, उनके पक्ष में काम करते हैं। लेकिन बात यहीं नहीं खत्म हो जाती। उसके बाद वॉरेन बफे उन 'सही व्यवसायों' का गंभीर आर्थिक परीक्षण भी करता है, जिसकी विधियों के बारे में आप दूसरे अध्याय में विस्तार से जानकारी प्राप्त कर सकेंगे।

लेकिन वॉरेन बफे के लिए 'सही व्यवसाय' का चयन व 'आर्थिक परीक्षण' ही पर्याप्त नहीं है, इसके बाद वह संबंधित व्यवसाय के संचालन के लिए 'सही प्रबंधक' के चयन में भी उतनी ही सावधानी बरतता है। जरा सोचिए, लगभग 53 वर्ष पहले मई 1965 में वॉरेन बफे ने बर्कशायर हैथवे की कमान सँभाली थी। इस अवधि में बर्कशायर हैथवे की स्वामित्व हिस्सेदारियों (शेयर ऑफ स्टॉक) का बाजार मूल्य 21 प्रतिशत वार्षिक दर से बढ़ रहा था, जबकि डॉव जोंस इंडस्ट्रियल एवरेज (डी.जे.आई.ए.) का औसत वार्षिक प्रतिफल (एनुअल रिटर्न) केवल 2.075 प्रतिशत ही रहा। अब सहज ही यह प्रश्न खड़ा होता है कि वॉरेन बफे के लिए इतना आश्चर्यकारी कार्य-प्रदर्शन कैसे संभव हुआ? अधिकांश लोग बस

यही कहेंगे कि वह विश्व का सबसे महान् निवेशक है। इस तथ्य में शक की कोई गुंजाइश भी नहीं है कि वॉरेन बफे हमारे समय का सबसे बड़ा व सबसे सफल निवेशक रहा है। लेकिन यह प्रश्न का पूरा उत्तर नहीं है। वास्तव में वॉरेन बफे के संबंध में सबसे महत्त्वपूर्ण जानने योग्य तथ्य यही है कि वह असाधारण रूप से सफल 'प्रबंधक' भी रहा है।

जी हाँ, वॉरेन बफे अकेला व्यक्ति विशेष है, जो लगातार 53 वर्षों से बर्कशायर हैथवे जैसे विशाल बहुराष्ट्रीय-बहुव्यापारिक संगठन की कमान सँभाले हुए है। लेकिन वॉरेन बफे की निवेश रणनीति के अधिकांश अनुयायियों ने भी उसके 'प्रबंधन सूत्रों' को गंभीरता से समझने व अपनाने की कोशिश नहीं की है। यदि ऐसा होता तो बहुराष्ट्रीय निगमों की कार्य-संस्कृति ही बदल गई होती। तीसरे अध्याय में आप पढ़नेवाले हैं कि वॉरेन बफे ने कैसे अपने अलग-अगल व्यवसायों के लिए 'सही प्रबंधक' का चुनाव किया था और स्वयं में उन सही प्रबंधकों को प्राधिकार सौंपने (डेलीगेशन ऑफ ऑथोरिटी) की कला विकसित की थी। लेकिन वॉरेन बफे ने इससे भी आगे बढ़कर प्रबंधकों को प्रोत्साहित करने की विशिष्ट कला भी विकसित की थी, जिसके बारे में आप चौथे अध्याय में पढ़ेंगे। यही कारण था कि वॉरेन बफे बर्कशायर हैथवे के विविध व्यवसायों को शक्तिशाली वित्तीय साम्राज्य में बदल दिया था। आप हैरान होंगे कि किस प्रकार वारने बफे ने आत्म-सुधार के प्रणेता डेल हार्बिसन कार्नेगी सहित अन्य लोगों से कितना कुछ सीखा था और किस प्रकार उन सीखों को अपनी प्रबंधन-शैली में अपनाया था। चाहे वह पहली भेंट में ही प्रभाव बनाने की कुशलता हो या प्रसंशा के उपयोग का जादू या आलोचना के उपयोग के खतरे या फिर सलाह का सूक्ष्म उपयोग—अपने प्रबंधकों को प्रोत्साहित, प्रेरित व प्रभावित करने में वॉरेन बफे वर्तमान युग के सर्वाधिक कुशल नेतृत्वकर्ताओं में शीर्ष पर रखा जाता है।

लेकिन ज्यों-ज्यों किसी व्यवसाय का विस्तार होता है तो उसके लिए कमाई के अवसरों के साथ खतरे व चुनौतियाँ भी बढ़ती हैं। वॉरेन बफे का कहना है कि व्यवसाय की सड़कें गड्ढों से भरी-पड़ी हैं और उनसे बचने के लिए आपदा योजना की आवश्यकता होती है। वह बहुत अधिक उधार के खतरों, कर्मचारियों द्वारा कानून तोड़ने, अच्छे विचारों से भटक जाने, अनजाने में गलतियाँ हो जाने, चापलूसों को प्रबंधित न कर पाने और उचित अवसर चूक जाने को व्यवसाय की सड़कों के गड्ढों के रूप में गिनता है और उन सभी खतरों व चुनौतियों से निपटने के लिए

विशेष प्रबंधन तकनीकों के उपयोग पर बल देता है। बफे का मानना है कि जब हम इन सभी से निपटने में सक्षम होते हैं, तभी संबंधित व्यवसाय के अवसरों को देख पाते हैं। लेकिन बफे ने यह सब अपने अनुभवों से इन गड्ढों से बचने की आपदा योजना को क्रमशः विकसित किया था। पाँचवें व अंतिम अध्याय में हम बफे के इन्हीं अनमोल अनुभवों की चर्चा करनेवाले हैं, जिनसे हरेक नेतृत्वकर्ता को स्वयं को प्रबंधकीय खतरों को दूर रखने और उनसे स्वयं को बाहर निकलने में मदद मिलेगी।

मुझे पूरा भरोसा है कि 'वॉरेन बफे के मैनेजमेंट सूत्र' से सुधी पाठकों को न केवल विश्व के सब निवेशक की 'प्रबंधन कला' को समझने का अवसर मिलेगा, वरन् इन प्रबंधन सूत्रों के उपयोग से उन्हें अपने व्यक्तिगत व व्यावसायिक जीवन में सफलता को सुनिश्चित करने में सहायता मिल सकेगी।

—प्रदीप ठाकुर

अनुक्रम

अध्याय-1

सही व्यवसाय का चयन

वॉरेन बफे न केवल दीर्घकालिक निवेशक (लॉन्ग टर्म इन्वेस्टर) रहे हैं, बल्कि व्यवसाय-प्रबंधक (बिजनेस मैनेजर) के रूप में भी वह अद्वितीय हैं। और इन दोनों ही रूपों में बफे की सफलता का मूल मंत्र रहा है—सही व्यवसाय का चयन।

जी हाँ, वॉरेन बफे निवेशक के रूप पेशेवर जीवन शुरू करने से भी बहुत पहले इस रहस्य की खोज कर चुके थे कि सभी व्यवसायों के अर्थशास्त्र एक समान नहीं होते हैं। लेकिन कुछ विशेष प्रकार के व्यवसाय ऐसे होते हैं, जिनके अर्थशास्त्र स्वाभाविक रूप उनके पक्ष में इतना अधिक काम करते हैं। ऐसे अंतर्निहित व्यावसायिक अर्थशास्त्र (इन्हेरेंट बिजनेस इकोनॉमिक्स) वाले व्यवसाय को अपनी कमाई की तुलना में बहुत ही कम पूँजीगत निवेश (कैपिटल इन्वेस्टमेंट) की आवश्यकता होती है। इस प्रकार के व्यवसाय बहुधा 'व्यापारिक नाम' (ब्रांड) वाले ऐसे उत्पाद बनाते हैं, जिन्हें कभी भी बदलने की आवश्यकता नहीं होती। या फिर वे ऐसी महत्त्वपूर्ण सेवाएँ प्रदान करते हैं, जिनका कोई प्रतिस्पर्धी विकल्प (कॉम्पिटीटिव सब्स्टीट्यूट) नहीं होता। इस तरह, वे 'एकाधिकार व्यवसाय' (मोनोपली बिजनेस) जैसे ही होते हैं। इसी कारण वे व्यवसाय अपने उत्पादों या सेवाओं की अधिक कीमत वसूल कर सकने की स्थिति में होते हैं, जो उन्हें अधिक अच्छी लाभ-सीमा (प्रॉफिट मार्जिन) प्रदान करते हैं।

वॉरेन बफे अपने समूचे पेशेवर जीवन में अंतर्निहित व्यावसायिक अर्थशास्त्र की अनुकूलता वाले इसी प्रकार के विशिष्ट व्यवसायों की खोज करते हैं, क्योंकि वह उन्हें ही 'सही व्यवसाय' मानते हैं। बफे अपनी निवेश रणनीति (इन्वेस्टमेंट स्ट्रेटेजी) में 'सही व्यवसाय' की खोज व चयन को सबसे अधिक महत्त्वपूर्ण मानते

रहे हैं। लेकिन उनका मूल उद्देश्य 'सही व्यवसाय' का चयन कर उनमें निवेश कर औसत लाभ कमाना भर ही नहीं रहा है। वॉरेन 'सही व्यवसाय' का स्वामित्व भी हासिल करना चाहते हैं। इतना ही नहीं, वह 'सही व्यवसाय' के काम भी करना चाहते हैं, ताकि उन्हें उनकी सर्वोच्च संभावनाओं को प्राप्त करने में मदद कर सके। लेकिन वह 'सही व्यवसाय' की सर्वोच्च संभावनाओं का दोहन कर अधिकतम लाभ ही नहीं कमाना चाहते हैं, वह 'सही व्यवसाय' को यथासंभव अधिकतम समय तक अपने पास ही बनाए रखना भी चाहते हैं, क्योंकि वह मानते हैं कि 'सही व्यवसाय' महानतम पेशेवर अवसर भी प्रदान करते हैं।

टिकाऊ प्रतिस्पर्धी लाभ देनेवाली कंपनियाँ

जिनकी माँग तो हमेशा बनी रहती है, लेकिन उन्हें कभी भी बहुत अधिक सुधारने या फिर बदलने की आवश्यकता ही नहीं होती। इसीलिए संबंधित कंपनियों को न तो अनुसंधान एवं विकास (रिसर्च एंड डेवलपमेंट/आर. एंड डी.) और न ही उत्पाद बनावट (प्रोडक्ट डिजाइन) में बदलाव होने के कारण संयंत्र (प्लांट) व उपकरणों के उन्नयन (अपग्रेडेशन) पर बड़ी धनराशि खर्च करनी पड़ती है।

वॉरेन बफे के अनुसार, वही कंपनियाँ स्वामित्व, निवेश व काम करने के लिए सबसे अच्छी हो सकती हैं, जो पेशागत उन्नति (कॅरियर एडवांसमेंट), नौकरी की सुरक्षा (जॉब सिक्योरिटी) एवं दीर्घकालिक लाभ कमाने का महानतम अवसर प्रदान कर सकने की स्थिति में हों। वॉरेन ऐसी ही कंपनियों को 'टिकाऊ प्रतिस्पर्धी लाभ' (ड्यूरेबल कॉम्पिटीटिव एडवांटेज) प्रदान कर सकनेवाला 'सही व्यवसाय' मानते हैं, क्योंकि उन कंपनियों के अंतर्निहित व्यावसायिक अर्थशास्त्र उनके पक्ष में काम करते हैं।

वास्तव में, ऐसी कंपनियों के पास आधारभूत उत्पाद व सेवाएँ होती हैं, जिनकी माँग तो हमेशा बनी रहती है, लेकिन उन्हें कभी भी बहुत अधिक सुधारने या फिर बदलने की आवश्यकता ही नहीं होती। इसीलिए संबंधित कंपनियों को न तो अनुसंधान एवं विकास (रिसर्च एंड डेवलपमेंट/आर. एंड डी.) और न ही उत्पाद बनावट (प्रोडक्ट डिजाइन) में बदलाव होने के

कारण संयंत्र (प्लांट) व उपकरणों के उन्नयन (अपग्रेडेशन) पर बड़ी धनराशि खर्च करनी पड़ती है। ऐसी कंपनियाँ मामूली रख-रखाव खर्च के साथ अपने पुराने संयंत्र व उपकरणों को ही वर्षों तक चलाती रहती हैं, जब तक कि वे पूरी तरह घिस न जाएँ। इस प्रकार, बचत की गई भारी धनराशि को वे कंपनियाँ अपने व्यवसाय विस्तार में उपयोग करती हैं, और उन्हें इस काम के लिए न तो ऊँची ब्याज दरों पर बैंकों से ऋण लेना पड़ता है और न ही नई स्वामित्व हिस्सेदारियाँ (शेयर ऑफ स्टॉक) बेचकर पूँजी बाजार से धन उगाहना पड़ता है। इतना ही नहीं, ऐसे आधारभूत उत्पादों व सेवाओं को बेचना भी आसान होता है और वे बिना बहुत अधिक विज्ञापन खर्च के ही उपभोक्ताओं के मस्तिष्क में अपनी व्यापारिक नाम की छवि (ब्रांड इमेज) भी बनाए रखती हैं। इन्हीं कारणों से ऐसे उत्पादों व सेवाओं की नियमित रूप से भारी माँग होती है, जो संबंधित कंपनियों की कुल बिक्री मात्राओं (सेल्स वॉल्यूम) के साथ उनकी लाभ सीमाओं (प्रॉफिट मार्जिन) को ऊँचे स्तरों पर पहुँचाती हैं। ऐसे में, इन कंपनियों के पास आंतरिक रूप से इतना अधिक नकदी पैदा हो जाती है कि वे अपने धन से ही अपना लगातार विस्तार कर पाने में सक्षम रहती हैं।

> **कोकाकोला जैसी कंपनियों को ही देखें तो ऐसी कंपनियों को प्रतिस्पर्धा में आगे रहने के लिए अपने उत्पादों की बनावट या गुणवत्ता में लगातार सुधारने और उनके लिए अपने संयंत्रों के उन्नयन पर लगातार अरबों डॉलर खर्च करते रहने की आवश्यकता नहीं होती।**

उदाहरण के रूप में, कोकाकोला जैसी कंपनियों को ही देखें तो ऐसी कंपनियों को प्रतिस्पर्धा में आगे रहने के लिए अपने उत्पादों की बनावट या गुणवत्ता में लगातार सुधारने और उनके लिए अपने संयंत्रों के उन्नयन पर लगातार अरबों डॉलर खर्च करते रहने की आवश्यकता नहीं होती। इस तरह, ऐसी कंपनियों के पास इतना अधिक नकदी जमा हो जाती है कि वे बिना ऋण लिये या फिर स्वामित्व हिस्सेदारी बेचे दूसरी कंपनियों का अधिग्रहण (टेकओवर) कर अपना बाजार विस्तार करने में सक्षम रहती हैं। दूसरी तरफ, जंनरल मोटर्स जैसी कंपनियों को देखें तो उनके उत्पादों—मोटर वाहनों (ऑटोमोबाइल) की बनावट लगभग हर वर्ष बदल जाती हैं और उन्हें हर वर्ष ही अपने संयंत्र व उपकरणों के उन्नयन पर अरबों डॉलर खर्च करना पड़ता

है। जनरल मोटर्स ऐसा नहीं करेगी तो वह फोर्ड मोटर्स व टोयोटा जैसी कंपनियों से प्रतिस्पर्धा नहीं कर सकेगी। यही कारण है कि मोटर वाहन उद्योग की सभी कंपनियों को पूँजीगत व्यय (कैपिटल एक्सपेंडिचर) को पूरा करने के लिए बिक्री राजस्व के अतिरिक्त बैंकों के ऋण के साथ ऋण-प्रतिभूति (ब्रांड) व स्वामित्व हिस्सेदारियाँ भी बेचनी पड़ती हैं।

चूँकि यहाँ पर शीतल पेय (सॉफ्ट ड्रिंक) उद्योग का 'अंतर्निहित व्यावसायिक अर्थशास्त्र' कोकाकोला जैसी कंपनियों के पक्ष में काम करता है और वे टिकाऊ प्रतिस्पर्धी लाभ देने में सक्षम होती हैं; जबकि मोटर वाहन उद्योग का 'अंतर्निहित व्यावसायिक अर्थशास्त्र' जनरल मोटर्स जैसी कंपनियों के पक्ष में काम नहीं करता है और वे टिकाऊ प्रतिस्पर्धी लाभ देने में सक्षम नहीं होती हैं। अब प्रश्न यह है कि इन दोनों प्रकार की कंपनियों में से कौन सी पेशागत उन्नति, नौकरी की सुरक्षा व दीर्घकालिक लाभ कमाने का सबसे अच्छा अवसर प्रदान कर सकती है—वह, जो आंतरिक रूप से भारी मात्रा में नकदी पैदा करने में सक्षम है या फिर वह, जो भारी मात्रा में नकदी जला रही है? हम सभी का उत्तर यही होगा—वैसी कंपनियाँ, जो भारी मात्रा में नकदी पैदा कर रही हैं; क्योंकि अतिरिक्त नकदी उन कंपनियों के प्रबंधन को अच्छा प्रदर्शित करती हैं और वर्ष के अंत में उन्हें उदारता से अधिलाभ (बोनस) भी प्रदान करती हैं। स्पष्ट है कि ऐसी ही कंपनियाँ अपने कर्मचारियों को नौकरी की सुरक्षा प्रदान कर सकती हैं और अपने शेयरधारकों को अधिक लाभ कमाने का अवसर भी।

इस प्रकार की कंपनियों के तीन आधारभूत व्यवसाय-प्रारूप (बिजनेस मॉडल) होते हैं, जो अद्वितीय उत्पादों (यूनीक प्रोडक्ट्स) की बिक्री करती हैं; जो अद्वितीय सेवाएँ प्रदान करती हैं और जो कम लागतवाली ऐसे उत्पादों/सेवाओं की खरीद-बिक्री करती हैं, जो आम जनता की आवश्यकताओं में शामिल है और उनकी नियमित रूप से भारी माँग होती है।

स्पष्ट है कि वॉरेन ऐसी ही कंपनियों के व्यवसाय को 'सही व्यवसाय' मानते हैं, जो टिकाऊ व प्रतिस्पर्धी लाभ देने में सक्षम होती हैं। इस प्रकार की कंपनियों के तीन आधारभूत व्यवसाय-प्रारूप (बिजनेस मॉडल) होते हैं, जो अद्वितीय उत्पादों (यूनीक प्रोडक्ट्स) की बिक्री करती हैं;

जो अद्वितीय सेवाएँ प्रदान करती हैं और जो कम लागतवाली ऐसे उत्पादों/सेवाओं की खरीद-बिक्री करती हैं, जो आम जनता की आवश्यकताओं में शामिल है और उनकी नियमित रूप से भारी माँग होती है।

अद्वितीय उत्पादों की विक्रेता कंपनियाँ

हम अद्वितीय उत्पादों की बिक्री करनेवाली कंपनियों में कोकाकोला कंपनी, पेप्सीको इनकॉर्पोरेटेड, फिलिप मॉरिस/मार्लबोरो, बडवेइजर (एन्हयूसर-बुश इनबेव समूह), जिलेट (प्रॉक्टर एंड गैंबल/पी एंड जी), हेर्शेय कंपनी, व्रिगले (मार्स इनकॉर्पोरेटेड), क्राफ्ट फूड्स ग्रुप, मार्क एंड कंपनी, जॉनसन एंड जॉनसन आदि को शामिल कर सकते हैं। यहाँ पर कुछ कंपनियों के अद्वितीय उत्पादों और उनकी ब्रांड छवियों की संक्षिप्त जानकारियाँ दी जा रही हैं।

कोकाकोला कंपनी—कोकाकोला को अपनी ही तरह का सबसे सफल ब्रांड माना जाता है। हर किसी ने 'कोकाकोला' का नाम सुना है और ऐसे व्यक्ति को ढूँढ़ पाना मुश्किल होगा, जो इसके लाल व्यापार-चिह्न को न पहचाने। 'फोर्ब्स' पत्रिका ने 'कोकाकोला' ब्रांड का मूल्यांकन 4 प्रतिशत वार्षिक वृद्धि के साथ 58.5 अरब डॉलर किया था और वर्ष 2016 की 'विश्व के सबसे मूल्यवान् 100 ब्रांड' सूची में उसे चौथे स्थान पर रखा था। इस दौरान, अकेले 'कोकाकोला' ब्रांड ने 21.9 अरब डॉलर राजस्व हासिल किया था, जबकि कोकाकोला कंपनी ने 'कोकाकोला' सहित अपने ब्रांडों को प्रचारित-प्रसारित करने के लिए केवल 4 अरब डॉलर खर्च किए थे।

'फोर्ब्स' पत्रिका ने 'कोकाकोला' ब्रांड का मूल्यांकन 4 प्रतिशत वार्षिक वृद्धि के साथ 58.5 अरब डॉलर किया था और वर्ष 2016 की 'विश्व के सबसे मूल्यवान् 100 ब्रांड' सूची में उसे चौथे स्थान पर रखा था।

कोकाकोला कंपनी विश्वव्यापी मादकता-रहित पेय (नॉन-अल्कोहलिक ड्रिंक) उद्योग का सबसे अधिक महत्त्वपूर्ण खिलाड़ी है। दक्षिण-पूर्वी अमेरिकी राज्य जॉर्जिया की राजधानी अटलांटा में कोकाकोला का मुख्यालय है। यह अपने क्षेत्रीय उप-मुख्यालयों के माध्यम से विश्व भर में फैले लगभग 300 बोतल भराई संयंत्र संचालकों (बॉटलिंग प्लांट ऑपरेटर्स) के विशाल संजाल को नियंत्रित-

परिचालित करती है। वर्ष 2014 में कंपनी ने 46 अरब डॉलर का परिचालन राजस्व (ऑपरेटिंग रेवेन्यू) हासिल किया था, जिसमें उत्तरी अमेरिका की हिस्सेदारी 46.7 प्रतिशत थी और यही कोकाकोला का सबसे बड़ा बाजार था। विश्व बाजार में कोकाकोला की बाजार हिस्सेदारी लगभग 30 प्रतिशत है।

'विन मारियानी' ब्रांड नाम से बाजार में उतारी गई यह मदिरा यूरोप के आभिजात्य वर्ग में काफी लोकप्रिय हुई थी। हालाँकि इस मदिरा के कोकीन की अधिकतम मात्रा 10 मिलीग्राम प्रति औंस ही थी, इसीलिए यह स्वाद में बहुत अच्छी थी; लेकिन इससे नशे की लत पड़ती थी।

आपको यह जानकर आश्चर्य हो सकता है कि कोका-आधारित पेय को कोकाकोला ने नहीं शुरू किया था। विशेष रूप से पश्चिमी दक्षिण-अमेरिका के अर्जेंटीना, बोलीविया, कोलंबिया, इक्वाडोर व पेरू आदि क्षेत्रों में कोका की झाड़ियों को नकदी फसल के रूप में उगाया जाता रहा है। कोका पत्तियों को विश्व भर में मनोस्फूर्तिदायक उपक्षार (एल्कलॉइड) 'कोकीन' के स्रोत के रूप में जाना जाता है, लेकिन इसमें कोकीन की मात्रा 0.25 से 0.77 प्रतिशत होती है। इसीलिए कोका पत्तियाँ चबाने या कोका चाय पीने से कोकीन जैसी तेज उत्तेजना (एक्साइटमेंट) या अवसाद (डिप्रेशन) का अनुभव नहीं होता। सदियों से कोका पत्तियों के रस का दवा में उपयोग किया जाता रहा है, लेकिन वर्ष 1863 में फ्रांसीसी रसायनज्ञ मारियानी ने कोका-आधारित मदिरा (कोका वाइन) का रासायनिक सूत्र खोजा था। 'विन मारियानी' ब्रांड नाम से बाजार में उतारी गई यह मदिरा यूरोप के आभिजात्य वर्ग में काफी लोकप्रिय हुई थी। हालाँकि इस मदिरा के कोकीन की अधिकतम मात्रा 10 मिलीग्राम प्रति औंस ही थी, इसीलिए यह स्वाद में बहुत अच्छी थी; लेकिन इससे नशे की लत पड़ती थी।

इस घटना के तेईस वर्षों बाद, जब यूरोप में 'विन मारियानी' की बिक्री चरम पर थी, तब जॉर्जिया के अमेरिकी सेना से सेवानिवृत्त लेफ्टिनेंट कर्नल औषधि विशेषज्ञ (फार्मासिस्ट) जॉन पेम्बरटन उसका विकल्प बनाने के प्रयोग में जुटे हुए थे। उसने कोका पत्तियों में कोका फल (अफ्रीका के उष्ण कटिबंधीय वर्षा वन में पाया जानेवाला पेड़) व दमियाना पत्तियाँ (पश्चिमी टेक्सास में पाई जानेवाली

झाड़ी) मिलाकर 'पेम्बरटन'स फ्रेंच वाइन कोका' नामक एक नई मदिरा बनाई थी। लेकिन उसी समय शराबबंदी आंदोलन के चलते अटलांटा के स्थानीय प्रशासन ने अल्कोहल आधारित सभी प्रकार के पेय पर प्रतिबंध लगा दिया था। तब सन् 1896 में जॉन पेम्बरटन ने उस मदिरा के रासायनिक सूत्र में परिवर्तन कर कार्बन आधारित चीनी-शरबत, कोका पत्तियों, कोला फल सहित सात प्राकृतिक स्वाद-रसों से एक मीठा शीतल पेय तैयार किया था। यह रासायनिक सूत्र अभी भी एक गुप्त रहस्य के रूप में संरक्षित किया जाता है। हालाँकि यह गैर-अल्कोहल पेय था, फिर भी मूल रूप से उसमें कोकीन की मात्रा थी और उसे मस्तिष्क की क्षमता बढ़ानेवाली दवा यानी ब्रेन टॉनिक के रूप में बाजार में उतारा गया था। पेम्बरटन ने स्वयं नहीं, बल्कि अपने बही-लेखक फ्रैंक रॉबिनसन की प्रेरणा से इसका नाम 'कोकाकोला' रखा था। रॉबिनसन ने अपने घसीट-लेखन (कर्सिव राइटिंग) से 'कोकाकोला' का व्यापार-चिह्न (ट्रेडमार्क) तैयार किया था, जो दुनिया की सबसे ज्यादा पहचानी जानेवाली हस्तलिपि (हैंडराइटिंग) है। नाम सुझाने का श्रेय भले ही रॉबिनसन को जाता है, लेकिन कोकाकोला की शुरुआती सफलता व लोकप्रियता का सेहरा तो जॉन पेम्बरटन के सिर पर बाँधा जाता है।

> **पेम्बरटन ने स्वयं नहीं, बल्कि अपने बही-लेखक फ्रैंक रॉबिनसन की प्रेरणा से इसका नाम 'कोकाकोला' रखा था। रॉबिनसन ने अपने घसीट-लेखन (कर्सिव राइटिंग) से 'कोकाकोला' का व्यापार-चिह्न (ट्रेडमार्क) तैयार किया था, जो दुनिया की सबसे ज्यादा पहचानी जानेवाली हस्तलिपि (हैंडराइटिंग) है।**

वैसे, जॉन पेम्बरटन के लिए पहले वर्ष में कोकाकोला का उत्पादन खर्च निकाल पाना भी मुश्किल साबित हुआ था। अटलांटा की एक दवा की दुकान पर स्थित सोडा फाउंटेन से उसने पाँच सेंट प्रति गिलास की दर पर कोकाकोला बेचना शुरू किया था। वैसे तो मूल कोकाकोला में भी लत डालनेवाला गुण था, लेकिन 'विन मारियानी' जैसा लोकप्रिय नहीं साबित हुआ था और शुरुआत में उसकी औसत दैनिक बिक्री छह गिलास पर सिमटी रही थी। लेकिन एंजेलो मारियानी के मुकाबले में अपने ब्रांड को ज्यादा तेजी से प्रचारित-प्रसारित करने के मामले में जॉन पेम्बरटन ज्यादा बुद्धिमान निकला था। उसने विज्ञापन की ताकत को बहुत जल्दी

पहचान लिया था और पेय के आविष्कार के तीन सप्ताह बाद ही स्थानीय अखबार 'दि अटलांटा जर्नल' में कोकाकोला का पहला विज्ञापन प्रकाशित कर दिया था। यही कारण था कि प्रचारित-प्रसारित न होने के चलते 'विन मारियानी' जैसी एक समय की लोकप्रिय मदिरा बाजार से गायब हो गई तो विज्ञापन के दम पर कोकाकोला की बिक्री चल निकली। दो वर्षों तक विज्ञापन की देख-रेख स्वयं जॉन पेम्बरटन ने ही की थी। लेकिन अपनी मृत्यु के एक सप्ताह पहले उसने स्थानीय औषधि निर्माता व कारोबारी मित्र आसा ग्रिग्स कैंडलर को कोकाकोला के अधिकार बेच दिए।

कैंडलर ने सन् 1892 में कोकाकोला कंपनी का गठन किया था और उसके साल भर बाद उसका व्यापार -चिह्न (ट्रेडमार्क) पंजीकृत कराया था। लेकिन उससे बहुत पहले सन् 1885 में ही कैंडलर अमेरिका के सभी राज्यों में अपनी विस्तार-योजनाओं को अमल में ले आया था और सभी प्रमुख बाजारों में बोतलबंद कोकाकोला की बिक्री शुरू हो चुकी थी। बीसवीं सदी की शुरुआत में बोतल-भराई संयंत्रों के शुभारंभ हुए थे और अगले सौ वर्षों में कोकाकोला सबसे अधिक पहचाने जानेवाले ब्रांड के रूप में विश्व भर में फैल गया था। ध्यान रहे कि कोकाकोला से बहुत पहले ही 'कोकीन' का नाम निकाला जा चुका था और 1893 में ही जॉर्जिया से सटे अमेरिकी प्रांत उत्तरी कैरोलिना न्यू बर्न (क्रावेन काउंटी) उसकी प्रतिस्पर्धी शीतल पेय कंपनी पेप्सी कोला कंपनी का जन्म हो चुका था, जो लगातार उसके साथ मुकाबला करने की कोशिशें करती आ रही थी।

कोकाकोला से बहुत पहले ही 'कोकीन' का नाम निकाला जा चुका था और 1893 में ही जॉर्जिया से सटे अमेरिकी प्रांत उत्तरी कैरोलिना न्यू बर्न (क्रावेन काउंटी) उसकी प्रतिस्पर्धी शीतल पेय कंपनी पेप्सी कोला कंपनी का जन्म हो चुका था, जो लगातार उसके साथ मुकाबला करने की कोशिशें करती आ रही थी।

फिर भी 'कोकाकोला' सबसे सफल ब्रांड के रूप में अपना बाजार विस्तार करता चला गया था। क्यों? क्योंकि 'कोकाकोला' ने बाजार में अपने प्रति अटूट विश्वास व आस्था बनाने की हरसंभव कोशिशें की थीं। अब जरा कोकाकोला के

विज्ञापन अभियानों के घोष-वाक्यों को ध्यान से पढ़िए—'द ग्रेट नेशनल टेंपरेस ड्रिंक'/महान् राष्ट्रीय शराबबंदी पेय (1906); 'सिक्स मिलियन ए डे'/एक दिन छह करोड़ (1925); 'द रियल थिंग'/ असली चीज (1942); 'व्हाट यू वांट इज कोक'/आप जो चाहते हैं वह कोक है (1952), 'कोक इज इट!'/ कोक है यह! (1982); 'ऑलवेज कोकाकोला'/हमेशा कोकाकोला (1993) आदि।

और, आपको वर्ष 2002 में भारत में कोकाकोला के उस विज्ञापन अभियान का ऐतिहासिक घोष वाक्य 'ठंडा मतलब कोकाकोला' याद है न, जिसके जरिए कंपनी ने ग्रामीण क्षेत्रों में प्रवेश किया था? देहाती भाषा के इस घोष वाक्य को प्रसून जोशी ने लिखा था और सिने अभिनेता आमिर खान ने विज्ञापन फिल्म में यह संवाद बोला था। उस वक्त प्रसून बहुराष्ट्रीय विज्ञापन प्रतिष्ठान ओगिल्वी एंड मैथर (दिल्ली) में एक मामूली कॉपी राइटर हुआ करते थे। लेकिन यह विज्ञापन इतना मशहूर हुआ कि प्रसून जोशी को करीब दस वर्ष पुरानी नौकरी छोड़कर कार्यकारी उपाध्यक्ष (एग्जीक्यूटिव वाइस प्रेसिडेंट) व राष्ट्रीय रचनात्मक निदेशक (नेशनल क्रिएटिव डायरेक्टर) के रूप में प्रतिस्पर्धी बहुराष्ट्रीय विज्ञापन प्रतिष्ठान मैककैन-एरिक्सन में शामिल होने का अवसर मिल गया था। इस घोष वाक्य पर कई विज्ञापन फिल्में बनी थीं और इस अभियान की बदौलत कोकाकोला समूचे भारतीय ग्रामीण बाजार में अपनी पैठ बना पाने में सफल रही थी।

देहाती भाषा के इस घोष वाक्य को प्रसून जोशी ने लिखा था और सिने अभिनेता आमिर खान ने विज्ञापन फिल्म में यह संवाद बोला था। उस वक्त प्रसून बहुराष्ट्रीय विज्ञापन प्रतिष्ठान ओगिल्वी एंड मैथर (दिल्ली) में एक मामूली कॉपी राइटर हुआ करते थे।

जी हाँ, कोकाकोला ब्रांड की सबसे बड़ी ताकत यही रही है कि वह इस तरह के आत्मविश्वासपूर्ण घोष वाक्यों पर आधारित धुआँधार विज्ञापन अभियानों के माध्यम से ग्राहकों के दिलो-दिमाग पर छाए रहने में कामयाब रही है। वर्ष 2014 में कोकाकोला ने सिर्फ इसी मूल ब्रांड पर विश्व भर में अलग-अलग विज्ञापन अभियानों व जन-संपर्क गतिविधियों पर कुल 3.50 अरब डॉलर खर्च किए थे। कंपनी ने अपने दूसरे सबसे बड़े लोकप्रिय ब्रांड 'स्प्राइट' पर भी 3.50 अरब डॉलर

ही खर्च किए थे। इस तरह वर्ष 2015 में सभी 100 सबसे मूल्यवान् ब्रांड के बीच कोकाकोला कंपनी विज्ञापन पर सबसे अधिक खर्च करनेवाली कंपनी थी।

पेप्सिको इन्कॉर्पोरेटेड—पेप्सीको विभेदीकरण (डिफरेंसिएशन) ब्रांड माना जाता है। यह कोकाकोला जितना सफल ब्रांड नहीं है। वैसे तो इस धरती का कोई भी ब्रांड 'कोकाकोला' जितना सफल नहीं है, लेकिन यह भी सच है कि 'कोकाकोला' की प्रभावशाली स्थिति ही 'पेप्सी' को विशिष्ट बनाती है। चूँकि पेप्सी ही एकमात्र मादकता-रहित पेय (नॉन-अल्कोहलिक ड्रिंक) ब्रांड है, जो इतने लंबे समय से 'कोकाकोला' के समानांतर अपनी पहचान कायम किए हुए है। आप 'कोकाकोला' व 'पेप्सी' में स्पष्ट रूप से विभेद कर सकते हैं और यही कारण है कि उसे विभेदीकरण ब्रांड कहा जाता है। निश्चित तौर पर यह दूसरे स्थान पर रहनेवाला विश्व का सर्वोत्तम मादकता-रहित पेय ब्रांड है, जो अपने मुख्य प्रतिस्पर्धी के इतना नजदीक है। हालाँकि 'बर्गर किंग' भी मैकडोनॉल्ड्स के बाद दूसरे स्थान वाला ब्रांड है, लेकिन दोनों के बीच की दूरी बहुत बड़ी है। विश्व में 'पेप्सी' व 'कोकाकोला' जैसे कट्टर व नजदीकी प्रतिस्पर्धी ब्रांड दिखाई नहीं देते हैं।

> **इस धरती का कोई भी ब्रांड 'कोकाकोला' जितना सफल नहीं है, लेकिन यह भी सच है कि 'कोकाकोला' की प्रभावशाली स्थिति ही 'पेप्सी' को विशिष्ट बनाती है। चूँकि पेप्सी ही एकमात्र मादकता-रहित पेय (नॉन-अल्कोहलिक ड्रिंक) ब्रांड है, जो इतने लंबे समय से 'कोकाकोला' के समानांतर अपनी पहचान कायम किए हुए है।**

'फोर्ब्स' पत्रिका ने पेप्सी का ब्रांड मूल्यांकन 3 प्रतिशत वार्षिक वृद्धि के साथ 19.3 अरब डॉलर किया था और 2016 की 'विश्व के सबसे मूल्यवान् ब्रांड' सूची में 29वें स्थान पर बनाए रखा था। इस दौरान पेप्सी ब्रांड ने अकेले 11.8 अरब डॉलर का राजस्व (कोकाकोला से 39.1 अरब डॉलर कम) हासिल किया था, जबकि पेप्सिको ने 'पेप्सी' सहित अपने अन्य ब्रांडों के प्रचार-प्रसार पर 2.4 अरब डॉलर खर्च किए थे। इस तरह, पेप्सिको की तुलना में विज्ञापन पर केवल 1.60 करोड़ डॉलर अधिक खर्च कर कोकाकोला कंपनी ने अपने प्रमुख ब्रांड पर 39.1 अरब डॉलर अधिक राजस्व हासिल किया था। कोकाकोला कंपनी ने ब्रांड राजस्व

का 6.8 प्रतिशत विज्ञापनों पर खर्च किया था, जबकि पेप्सिको को 12.6 प्रतिशत खर्च करना पड़ा था। हाँ, 'कोकाकोला' व 'पेप्सी' के बीच में और कोई भी मादकता-रहित पेय ब्रांड नहीं था।

वर्ष 1893 में दक्षिण-पूर्वी अमेरिका उत्तरी कैरोलिना राज्य के समुद्र-तट के पास ट्रेंट व नेउस नदियों के संगम पर बसे न्यू बर्न शहर में यूनिवर्सिटी ऑफ मेरीलैंड स्कूल ऑफ मेडिसिन से शिक्षा प्राप्त दवा विशेषज्ञ कालेब डेविस ब्रैढम ने 'ब्रैड'स ड्रिंक' नामक शीतल पेय को अपनी दवा-भंडार ब्रैढम ड्रग कंपनी स्थित सोडा फाउंटेन से बेचना शुरू किया था। इससे 489 मील दूर अटलांटा (जॉर्जिया) में सात वर्ष पहले 'कोकाकोला' का आविष्कार हो चुका था। वैसे तो दोनों पेयों में कोला फल का प्रयोग किया गया था, लेकिन दोनों में अंतर था। 'ब्रैड'स ड्रिंक' में 'पेप्सिन, एंजाइम' का प्रयोग किया गया था, जबकि 'कोकाकोला' में "कोका पत्तियों" का। कोका पत्तियों के कारण कोकाकोला में कोकीन का मामूली-सा अंश था, जो पीनेवाले को हलके सुरूर के साथ ताकत बढ़ने का एहसास भी देता था। दूसरी तरफ, पेप्सी एंजाइम के चलते 'ब्रैड'स ड्रिंक' पाचन क्रिया को बढ़ाने के साथ-साथ ताकत बढ़ने की अनुभूति कराता था। दोनों पेयों के स्वाद में स्पष्ट अंतर था, लेकिन तब तक 'कोकाकोला' खुद को मूल/असली (ओरिजिनल/रियल) पेय के रूप में प्रचारित कर बाजार में अपनी पहचान बना चुका था। इसीलिए सन् 1898 में जब ब्रैढम ने कोकाकोला की तर्ज पर अपने 'ब्रैड'स ड्रिंक' का नाम बदलकर 'पेप्सीकोला' रख लिया था और उसे भी 'दि ओरिजिनल फूड ड्रिंक' यानी 'मूल खाद्य पेय' घोष वाक्य से प्रोत्साहित करना शुरू किया था तो उपभोक्ताओं ने उसे गंभीरता से नहीं लिया था। अधिकांश लोग 'कोकाकोला' को ही 'मूल खाद्य पेय' मानते थे, इसीलिए वे 'पेप्सीकोला' को 'कोकाकोला' की नकल मानने लगे।

कोका पत्तियों के कारण कोकाकोला में कोकीन का मामूली-सा अंश था, जो पीनेवाले को हलके सुरूर के साथ ताकत बढ़ने का एहसास भी देता था। दूसरी तरफ, पेप्सी एंजाइम के चलते 'ब्रैड'स ड्रिंक' पाचन क्रिया को बढ़ाने के साथ-साथ ताकत बढ़ने की अनुभूति कराता था।

इतना ही नहीं, वर्ष 1950 तक पेप्सीकोला ने कोकाकोला से मुकाबले के

आधार 'कीमत' को ही बनाया था, क्योंकि उसके संचालकों को यह लग रहा था कि यही सर्वोत्तम बाजार-रणनीति थी। इससे पेप्सीकोला की ब्रांड छवि को काफी धक्का लगा था और वह 'किचन कोला' के रूप 'असली कोला' का सस्ता व सर्वोत्तम वैकल्पिक पेय कहलाने लगा था। लेकिन सन् 1958 से पेप्सी ने युवा वर्ग को लक्षित कर 'बी सोशिएबल, हैव पेप्सी' (मिलनसार बनें, पेप्सी अपनाएँ) घोष वाक्य से अपनी ब्रांड छवि को निखारने की तरफ ध्यान केंद्रित किया था। सन् 1961 से पेप्सी ने 'नाउ इट इज पेप्सी, फॉर दोज हू थिंक यंग' (अब यह पेप्सी है उनके लिए, जिनकी सोच युवा है) घोष वाक्य से अपनी ब्रांड छवि को और भी व्यापक बनाने की कोशिश की थी। इस घोष वाक्य में 'अब' व 'युवा'—दोनों शब्दों ने पेप्सी की विशेषताओं को परिभाषित करने का काम किया था। इस घोषवाक्य का सबसे दिलचस्प पहलू यह था कि उसने 'युवा विचार' को 'असल उम्र' की बजाय 'मन की स्थिति' से बाँध दिया था। यह इसलिए भी सटीक ब्रांड रणनीति थी, क्योंकि पेप्सी ब्रांड खुद पहले ही 60 की उम्र पार कर चुका था।

वैसे, 'पेप्सी' ब्रांड को परिभाषित करने असल वर्ष 1963 साबित हुआ था, जब कंपनी ने 'पेप्सी जेनरेशन' विज्ञापन अभियान शुरू किया था। यह अभियान इसलिए भी प्रभावशाली था, क्योंकि उसमें विज्ञापन को उत्पाद की कीमत, गुणवत्ता, स्वाद आदि विशेषताओं (एट्रीब्यूट) की बजाय 'मनोदृष्टि' (एटीट्यूड) आधारित किया गया था। लेकिन पेप्सी ब्रांड को सुस्थापित करने में सन् 1975 के 'पेप्सी चैलेंज' विज्ञापन अभियान ने सबसे बड़ी भूमिका निभाई थी। इस अभियान में पेप्सी ने 'स्वाद परीक्षण' कार्यक्रम चलाकर ग्राहकों को तो चुनौती दी ही थी, पहली बार कोकाकोला को भी सरेआम ललकारा था कि पेप्सी का 'स्वाद' बेहतर था। आनेवाले वर्षों में 'पेप्सी चैलेंज' ने ऐसा तहलका मचाया था और उसका संवाद

कोकाकोला हमेशा से नेतृत्वकारी ब्रांड रहा था, इसलिए 'अनुगामी' (फॉलोअर) बनने की उसकी बचाव-रणनीति असफल साबित हो गई थी और 'न्यू कोक' पिट गया था। मानो पेप्सी को 'कोकाकोला' के लड़खड़ाने भर की ही प्रतीक्षा थी और उसने चीते जैसी फुरती के साथ बेहद आक्रामक शैली में 'न्यू जेनरेशन' विज्ञापन अभियान शुरू कर दिया था।

इतना अधिक प्रभावशाली साबित हुआ था कि कोकाकोला दहशत में आ गया और उसे मूल 'रासायनिक सूत्र' को बदलकर 'न्यू कोक' को बाजार में उतारना पड़ा था। चूँकि कोकाकोला हमेशा से नेतृत्वकारी ब्रांड रहा था, इसलिए 'अनुगामी' (फॉलोअर) बनने की उसकी बचाव-रणनीति असफल साबित हो गई थी और 'न्यू कोक' पिट गया था। मानो पेप्सी को 'कोकाकोला' के लड़खड़ाने भर की ही प्रतीक्षा थी और उसने चीते जैसी फुरती के साथ बेहद आक्रामक शैली में 'न्यू जेनरेशन' विज्ञापन अभियान शुरू कर दिया था। पेप्सी ने इस ऐतिहासिक विज्ञापन अभियान में माइकल जैक्सन को प्रदर्शित किया था, जब उसकी विश्वव्यापी प्रसिद्धि अपने चरम पर थी।

> पेप्सी ने अन्य मशहूर हस्तियों को प्रदर्शित कर अपना अभियान जारी रखा था। लेकिन मैडोना के 'लाइक ए प्रेयर' एल्बम (1989) के साथ मिलकर चलाया गया पेप्सी का विज्ञापन अभियान विवादों में फँस गया था और ग्राहकों के बहिष्कार व वेटिकन द्वारा आलोचना के चलते उसे अपना अभियान वापस लेना पड़ा था।

बाद में, पेप्सी ने अन्य मशहूर हस्तियों को प्रदर्शित कर अपना अभियान जारी रखा था। लेकिन मैडोना के 'लाइक ए प्रेयर' एल्बम (1989) के साथ मिलकर चलाया गया पेप्सी का विज्ञापन अभियान विवादों में फँस गया था और ग्राहकों के बहिष्कार व वेटिकन द्वारा आलोचना के चलते उसे अपना अभियान वापस लेना पड़ा था। लेकिन हस्तियों के समर्थन से कुल मिलाकर पेप्सी ब्रांड को भारी सफलता मिली थी और कोकाकोला की ऐतिहासिक व शास्त्रीय छवि के मुकाबले खुद को युवाओं के पसंदीदा ब्रांड के रूप में स्थापित कर लिया था। हाल के वर्षों में भी पेप्सी ने नवाचारी विज्ञापन अभियानों से अपनी ब्रांड छवि को निखारने का क्रम जारी रखा हुआ है और वह कोकाकोला के समक्ष स्पष्ट विभेदकारी पहचान के साथ हर मुकाबले के लिए तैयार खड़ी दिखती है।

फिलिप मोरिस/मार्लबोरो—मार्लबोरो विश्व का सबसे अधिक बिकनेवाला सिगरेट ब्रांड है। यह अमेरिका में फिलिप मोरिस यू.एस.ए. (अल्ट्रिया समूह की कंपनी) और विश्व के अन्य हिस्सों में फिलिप मोरिस इंटरनेशनल (अल्ट्रिया समूह

से अलग स्वतंत्र कंपनी) द्वारा उत्पादित व वितरित किया जाता है। वर्तमान में 44 प्रतिशत बाजार हिस्सेदारी के साथ मार्लबोरो अमेरिका में 35 वर्षों से पहले स्थान पर मौजूद है और उसकी कुल बिक्री बाकी 10 अमेरिकी सिगरेट ब्रांडों के संयुक्त बिक्री से भी ज्यादा है। 'फोर्ब्स' पत्रिका ने 11 प्रतिशत वार्षिक वृद्धि दर के साथ मार्लबोरो का ब्रांड मूल्यांकन 21.9 अरब डॉलर किया था और वर्ष 2016 की 'विश्व के सबसे मूल्यवान् ब्रांड' सूची में पिछले वर्ष से एक स्थान ऊपर 26वें स्थान पर रखा था। इस दौरान 'मार्लबोरो' ने 23.1 अरब डॉलर ब्रांड राजस्व हासिल किया था। चूँकि दुनिया भर में तंबाकू उत्पादों के विज्ञापन बहुत हद तक प्रतिबंधित हैं, फिर भी वर्ष 2015 में 'मार्लबोरो' ब्रांड को परोक्ष रूप से प्रोत्साहित करने के लिए फिलिप मोरिस को केवल 47.3 करोड़ डॉलर ही खर्च करने पड़े थे।

'फोर्ब्स' पत्रिका ने 11 प्रतिशत वार्षिक वृद्धि दर के साथ मार्लबोरो का ब्रांड मूल्यांकन 21.9 अरब डॉलर किया था और वर्ष 2016 की 'विश्व के सबसे मूल्यवान् ब्रांड' सूची में पिछले वर्ष से एक स्थान ऊपर 26वें स्थान पर रखा था। इस दौरान 'मार्लबोरो' ने 23.1 अरब डॉलर ब्रांड राजस्व हासिल किया था।

इंग्लैंड में बसे जर्मन परिवार के फिलिप मोरिस ने सन् 1847 में लंदन के ब्रांड स्ट्रीट (उत्तर में ऑक्सफोर्ड स्ट्रीट एवं दक्षिण में पिकाडेली को जोड़नेवाली सड़क) में तंबाकू की दुकान स्थापित की थी। सन् 1854 में उसने अपने नाम से सिगरेट बनाना शुरू किया था; फिर सन् 1870 में 'फिलिप मोरिस कैंब्रिज ब्लूज' व 'फिलिप मोरिस ऑक्सफोर्ड ब्लूज' ब्रांड नामों से अपने सिगरेट बाजार में उतारे थे। सन् 1873 में फिलिप मोरिस की मृत्यु के बाद उसकी विधवा मार्गरेट मोरिस व भतीजे लियोपोल्ड मोरिस ने उस कारोबार को सँभाला था, और कंपनी को सार्वजनिक कर दिया था जिसका नाम 1885 में 'फिलिप मोरिस एंड कंपनी' रखा गया था। 1894 में मोरिस परिवार ने कंपनी का नियंत्रण छोड़ दिया था और विलियम कर्टिस थॉमसन व परिवार उसे संचालित करने लगा था।

फिर सन् 1924 में फिलिप मोरिस ने अपने नाम से अलग हटकर कंपनी ने महिलाओं के लिए उच्च गुणवत्तावाला 'मार्लबोरो' ब्रांड शुरू किया था। यह नाम

ग्रेट मार्लबोरो स्ट्रीट (सोहो, लंदन) से लिया गया था, जहाँ कंपनी की फैक्टरी हुआ करती थी। मार्लबोरो को 'माइल्ड एज मई' (मई जैसा सौम्य) घोष वाक्य के साथ प्रचारित-प्रसारित किया गया था। 1950 के दशक में जब वैज्ञानिकों ने फेफड़े के कैंसर को धूम्रपान का नतीजा साबित कर दिया था तो फिलिप मोरिस कंपनी ने मार्लबोरो को पुरुष-सिगरेट के रूप में स्थापित करना शुरू किया था। उस समय तक छन्ना-युक्त सिगरेट सिर्फ महिलाओं के लिए ही बाजार में उतारा जा रहा था, लेकिन अब मार्लबोरो को छन्ना सहित बाजार में उतारा गया था। शिकागो के विज्ञापन एजेंट लियो बर्नेट ने 'मार्लबोरो' को नए रूप में बाजार में उतारने के लिए व्यापक विज्ञापन अभियान चलाया था, जिसके तहत शृंखलाबद्ध विज्ञापनों में 'मार्लबोरो मैन' के रूप में समुद्री जहाज के कप्तानों, भारोत्तोलकों, युद्ध संवाददाताओं, निर्माण श्रमिकों आदि को पेश किया गया था। कंपनी प्रबंधन इस अभियान को चलाने से शुरू-शुरू में कतरा रहा था, लेकिन इसके चलने के साल भर के भीतर 1 फीसदी बाजार हिस्सेदारी वाला मार्लबोरो सीधे चौथे स्थान का ब्रांड बन गया था।

सन् 1963 अमेरिकी संगीतकार व संगीत समारोह संचालक एल्मर बर्नस्टीन के 'द मैगनीफिशेंट सेवन' फिल्म के विषय संगीत पर आधारित दूरदर्शन विज्ञापन तैयार किए गए थे, लेकिन वर्ष 2006 में तंबाकू विज्ञापन प्रतिबंधित किए जाने के बाद कंपनी ने मोटर खेलों के प्रायोजन से 'मार्लबोरो' ब्रांड को प्रोत्साहित करना शुरू किया था।

सन् 1963 अमेरिकी संगीतकार व संगीत समारोह संचालक एल्मर बर्नस्टीन के 'द मैगनीफिशेंट सेवन' फिल्म के विषय संगीत पर आधारित दूरदर्शन विज्ञापन तैयार किए गए थे, लेकिन वर्ष 2006 में तंबाकू विज्ञापन प्रतिबंधित किए जाने के बाद कंपनी ने मोटर खेलों के प्रायोजन से 'मार्लबोरो' ब्रांड को प्रोत्साहित करना शुरू किया था। सीमित विज्ञापन साधनों के बावजूद यदि विश्व भर में 'मार्लबोरो' की बिक्री बढ़ी है तो इसका मुख्य कारण इस ब्रांड की विरासत व उत्पाद की उच्च गुणवत्ता है, जो शौकीनों को अपनी तरफ खींचता है।

बडवेइजर (एन्हयूसर-बुश इनबेव समूह)—'बडवेइजर' अमेरिका का

सबसे ज्यादा (50 प्रतिशत से अधिक) बिकनेवाला पीले-सुनहरे रंग का बियर (पेल लेगर) ब्रांड है, जिसे 'किंग ऑफ बीयर्स' (बीयर का राजा) कहा जाता है। यह (25 प्रतिशत वैश्विक बाजार हिस्सेदारी वाली दुनिया की सबसे बड़ी शराब (अल्कोहल) निर्माता कंपनी एन्हयूसर-बुश इनबेव (लोवेन, फ्लेमिश ब्राबांट, बेल्जियम) द्वारा उत्पादित-वितरित 200 से अधिक अल्कोहल ब्रांडों में, 1 अरब डॉलर से ज्यादा बिक्री वाली 16 ब्रांडों में से एक है। तीन अंतरराष्ट्रीय शराब निर्माता समूहों—इंटरब्रेव (बेल्जियम), एमबेव (ब्राजील) व एन्हयूसर-बुश (अमेरिका) के लगातार विलय के माध्यम से वर्ष 2007 में इस कंपनी का गठन किया गया था। लेकिन एन्हयूसर-बुश (अमेरिका) ने 1876 में ही 'बडवेइजर' को अमेरिकी बाजारों में पेश कर दिया था।

'फोर्ब्स' पत्रिका ने 5 प्रतिशत वार्षिक वृद्धि दर के साथ 'बडवेइजर' का ब्रांड मूल्यांकन 23.4 अरब डॉलर किया था और वर्ष 2016 की 'विश्व के सबसे मूल्यवान् ब्रांड' सूची में 25वें स्थान पर बनाए रखा था। इस दौरान 'बडवेइजर' ने 10.9 अरब डॉलर का ब्रांड राजस्व हासिल किया था, लेकिन 'फोर्ब्स' से कंपनी के विज्ञापन व्यय के बारे में कोई जानकारी नहीं दी है।

जौ (बार्ली) व हॉप्स पौधे के साथ 30 प्रतिशत चावल द्वारा निर्मित 'बडवेइजर' पारंपरिक पद्धति से छाना हुआ (फिल्टर्ड) बियर है, जो झरने के जरिए परोसा जाता है या फिर बोतल या कैन में उपलब्ध होता है। व्यापार चिह्न विवाद के चलते यह विश्व के 80 देशों में अलग-अलग ब्रांड नाम से बेचा जाता है। हालाँकि हाल के वर्षों में अमेरिका में 'बडवेइजर' की बिक्री में गिरावट दर्ज की जा रही है; लेकिन चीन, रूस व ब्राजील में लगातार बढ़त के चलते वर्ष 2014 में इसकी कुल बिक्री 6.4 प्रतिशत बढ़ गई थी। कंपनी ब्रांड प्रोत्साहन पर काफी ध्यान देती है, हालाँकि इस ब्रांड विशेष पर विज्ञापन-व्यय का शुद्ध आकलन उपलब्ध नहीं है।

जौ (बार्ली) व हॉप्स पौधे के साथ 30 प्रतिशत चावल द्वारा निर्मित 'बडवेइजर' पारंपरिक पद्धति से छाना हुआ (फिल्टर्ड) बियर है, जो झरने के जरिए परोसा जाता है या फिर बोतल या कैन में उपलब्ध होता है। व्यापार चिह्न विवाद के चलते यह विश्व के 80 देशों में अलग-अलग ब्रांड नाम से बेचा जाता है।

जिलेट (प्रॉक्टर एंड गैंबल/पी एंड जी समूह)—जिलेट शेविंग का नेतृत्वकारी ब्रांड है, जो विशेष रूप से अपने सेफ्टी रेजर के लिए विश्व-प्रसिद्ध है। सन् 1901 में स्थापित जिलेट कंपनी को उसके व्यक्तिगत देखभाल उत्पादों (पर्सनल केयर प्रोडक्ट) तथा अन्य विविध ब्रांडों सहित जनवरी 2005 में प्रॉक्टर एंड गैंबल (पी एंड जी) ने 57 अरब डॉलर के शेयर सौदे के माध्यम से अधिगृहीत कर लिया था। 'फोर्ब्स' पत्रिका ने 1 प्रतिशत वार्षिक गिरावट के साथ जिलेट का ब्रांड मूल्यांकन 20.2 अरब डॉलर किया था और वर्ष 2016 की 'विश्व के सबसे मूल्यवान् ब्रांड' सूची में 2 स्थान नीचे गिराकर 28वें स्थान पर रखा था। इस दौरान जिलेट ने 7 अरब डॉलर का ब्रांड राजस्व हासिल किया था, लेकिन इसके लिए प्रॉक्टर एंड गैंबल (पी एंड जी) को 'जिलेट' के विज्ञापन पर राजस्व से 130 करोड़ डॉलर अधिक कुल 8.3 अरब डॉलर खर्च करने पड़े थे। (इससे पिछले वर्ष 2014 में भी जिलेट का 7.90 डॉलर ब्रांड राजस्व प्राप्त करने के लिए पी एंड जी को 130 करोड़ डॉलर अधिक कुल 9.20 अरब डॉलर खर्च करने पड़े थे।)

> **उपर्युक्त आँकड़े प्रॉक्टर एंड गैंबल (पी एंड जी) के बारे में रोचक तथ्य प्रस्तुत करते हैं। पी एंड जी ही विश्व की एकमात्र ऐसी कंपनी है, जिसने अपने दो उत्पाद ब्रांडों को प्रोत्साहित करने के लिए एक वर्ष में 16.60 अरब डॉलर खर्च किए थे।**

इस दौरान पी एंड जी ने अपने एक अन्य बेबी केयर ब्रांड 'पैम्पर्स' के प्रचार-प्रसार पर भी कुल 8.3 अरब डॉलर खर्च किए थे, और 'पैम्पर्स' (जिलेट की तुलना में अधिक) 10.4 अरब डॉलर का राजस्व हासिल कर सका था। लेकिन 'फोर्ब्स' पत्रिका ने पैम्पर्स का ब्रांड मूल्यांकन केवल 11.5 अरब डॉलर (जिलेट से 8.7 अरब डॉलर कम) ही किया था और वर्ष 2016 की 'विश्व के सबसे मूल्यवान् ब्रांड' सूची में 50वें स्थान (जिलेट से 22 स्थान नीचे) पर रखा था। लेकिन उपर्युक्त आँकड़े प्रॉक्टर एंड गैंबल (पी एंड जी) के बारे में रोचक तथ्य प्रस्तुत करते हैं। पी एंड जी ही विश्व की एकमात्र ऐसी कंपनी है, जिसने अपने दो उत्पाद ब्रांडों को प्रोत्साहित करने के लिए एक वर्ष में 16.60 अरब डॉलर खर्च किए थे।

असल में, वर्ष 1895 की गरमियों में जब क्राउन कॉर्क एंड सील कंपनी के लिए काम करनेवाले बोस्टन (मैसाचुसेट्स, अमेरिका) निवासी **घुमंतू बिक्रीकर्मी**

किंग कैंप जिलेट अपने सीधे उस्तरे से परेशान हो गया था तो उसके दिमाग में सेफ्टी रेजर व विशेष प्रकार का दुधारी इस्पात पत्ती (डबल एज्ड स्टील ब्लेड) बनाने का विचार आया था। कैंप जिलेट को अपने आदर्श सेफ्टी रेजर को सटीक बनाने में छह वर्ष लग गए थे; क्योंकि उसने जिन मशीन टूल्स बनानेवालों से संपर्क साधा था, वे निराशावादी निकले थे और उन्होंने उसकी बनावट को अव्यावहारिक करार दिया था। लेकिन वर्ष 1901 में जिलेट ने अपने विचार को धरातल पर लाने के लिए मैसाचुसेट्स इंस्टीट्यूट ऑफ टेक्नोलॉजी/एम.आई.टी. (कैंब्रिज, मैसाचुसेट्स) से शिक्षा-प्राप्त मशीन टूल्स विशेषज्ञ विलियम निकरसन से हाथ मिलाया था और 'अमेरिकन सेफ्टी रेजर कंपनी' की स्थापना की थी। वर्ष 1903 की शुरुआत में रेजर व ब्लेड का उत्पादन शुरू हो गया था, जिसे 'सिस्टम्स मैगजीन' में पहला विज्ञापन प्रकाशित कर अक्तूबर में बाजार में उतारा गया था। पहले वर्ष में 5 डॉलर प्रति रेजर और 1 डॉलर प्रति ब्लेड की दरों पर कुल 51 रेजर व 168 ब्लेड्स की बिक्री हुई थी।

कैंप जिलेट को अपने आदर्श सेफ्टी रेजर को सटीक बनाने में छह वर्ष लग गए थे; क्योंकि उसने जिन मशीन टूल्स बनानेवालों से संपर्क साधा था, वे निराशावादी निकले थे और उन्होंने उसकी बनावट को अव्यावहारिक करार दिया था।

लेकिन सन् 1904 में कैंप जिलेट अपने रेजर, ब्लेड व रेजर-ब्लेड सेट के लिए पेटेंट पंजीकृत कराने में सफल रहा था और उस वर्ष 90,884 रेजर व 1,23,648 ब्लेड्स की बिक्री हुई थी। अगले साल कंपनी ने दक्षिणी बोस्टन क्षेत्र में छह मंजिला भवन खरीद लिया था और सन् 1906 में अपने निवेशकों को पहली बार नकद लाभांश का भुगतान किया था। इस बीच सन् 1905 में लंदन में पहला विदेशी बिक्री केंद्र खोलकर जिलेट ने यूरोपीय देशों में अपना कारोबार फैलाना शुरू कर दिया था। अपने क्रांतिकारी रेजर व ब्लेड को अखबारों में विज्ञापित कर जिलेट ने अपने बिक्री के स्तर को इतना बढ़ा लिया था कि सन् 1909 तक उसे पेरिस (फ्रांस), मांट्रियल (कनाडा), बर्लिन (जर्मनी) एवं लीसेस्टर (इंग्लैंड) में उत्पादन संयंत्रों की स्थापना करनी पड़ी थी और बिक्री संजाल को विस्तारित करना पड़ा था। प्रथम विश्व युद्ध (1914 से 1918) के दौरान अमेरिकी सेना ने 35 लाख

रेजर एवं 3.60 करोड़ ब्लेड्स का आदेश दिया था। इस माँग को पूरी करने के लिए जिलेट को 500 नए कर्मचारियों की भरती करनी पड़ी थी। वर्ष 1921 में पेटेंट की अवधि समाप्त होने के बाद जिलेट ने रेजर के उन्नत संस्करण का पेटेंट दाखिल कर दिया था और उसे पुरानी कीमत पर बेचना शुरू कर दिया था।

बाद में जिलेट कंपनी ने अन्य कंपनियों का अधिग्रहण कर लिखाई उपकरणों (पेपर मेट, पार्कर व वाटरमैन ब्रांड), सुधार उत्पादों (लिक्विड पेपर ब्रांड), टूथ-ब्रश एवं अन्य मुँह देखभाल उत्पादों (ओरल-बी) और एल्कलाइन बैटरीज (ड्यूरासेल) में भी अपना विस्तार कर लिया था तथा विश्व के 27 देशों में 64 उत्पादन केंद्रों की स्थापना कर 200 देशों में अपने उत्पाद बेचने लगी थी। इस तरह उसकी बिक्री 60 प्रतिशत अमेरिका से बाहर से आने लगी थी। लेकिन रेजर व ब्लेड्स ही जिलेट के कारोबार के प्राथमिक संचालक रहे थे। हाल के समय में शेविंग को लेकर ग्राहक व्यवहार में बदलाव आने के बावजूद जिलेट ने अपने नवाचारी उत्पादों व व्यापक प्रचार अभियान के जरिए अपने कारोबार को नियमित रख पाने में कामयाबी हासिल की है। चूँकि जिलेट अब पी एंड जी का हिस्सा है, इसलिए इस ब्रांड विशेष के कारोबार के बारे में स्पष्ट आँकड़े सार्वजनिक नहीं किए जा रहे हैं।

हेर्शेय कंपनी—चॉकलेट की चर्चा होती है तो उपभोक्ताओं के मस्तिष्क में जो नाम सबसे पहले उभरता है, वह है 'हेर्शेय'। वर्ष 2016 के अंत में 44.3 प्रतिशत बाजार हिस्सेदारी के साथ द हेर्शेय कंपनी संयुक्त राज्य अमेरिका में गुणवत्तावाले चॉकलेट की सबसे बड़ी उत्पादक व विक्रेता थी, जबकि उसकी निकटतम प्रतिस्पर्धी ब्रांड मार्स 29.3 प्रतिशत बाजार हिस्सेदारी के साथ बहुत पीछे चल रही थी। हाँ, चॉकलेट-रहित मीठे खाद्यों के अमेरिकी बाजार में 18.2 प्रतिशत बाजार हिस्सेदारी के साथ

चॉकलेट की चर्चा होती है तो उपभोक्ताओं के मस्तिष्क में जो नाम सबसे पहले उभरता है, वह है 'हेर्शेय'। वर्ष 2016 के अंत में 44.3 प्रतिशत बाजार हिस्सेदारी के साथ द हेर्शेय कंपनी संयुक्त राज्य अमेरिका में गुणवत्तावाले चॉकलेट की सबसे बड़ी उत्पादक व विक्रेता थी, जबकि उसकी निकटतम प्रतिस्पर्धी ब्रांड मार्स 29.3 प्रतिशत बाजार हिस्सेदारी के साथ बहुत पीछे चल रही थी।

मार्स पहले स्थान पर था, जबकि हेर्शेय 13.5 प्रतिशत बाजार हिस्सेदारी के साथ दूसरे स्थान पर थी। वह 70 देशों में 80 से अधिक ब्रांड नामों से अपने उत्पादों का वितरण व बिक्री करती है। विश्व बाजार में 'हेर्शेय' को मोंडेलेज (कैडबरी), मार्स व नेस्ले के बाद चौथे सबसे बड़े चॉकलेट निर्माताओं में गिना जाता है। 'फोर्ब्स' पत्रिका ने 7 प्रतिशत वार्षिक वृद्धि के साथ हेर्शेय का ब्रांड मूल्यांकन 6.7 अरब डॉलर किया था और वर्ष 2016 की 'विश्व के सबसे मूल्यवान् ब्रांड' सूची में 99वें स्थान पर रखा था। इस दौरान हेर्शेय का ब्रांड राजस्व 4.7 अरब डॉलर था, जबकि हेर्शेय कंपनी ने 'हेर्शेय' सहित अपने अन्य ब्रांडों के प्रचार-प्रसार पर 56.2 करोड़ डॉलर का खर्च किया था।

> **अगले चार वर्षों में हेर्शेय ने मीठा खाद्य (कन्फेक्शनरी) बनाने की कला सीख ली थी और फिलाडेल्फिया में अपना पहला कन्फेक्शनरी व्यवसाय शुरू किया था। छह वर्षों बाद व्यवसाय असफल हो जाने के बाद हेर्शेय ने डेनेवर (अब कोलोराडो प्रांत की राजधानी) में एक मीठा खाद्य उत्पादक से ताजे दूध से दुग्ध-शर्करा (कैरेमल) बनाना सीखा था।**

हेर्शेय के संस्थापक मिल्टन स्नैली हेर्शेय ने 14 वर्ष की उम्र में जब पढ़ाई छोड़ दी थी तो उसकी माँ ने लैनकेस्टर (पेंसिल्वेनिया) के स्थानीय मीठा खाद्य (कन्फेक्शनरी) उत्पादक के पास प्रशिक्षण की व्यवस्था की थी। अगले चार वर्षों में हेर्शेय ने मीठा खाद्य (कन्फेक्शनरी) बनाने की कला सीख ली थी और फिलाडेल्फिया में अपना पहला कन्फेक्शनरी व्यवसाय शुरू किया था। छह वर्षों बाद व्यवसाय असफल हो जाने के बाद हेर्शेय ने डेनेवर (अब कोलोराडो प्रांत की राजधानी) में एक मीठा खाद्य उत्पादक से ताजे दूध से दुग्ध-शर्करा (कैरेमल) बनाना सीखा था। उसके बाद हेर्शेय के न्यूयॉर्क में व्यवसाय स्थापित करने की कोशिश की थी; लेकिन वहाँ भी उसे असफलता ही हाथ लगी थी। उसके बाद वह लैनकास्टर (पेंसिल्वेनिया) लौट आया था और सन् 1886 में लैनकास्टर कैरेमल कंपनी की स्थापना की थी। कैरेमल में ताजे दूध का प्रयोग सफल साबित हुआ था। हेर्शेय ने व्यवसाय का तेजी से विस्तार किया था। जल्द ही लैनकास्टर कैरेमल कंपनी में 1,400 लोग काम करने लगे थे और हेर्शेय ने

समूचे अमेरिका सहित यूरोप में भी कैरेमल का निर्यात शुरू कर दिया था।

इस बीच, सन् 1993 में शिकागो में विश्व प्रदर्शनी 'वर्ल्ड'स कोलंबियन एक्सपोजीशन' का आयोजन हुआ था। उसी प्रदर्शनी के साथ विश्व धर्म सम्मेलन का आयोजन हुआ था, जिसमें स्वामी विवेकानंद ने अपना ऐतिहासिक भाषण दिया था। इस प्रदर्शनी में जर्मनी की चॉकलेट बनाने की मशीन को देखकर मिल्टन स्नैली हेर्शेय इतना अधिक प्रभावित हुआ था कि उसने तत्काल दो मशीनें खरीदकर लैनकास्टर भेज दीं। अतिरिक्त उपकरणों के साथ हेर्शेय ने अपने कारमेल के लिए चॉकलेट की परत (कोटिंग) तैयार करनी शुरू कर दी थी। चॉकलेट की बढ़ती माँग ने हेर्शेय को दूध चॉकलेट का अनूठा नुस्खा उत्पादित करने के लिए अपनी समूची उत्पादन प्रणाली को उन्नत बनाने के लिए प्रेरित किया था। सन् 1894 में जब हेर्शेय ने लैनकास्टर कैरेमल कंपनी को विधिवत् निगमित किया था तो उसकी सहायक कंपनी के रूप में 9 फरवरी, 1994 को हेर्शेय चॉकलेट कंपनी को भी संगठित किया था।

> **सन् 1993 में शिकागो में विश्व प्रदर्शनी 'वर्ल्ड'स कोलंबियन एक्सपोजीशन' का आयोजन हुआ था। उसी प्रदर्शनी के साथ विश्व धर्म सम्मेलन का आयोजन हुआ था, जिसमें स्वामी विवेकानंद ने अपना ऐतिहासिक भाषण दिया था। इस प्रदर्शनी में जर्मनी की चॉकलेट बनाने की मशीन को देखकर मिल्टन स्नैली हेर्शेय इतना अधिक प्रभावित हुआ था कि उसने तत्काल दो मशीनें खरीदकर लैनकास्टर भेज दीं।**

अगले छह वर्षों में हेर्शेय को दूध चॉकलेट का व्यवसाय इतना अधिक संभावनाशील लगा था कि उसने वर्ष 1900 में लैनकास्टर कैरेमल कंपनी को 10 लाख डॉलर (आज के लगभग 28.788 करोड़ डॉलर के बराबर) में अमेरिकन कैरेमल कंपनी को बेच दिया था। हेर्शेय ने सारी धनराशि 'हेर्शेय चॉकलेट कंपनी' में झोंककर 'हेर्शेय'ज मिल्क चॉकलेट बार' ब्रांड का उत्पादन शुरू किया था। सन् 1903 में हेर्शेय ने अपने गृह नगर डेरी चर्च (पेनसिल्वेनिया) में चॉकलेट संयंत्र (प्लांट) का निर्माण शुरू किया था, जो बाद में हेर्शेय (पेन्सिलवेनिया) के नाम से जाना जाने लगा था। यह शहर मजदूरों व उनके परिवारों के रहने के लिए सस्ती

जगह थी। इस संयंत्र में निर्मित दूध चॉकलेट बार लोकप्रिय साबित हुए थे और कंपनी तेजी से आगे बढ़ी थी।

व्रिगले (मार्स इन्कॉर्पोरेटेड)—जब भी हम चबानेवाली गोंद (च्युइंग गम) की चर्चा करते हैं तो सबसे पहले जो ब्रांड याद आता है, वह है 'व्रिगले'। 1 अप्रैल, 1891 को विलियम व्रिगले जूनियर ने संयुक्त राज्य अमेरिका के औद्योगिक नगर शिकागो (इलेनॉइस) में 'डब्ल्यू.एम. व्रिगले जूनियर कंपनी' की स्थापना की थी। 28 अप्रैल, 2008 को अमेरिकी बहुराष्ट्रीय मीठा खाद्य (कन्फेक्शनरी) समहू मार्स इन्कॉर्पोरेटेड ने उसे 23 अरब डॉलर में अधिगृहीत करने की घोषणा की थी। यह 50 से अधिक देशों में अपने परिचालन संजाल (ऑपरेशन नेटवर्क) के माध्यम से 180 से अधिक देशों में अपने उत्पादों को बेचती है। इसकी संयुक्त राज्य अमेरिका, मेक्सिको, स्पेन, यूनाइटेड किंगडम, फ्रांस, चेक गणराज्य, पोलैंड, रूस, चीन, भारत, जापान, केन्या, ताइवान व ऑस्ट्रेलिया सहित 14 देशों में 21 उत्पादन सुविधाएँ हैं।

> **28 अप्रैल, 2008 को अमेरिकी बहुराष्ट्रीय मीठा खाद्य (कन्फेक्शनरी) समहू मार्स इन्कॉर्पोरेटेड ने उसे 23 अरब डॉलर में अधिगृहीत करने की घोषणा की थी। यह 50 से अधिक देशों में अपने परिचालन संजाल (ऑपरेशन नेटवर्क) के माध्यम से 180 से अधिक देशों में अपने उत्पादों को बेचती है।**

'व्रिगले' की कहानी बहुत रोचक है। सन् 1891 में 29 वर्षीय विलियम व्रिगले जूनियर फिलाडेल्फिया से 32 डॉलर के साथ शिकागो आया था और साबुन बेचनेवाला व्यवसाय शुरू किया था। व्रिगले ने अपने साबुन की बिक्री बढ़ाने के लिए ग्राहकों को बेकिंग पाउडर मुफ्त उपहार के रूप में बाँटना शुरू किया था। तब व्रिगले को पता चला था कि लोग बेकिंग पाउडर को अधिक पसंद कर रहे थे। फिर उसने बेकिंग पाउडर बेचना शुरू किया था और उसकी बिक्री बढ़ाने के लिए मुफ्त उपहार के रूप चबानेवाली गोंद की पट्टी (च्युइंग गम स्ट्रिप) बाँटना शुरू किया था। जल्द ही व्रिगले को पता चला था कि लोग चबानेवाले गोंद की पट्टी (च्युइंग गम स्ट्रिप) की अधिक माँग कर रहे थे। इस तरह व्रिगले ने च्युइंग गम के विभिन्न प्रकारों के उत्पादन पर अपना ध्यान केंद्रित किया था।

उस समय च्युइंग गम केवल महिलाएँ ही पसंद करती थीं। व्रिगले ने जल्द ही युवा बाजार को ध्यान में रखते हुए 'स्वीट सिक्सटीन ऑरेंज' व 'लोट्टा गम' ब्रांड नाम से दो प्रकार के च्युइंग गम प्रस्तुत किए थे, जिससे समूचे च्युइंग गम बाजार में क्रांति आ गई थी। लेकिन व्रिगले को वास्तविक सफलता तब मिली थी, आर्थिक मंदी के दौरान, वर्ष 1893 में, 'व्रिगले'ज स्पीयरमिंट' व 'जूसी फ्रूट' ब्रांड नाम से दो अन्य उत्पाद प्रस्तुत किए थे, जो जल्द ही कंपनी की पहचान बनने वाले थे। और जब आर्थिक मंदी और भी अधिक गहरा गई थी तो विलियम व्रिगले जूनियर ने ऐसा जोखिम भरा काम किया था, जिसकी कल्पना नहीं की जा सकती थी। व्रिगले ने अपना सबकुछ गिरवी रखकर बड़े पैमाने पर विज्ञापन अभियान का शुभारंभ किया था और जल्द ही व्रिगले राष्ट्रीय स्तर की कंपनी के रूप में उभरकर सामने आई थी। अब व्रिगले को विज्ञापन के रथ पर सवार होकर बाजार विस्तार की रणनीति समझ आ गई थी और उसे पीछे मुड़कर देखने की आवश्यकता नहीं हुई थी।

वॉरेन बफे का मानजा रहा है कि जब कोई निवेशक इन कंपनियों का स्वामित्व हिस्सेदारियाँ (शेयर ऑफ स्टॉक) खरीदता है तो वह वास्तव में 'उपभोक्ता के मन का टुकड़ा' (ए पीस ऑफ कंज्युमर'स माइंड) का स्वामित्व हासिल करता है। वॉरेन के कथन का भाव यह है कि जब कोई कंपनी 'उपभोक्ता के मन के टुकड़े' का स्वामित्व धारण करती है तो उसे कभी भी अपने उत्पादों को बदलने की आवश्यकता नहीं होती है।

वॉरेन बफे का मानना रहा है कि जब कोई निवेशक इन कंपनियों का स्वामित्व हिस्सेदारियाँ (शेयर ऑफ स्टॉक) खरीदता है तो वह वास्तव में 'उपभोक्ता के मन का टुकड़ा' (ए पीस ऑफ कंज्युमर'स माइंड) का स्वामित्व हासिल करता है। वॉरेन के कथन का भाव यह है कि जब कोई कंपनी 'उपभोक्ता के मन के टुकड़े' का स्वामित्व धारण करती है तो उसे कभी भी अपने उत्पादों को बदलने की आवश्यकता नहीं होती है। ऐसे में, कंपनी को अपने उत्पादों की और अधिक कीमत वसूलने के साथ-साथ और अधिक उत्पादों को बेचने का अवसर मिलता है। स्पष्ट है कि ऐसे में कंपनी को अधिक बड़ा प्रॉफिट मार्जिन मिलता है और उसकी माल-सूची (इन्वेंटरी) का कारोबार अधिक ऊँचा हो जाता है और

यह कंपनी के आय-विवरण (इन्कम स्टेटमेंट) पर अधिक बड़ी तलहटी रेखा (बॉटम लाइन) जैसी होती है। ऐसी कंपनियों की पहचान कर पाना आसान होता है, क्योंकि बैलेंस शीट में उनकी वार्षिक आय (एनुअल इन्कम) के आँकड़े संगत (कंसिस्टेंट) व मजबूत बने रहते हैं और ऋण (डेट) बहुत कम या शून्य होते हैं।

वॉरेन का मानना रहा है कि टिकाऊ प्रतिस्पर्धी लाभ (ड्यूरेबल कॉम्पिटीटिव एडवांटेज) देनेवाली ये विशेष प्रकार की कंपनियाँ प्रबंधकों को अपने पेशेवर जीवन में सबसे आसान व सबसे अधिक उन्नति के महान् अवसर प्रदान करती हैं।

वॉरेन का मानना रहा है कि टिकाऊ प्रतिस्पर्धी लाभ (ड्यूरेबल कॉम्पिटीटिव एडवांटेज) देनेवाली ये विशेष प्रकार की कंपनियाँ प्रबंधकों को अपने पेशेवर जीवन में सबसे आसान व सबसे अधिक उन्नति के महान् अवसर प्रदान करती हैं। चूँकि ऐसी कंपनियों का नकदी-प्रवाह (कैश फ्लो) तीव्र होता है, इसलिए ये अपने प्रबंधकों व कर्मचारियों को उदारता से ऊँचे वेतन (सैलरी) तथा कई प्रकार के भत्ते (अलाउंस) के साथ-साथ बड़ा वार्षिक अधिलाभ (एनुअल बोनस) के भुगतान कर पाने में सक्षम होती हैं। इतना ही नहीं, इन कंपनियों के पास दूसरी कंपनियों को अधिगृहीत कर व्यवसाय-विस्तार और नए व्यवसाय शुरू करने के लिए भारी मात्रा में अपना धन होता है। ऐसे में, इन कंपनियों के लिए काम करनेवाले युवा प्रबंधकों को अपने पेशेवर जीवन में श्रेष्ठता प्राप्त करने के बहुत से अवसर भी मिलते हैं।

अद्वितीय सेवाओं की विक्रेता कंपनियाँ

वॉरेन बफे टिकाऊ प्रतिस्पर्धी लाभ (ड्यूरेबल कॉम्पिटीटिव एडवांटेज) प्रदान करनेवाली कंपनियों में अद्वितीय सेवाएँ (यूनीक सर्विसेज) बेचनेवाली कंपनियों को भी शामिल करते हैं। ऐसी कंपनियों में वह मूडी'ज कॉरपोरेशन (व्यवसाय व वित्तीय सेवा/बिजनेस एंड फाइनेंशियल सर्विसेज कंपनी), एच एंड आर ब्लॉक (कर तैयारी/ टैक्स प्रिपरेशन कंपनी), अमेरिकन एक्सप्रेस (वित्तीय सेवा कंपनी), सर्विस मास्टर ग्लोबल होल्डिंग्स (आवासीय व वाणिज्यिक सेवा/रेजिडेंशियल एंड कमर्शियल सर्विसेज कंपनी), वेल्स फार्गो एंड कंपनी (साहूकारी व वित्तीय सेवा/बैंकिंग एंड फाइनेंशियल सर्विसेज कंपनी) आदि को शामिल करता है।

मूडी'ज कॉरपोरेशन—'मूडी' नाम एक सदी से भी अधिक समय से प्रतिभूतियों (सिक्योरिटीज) का पर्याय बना हुआ था। यह नाम अमेरिकी पूँजी बाजार वॉल स्ट्रीट एवं विश्व भर के वित्त बाजारों (फाइनें शियल मार्केट) की हमेशा बदलती आवश्यकताओं के अनुसार स्वयं को ढालता रहा है। रोचक तथ्य यह भी है कि विश्व में अधिकांश लोग 'मूडी'ज इन्वेस्टर सर्विस' एवं उसके मूल्यांकन व अनुसंधान प्रतिवेदनों (रेटिंग्स एंड रिसर्च रिपोर्ट्स) के बारे में जानते हैं, लेकिन बहुत कम लोग हैं, जो न्यूयॉर्क स्टॉक एक्सचेंज में सूचीबद्ध सार्वजनिक कंपनी 'मूडी'ज कॉरपोरेशन' के बारे में जानते हैं। जी हाँ, मूडी'ज कॉरपोरेशन वर्ष 2016 में विश्व के 36 देशों में अपने कार्यालयों और 11,700 कर्मचारियों के माध्यम से 120 संप्रभु राष्ट्रों, लगभग 11,000 निगमों, 21,000 सार्वजनिक वित्तीय सेवा कंपनियों और 72,000 संरचित वित्त दायित्वों (स्ट्रक्चर्ड फाइनेंस ऑब्लिगेशंस) का मूल्यांकन व विश्लेषण कर रही थी। वर्ष 2016 में मूडी'ज कॉरपोरेशन ने 3.6 अरब डॉलर का राजस्व सूचित किया था।

> **'मूडी' नाम एक सदी से भी अधिक समय से प्रतिभूतियों (सिक्योरिटीज) का पर्याय बना हुआ था। यह नाम अमेरिकी पूँजी बाजार वॉल स्ट्रीट एवं विश्व भर के वित्त बाजारों (फाइनेंशियल मार्केट) की हमेशा बदलती आवश्यकताओं के अनुसार स्वयं को ढालता रहा है।**

वर्ष 1900 में जॉन मूडी ने अमेरिका की वित्तीय राजधानी न्यूयॉर्क में 'जॉन मूडी एंड कंपनी' की स्थापना की थी और 'मूडी'ज मैन्युअल' का पहला अंक प्रकाशित किया था, जो न्यूयॉर्क स्टॉक एक्सचेंज में सूचीबद्ध कंपनियों, वित्तीय संस्थानों व सरकारी प्रतिष्ठानों के आँकड़ों से भरी पड़ी थीं। अगले कुछ वर्षों में 'मूडी'ज मैन्युअल' हरेक निवेशक के लिए अनिवार्य पुस्तक बन गई थी और कंपनी ने राष्ट्रीय प्रतिष्ठा हासिल की थी। फिर जॉन मूडी ने मूडी पब्लिशिंग कंपनी के माध्यम से अन्य वित्तीय विषयों पर आधारित पुस्तकों के प्रकाशन का फैसला किया था। सन् 1904 में पहली पुस्तक 'द ट्रुथ अबाउट ट्रस्ट्स' प्रकाशित हुई थी, जिसमें अमेरिका के सार्वजनिक न्यासों (पब्लिक ट्रस्ट) का वर्णन व विश्लेषण प्रस्तुत किया गया था। लेकिन सन् 1907 में शेयर बाजार में आई भारी गिरावट के बाद,

मूडी व उसके कई निष्ठावान् पाठकों को बरबादी का सामना करना पड़ता था और उसे अपने 'मूडी'ज मैन्युअल' सहित अपना व्यवसाय भी बेचने के लिए मजबूर होना पड़ा था।

उस पुस्तक में मूडी ने रेल उद्योग के गहन विश्लेषण के लिए उस समय की 'ऋण-पात्रता मूल्यांकन अभिकरण' (क्रेडिट रेटिंग एजेंसी) द्वारा अपनाए जानेवाली मूल्यांकन-पद्धति (रेटिंग मेथड) का उपयोग किया था। मूडी ने सन् 1912 में 'हाउ टू एनालाइज रेलरोड रिपोर्ट्स' नामक पुस्तक लिखी थी और 1913 में उसने अपनी विशेषज्ञता को रेल उद्योग से आगे सामान्य वित्तीय मूल्यांकन (जनरल फाइनेंशियल रेटिंग्स) की ओर विस्तारित कर लिया था।

लेकिन दो वर्षों के भीतर ही मूडी नए दृष्टिकोण के साथ वापस आया था। मूडी का नया दृष्टिकोण संभावित खतरों के प्रति चिंतित निवेशकों को केवल कंपनियों के बारे में सूचनाएँ देना भर ही पर्याप्त नहीं था, बल्कि एक कदम आगे उनके प्रदर्शन व परिसंपत्तियों का आकलन प्रस्तुत करना भी आवश्यक था। मूडी ने उस समय तेजी से बढ़ते रेल उद्योग से निपटने का फैसला किया था और वर्ष 1909 में 'मूडीज एनालिसिस ऑफ रेलरोड इन्वेस्टमेंट्स' शीर्षक से पुस्तक प्रकाशित की थी। उस पुस्तक में मूडी ने रेल उद्योग के गहन विश्लेषण के लिए उस समय की 'ऋण-पात्रता मूल्यांकन अभिकरण' (क्रेडिट रेटिंग एजेंसी) द्वारा अपनाए जानेवाली मूल्यांकन-पद्धति (रेटिंग मेथड) का उपयोग किया था। मूडी ने सन् 1912 में 'हाउ टू एनालाइज रेलरोड रिपोर्ट्स' नामक पुस्तक लिखी थी और 1913 में उसने अपनी विशेषज्ञता को रेल उद्योग से आगे सामान्य वित्तीय मूल्यांकन (जनरल फाइनेंशियल रेटिंग्स) की ओर विस्तारित कर लिया था। प्रारंभिक सफलता की तरह मूडी की व्यावसायिक दक्षता एक बार फिर उसे प्रतिभूति (सिक्योरिटीज) व्यवसाय में सबसे आगे ले गई थी। उसके मूल्यांकन निवेशकों में लोकप्रिय होने लगे थे और उसने जुलाई 1914 में 'मूडी'ज इन्वेस्टर सर्विस' नामक नई कंपनी स्थापित की थी। अगले एक दशक में मूडी ने स्वामित्व हिस्सेदारियों (शेयर ऑफ स्टॉक्स) के साथ-साथ समूचे ऋण प्रतिभूति

बाजार (डेट सिक्योरिटीज/ब्रांड मार्केट) का भी मूल्यांकन शुरू कर दिया था। मूडी ने येल यूनिवर्सिटी प्रेस के लिए कई पुस्तकें लिखी थीं, जिनमें वर्ष 1919 में प्रकाशित दो पुस्तकें 'द मास्टर्स ऑफ कैपिटल : ए क्रॉनिकल ऑफ वॉल स्ट्रीट' एवं 'रेलरोड बिल्डर्स : ए क्रॉनिकल ऑफ वेल्डिंग ऑफ द स्टेट्स' काफी लोकप्रिय हुई थीं।

जब सन् 1929 में शेयर बाजार में गिरावट आई थी और विश्व महामंदी का क्रम शुरू हुआ था, तब जॉन मूडी को पहले की तरह अपना व्यवसाय बेचना नहीं पड़ा था। वह स्वयं भी जीवित बचा रहा था और उसकी लगातार बढ़ती 'मूल्यांकन सेवा' (रेटिंग सर्विस) भी। वित्तीय समुदाय में अधिकतर के पतन के बावजूद मूडी ने अपने मूल्यांकन व निष्कर्षों को लिखना एवं प्रकाशित करना जारी रखा था। उसने 'द लॉन्ग रोड होम : एन ऑटोबायोग्राफी' (मैकमिलन, 1933) शीर्षक से संस्मरण भी लिखा था, जिसकी अगली कड़ी 'फास्ट टू द रोड' (मैकमिलन, 1942) शीर्षक से प्रकाशित हुई थी। फरवरी 1958 में 89 वर्ष की आयु में जॉन मूडी की मृत्यु हो गई थी। उसके चार वर्षों बाद सन् 1962 में साख प्रतिवेदन (क्रेडिट रिपोर्टिंग) व सूचना संग्रह की विशाल कंपनी डन एंड ब्रैडस्ट्रीट कॉरपोरेशन (डी एंड बी) ने मूडी'ज को खरीद लिया था। 1970 के दशक में मूडी'ज ने मूल्यांकन की जानेवाली संबंधित कंपनियों से शुल्क वसूलना शुरू कर दिया था। मूडी'ज द्वारा तैयार समय खपानेवाला गहन शोध प्रतिवेदन निवेशकों व समीक्षा की जानेवाली कंपनियों, दोनों के लिए अमूल्य साबित हुए थे। कंपनियाँ जल्द ही यह महसूस करने लगी थीं कि मूडी'ज से अच्छा मूल्यांकन प्राप्त करना बैंक में रखे धन जैसा ही था। अंततः मूडी'ज की सेवाओं को डन एंड ब्रैडस्ट्रीट कॉरपोरेशन के निजी स्वामित्व से बाहर निकालकर 'मूडी'ज कॉरपोरेशन' के नाम से न्यूयॉर्क स्टॉक एक्सचेंज में सूचीबद्ध सार्वजनिक कर दिया गया था।

मूडी'ज द्वारा तैयार समय खपानेवाला गहन शोध प्रतिवेदन निवेशकों व समीक्षा की जानेवाली कंपनियों, दोनों के लिए अमूल्य साबित हुए थे। कंपनियाँ जल्द ही यह महसूस करने लगी थीं कि मूडी'ज से अच्छा मूल्यांकन प्राप्त करना बैंक में रखे धन जैसा ही था।

एच एंड आर ब्लॉक—विशेष रूप से अमेरिका में जब कोई व्यक्ति विशेष

या छोटा व्यवसाय कर-विवरण दाखिल करने के बारे में सोचता है तो उसके मस्तिष्क में सबसे पहले कर-विवरण तैयार करने की विशिष्ट सेवा प्रदान करनेवाली 'एच एंड आर ब्लॉक' का नाम ही उभरता है; लेकिन यह कंपनी विश्व के अन्य देशों में भी अपनी सेवाओं का विस्तार कर रही है। जी हाँ, एच एंड आर ब्लॉक भी कर-विवरण दाखिल करने की वही सेवा प्रदान करता है, जो आपका अधिकार प्राप्त चार्टर्ड अकाउंटेंट करता है; लेकिन वह इस साधारण सेवा को विशिष्ट अंतरराष्ट्रीय ब्रांड के रूप में विकसित करने में सफल रही और अब विश्व की सबसे बड़ी कर-सेवा (टैक्स कंपनी वर्ष 2016 में, एच एंड आर ब्लॉक विश्व भर में कुल 11,933 कार्यालयों का संचालन कर रहा था। इनमें संयुक्त राज्य अमेरिका में 10,223 (6,614 कंपनी स्वामित्व वाले तथा 3,599 फ्रेंचाइजी), कनाडा में कुल 1,282, ऑस्ट्रेलिया में 438 और भारत में 5 कार्यालय शामिल थे। 'फोर्ब्स' पत्रिका (मई 2015) के अनुसार, इन कार्यालयों में लगभग 88,000 कर्मचारी कार्यरत थे। वर्ष 2016 में एच एंड आर ब्लॉक कुल 2,31,68,000 करोड़ टैक्स रिटर्न (अमेरिका में 1,96,95,000 तथा अंतरराष्ट्रीय 34,73,000) तैयार किए थे और लगभग 3 अरब डॉलर का राजस्व (37.42 करोड़ डॉलर का शुद्ध लाभ) अर्जित किया था।

> **विशेष रूप से अमेरिका में जब कोई व्यक्ति विशेष या छोटा व्यवसाय कर-विवरण दाखिल करने के बारे में सोचता है तो उसके मस्तिष्क में सबसे पहले कर-विवरण तैयार करने की विशिष्ट सेवा प्रदान करनेवाली 'एच एंड आर ब्लॉक' का नाम ही उभरता है; लेकिन यह कंपनी विश्व के अन्य देशों में भी अपनी सेवाओं का विस्तार कर रही है।**

संयुक्त राज्य अमेरिका के मध्य-पश्चिमी (मिड-वेस्ट) प्रांत मिसौरी के सबसे बड़े नगर कंसास सिटी के प्रमुख वकील का दूसरा पुत्र हेनरी वॉल्मन ब्लॉच मिशिगन विश्वविद्यालय से स्नातक करने के बाद वायुसेना की सेवा में चला गया था, जहाँ उसे सांख्यिकी नियंत्रण (स्टैटिस्टिकल कंट्रोल) में स्नातक प्रशिक्षण के लिए हार्वर्ड बिजनेस स्कूल भेजा गया था। वर्ष 1946 में सेना की सेवा से लौटने के बाद हेनरी ने आम लोगों व छोटे व्यवसायियों के लिए टैक्स रिटर्न व लेखा-जोखा

(बुक कीपिंग) सेवा प्रदान करने के लिए अपने बड़े भाई लिओन ब्लॉच के साथ 'यूनाइटेड बिजनेस कंपनी' की स्थापना की थी; लेकिन पहले साल में कोई विशेष काम नहीं मिलने के कारण लिओन कानून की पढ़ाई करने चला गया था। बाद में जब काम बढ़ा था तो हेनरी ने एक कर्मचारी के लिए विज्ञापन दिया था। विज्ञापन के उत्तर में हेनरी की माँ ने उसे अपने छोटे भाई रिचर्ड जिसने व्हार्टन स्कूल ऑफ फाइनेंस (पेन्सिल्वेनिया विश्वविद्यालय) से स्नातक-अर्थशास्त्र की पढ़ाई पूरी की थी, को काम पर रखने का सुझाव दिया था। उसके बाद दोनों भाई साथ मिलकर काम करने लगे थे और धीरे-धीरे उनका काम चल निकला था।

सन् 1955 में जब आंतरिक राजस्व सेवा (इंटर्नल रेवेन्यू सर्विस) ने कर-विवरण तैयार करने की निःशुल्क सेवा को बंद करने की घोषणा की थी तो हेनरी ने स्थानीय समाचार-पत्र में विज्ञापन दिया था और उसके पास अचानक कर-विवरण तैयार करानेवाले ग्राहकों की संख्या बढ़ गई थी। अपनी सेवाओं की माँग बढ़ती देखकर हेनरी ब्लॉच ने कंपनी का नाम बदलकर 'एच एंड आर ब्लॉक' कर लिया था, जो उच्चारण करने में आसान था।

हेनरी व रिचर्ड ने अपनी सेवाओं के बारे में स्थानीय अखबार में विज्ञापन दिया था और उसके पास ग्राहकों की संख्या में वृद्धि होने लगी थी। सन् 1955 में जब आंतरिक राजस्व सेवा (इंटर्नल रेवेन्यू सर्विस) ने कर-विवरण तैयार करने की निःशुल्क सेवा को बंद करने की घोषणा की थी तो हेनरी ने स्थानीय समाचार-पत्र में विज्ञापन दिया था और उसके पास अचानक कर-विवरण तैयार करानेवाले ग्राहकों की संख्या बढ़ गई थी। अपनी सेवाओं की माँग बढ़ती देखकर हेनरी ब्लॉच ने कंपनी का नाम बदलकर 'एच एंड आर ब्लॉक' कर लिया था, जो उच्चारण करने में आसान था। कंपनी का काम इतनी तेजी से बढ़ा था कि सन् 1956 में हेनरी ने सात कार्यालय खोल लिये थे और पिछले वर्ष की तुलना में उसका राजस्व तीन गुना बढ़ गया था। 1962 में जब कंपनी के कार्यालयों की संख्या बढ़कर 206 हो गई थी और 'एच एंड आर ब्लॉक' राष्ट्रीय कर सेवा ब्रांड बन गया था, तब हेनरी ने न्यूयॉर्क स्टॉक एक्सचेंज में सूचीबद्ध कर उसे सार्वजनिक कर दिया था।

अमेरिकन एक्सप्रेस—अमेरिकन एक्सप्रेस को 'सत्यनिष्ठा (इंटीग्रिटी) ब्रांड' माना जाता है। 'फोर्ब्स' पत्रिका ने मई 2017 में 1 प्रतिशत की बढ़त के साथ अमेरिकन एक्सप्रेस का ब्रांड मूल्यांकन 24.5 अरब डॉलर किया था और 2017 की 'विश्व के सबसे मूल्यवान् ब्रांड' सूची में 23वें स्थान पर रखा था। इस दौरान अमेरिकन एक्सप्रेस ने 33.8 अरब डॉलर का ब्रांड राजस्व हासिल किया था; लेकिन कंपनी को ब्रांड प्रोत्साहन के लिए विज्ञापन पर 3.7 अरब डॉलर खर्च भी करने पड़े थे।

सन् 1880 में माल-ढुलाई का कारोबार जारी रखते हुए अमेरिकन एक्सप्रेस ने वित्तीय सेवा उद्योग में विस्तार किया था। उस समय अमेरिका में यूरोपीय आप्रवासियों की बाढ़-सी आ रही थी और अमेरिकन एक्सप्रेस ने उन्हें वापस अपने घर धन स्थानांतरित करने की सेवा शुरू की थी। इसी क्रम में सन् 1891 में अमेरिकन एक्सप्रेस ने 'ट्रैवलर चेक' का आविष्कार किया था, जिससे पर्यटन के साथ-साथ वित्त उद्योग में भी क्रांति आई थी।

'अमेरिकन एक्सप्रेस' का उल्लेखनीय इतिहास रहा है। सन् 1850 में इसकी स्थापना एक तीव्रगामी माल ढुलाई (एक्सप्रेस फ्रेट) कंपनी के रूप में हुई थी और इसने अमेरिकी गृह युद्ध (1861 से 1865 तक) के दौरान अंततः विजयी होनेवाली 'यूनियन आर्मी' को आपूर्ति भेजकर अपनी प्रतिष्ठा व विश्वसनीयता बढ़ाई थी। सन् 1880 में माल-ढुलाई का कारोबार जारी रखते हुए अमेरिकन एक्सप्रेस ने वित्तीय सेवा उद्योग में विस्तार किया था। उस समय अमेरिका में यूरोपीय आप्रवासियों की बाढ़-सी आ रही थी और अमेरिकन एक्सप्रेस ने उन्हें वापस अपने घर धन स्थानांतरित करने की सेवा शुरू की थी। इसी क्रम में सन् 1891 में अमेरिकन एक्सप्रेस ने 'ट्रैवलर चेक' का आविष्कार किया था, जिससे पर्यटन के साथ-साथ वित्त उद्योग में भी क्रांति आई थी।

लेकिन इसका दूसरा प्रमुख नवाचार काफी समय बाद सन् 1958 में 'अमेरिकन एक्सप्रेस कार्ड' हरे रंग का प्लास्टिक प्रभार-पत्रक (चार्ज कार्ड) के

रूप में सामने आया था। ट्रैवलर चेक की तरह ही उस चार्ज कार्ड ने भी लोगों को जेब में नकदी रखने के झंझट से मुक्त होने का अवसर प्रदान किया था। चूँकि चार्ज कार्ड सभी को जारी नहीं किया जा सकता था, इसलिए जल्द ही 'अमेरिकन एक्सप्रेस कार्ड' अमेरिकी संभ्रांत समाज के लोगों के बीच प्रतिष्ठा का प्रतीक (स्टेटस सिंबल) बन गया था। बाकी आधी 20वीं सदी तक अमेरिकन एक्सप्रेस ने इस कार्ड को प्रचारित करने के लिए 'मेंबरशिप हैज इट्स प्रिविलेज' (सदस्यता का अपना विशेषाधिकार है) घोषवाक्य के साथ विज्ञापन अभियान चलाता रहा था। यह घोष वाक्य काफी प्रसिद्ध हुआ था और दुनिया भर के संभ्रांत समाज में इस कार्ड को हासिल करने की होड़-सी मची थी।

हालाँकि अब अमेरिकन एक्सप्रेस एक विश्वव्यापी पर्यटन, वित्तीय व संजाल सेवा कंपनी बन गई है और खुद को 'फाइनेंशियल सुपर मार्केट' के रूप में प्रचारित करती है; लेकिन आज भी अधिकांश लोग उसे 'प्रभार कार्ड' कंपनी ही समझते हैं। वैसे हाल के दशकों में 'अमेरिकन एक्सप्रेस' ब्रांड व कार्ड—दोनों के लक्ष्यार्थ बदल चुके हैं। यह विशिष्ट (एक्सक्लूसिव) ब्रांड से बदलकर सर्वसमावेशी (इंक्लूसिव) ब्रांड होता गया है। कंपनी ने अपना ग्राहक आधार बढ़ाने के लिए 'चार्ज कार्ड' के अलावा 'क्रेडिट कार्ड' भी जारी करना शुरू कर दिया था, जो स्टेटस सिंबल की बजाय व्यावहारिक सुविधा के कारण ग्राहकों द्वारा खरीदे जा रहे हैं। हालाँकि 'प्रतिष्ठा ब्रांड' से 'लोकप्रिय ब्रांड' बन पाना बहुत ही जोखिमपूर्ण व्यापारिक रणनीति थी, लेकिन 'अमेरिकन एक्सप्रेस' ने अपने लंबे अनुभव व वित्तीय सत्यनिष्ठा व सुरक्षा की अपनी लंबी आदरणीय प्रतिष्ठा के आधार पर खुद को 'दुनिया की सबसे आदरणीय सेवा ब्रांड' के रूप में स्थापित करने में जबरदस्त

विशेष रूप से अमेरिका में, 'सर्विस मास्टर' आवासीय व वाणिज्यिक सेवाओं का सबसे अधिक लोकप्रिय ब्रांड है। सर्विसमास्टर विश्व भर में 7,000 से अधिक कंपनी-स्वामित्ववाली व फ्रैंचाइजी शाखाओं का संचालन करती है। इनमें 13,000 निगमित कर्मचारी काम करते हैं, जबकि फ्रैंचाइजी नेटवर्क स्वतंत्र रूप से लगभग 33,000 अतिरिक्त लोगों को रोजगार प्रदान करता है।

सफलता हासिल की है। यही कारण है कि कंपनी लगातार व्यापक विज्ञापन व जन-संपर्क अभियान चलाती रही है।

सर्विस मास्टर ग्लोबल होल्डिंग्स—विशेष रूप से अमेरिका में, 'सर्विस मास्टर' आवासीय व वाणिज्यिक सेवाओं का सबसे अधिक लोकप्रिय ब्रांड है। सर्विसमास्टर विश्व भर में 7,000 से अधिक कंपनी-स्वामित्ववाली व फ्रैंचाइजी शाखाओं का संचालन करती है। इनमें 13,000 निगमित कर्मचारी काम करते हैं, जबकि फ्रैंचाइजी नेटवर्क स्वतंत्र रूप से लगभग 33,000 अतिरिक्त लोगों को रोजगार प्रदान करता है। कंपनी की प्रमुख सेवाओं में दीमक व कीट नियंत्रण (टर्माइट एंड पेस्ट कंट्रोल), घर आश्वस्ति (होम वारंटी), आपदा अनुक्रिया व मरम्मत (डिजास्टर रेस्पोंस एंड रेस्टोरेशन), चौकीदारी, घर की सफाई, फर्नीचर की मरम्मत व गृह निरीक्षण (होम इंस्पेक्शन) शामिल हैं। वर्ष 2016 में सर्विस मास्टर ग्लोबल होल्डिंग्स ने 2.746 अरब डॉलर के राजस्व पर 15.5 करोड़ डॉलर का शुद्ध लाभ अर्जित किया था।

अठारह वर्षों बाद सन् 1947 में, वेड ने 'वेड, वेंगेर एंड एसोसिएट्स' का गठन किया था और कीट-रोधन के साथ-साथ कालीन सफाई (कार्पेट क्लीनिंग) की सेवा भी शुरू कर दी थी। व्यवसाय तेजी से बढ़ा था और सन् 1951 में वेड ने कंपनी का नाम बदलकर 'सर्विस मास्टर' रख लिया था।

सर्विस मास्टर के संस्थापक मारिओन ई. वेड को अपने परिवार की सहायता के लिए आठवीं कक्षा में पढ़ाई छोड़कर चपरासी की नौकरी करनी पड़ी थी। इसके साथ ही वेड बेसबॉल भी खेलता रहा था और सन् 1915 में अर्ध-पेशेवर टीम 'शिकागो ब्रेव्स' में भी शामिल हो गया था। प्रथम विश्व-युद्ध में भाई की मृत्यु के बाद सन् 1918 में वेड नौसेना में भरती हुआ था और युद्ध प्रशिक्षण (कॉम्बैट ट्रेनिंग) भी प्राप्त किया था। लेकिन जल्द ही युद्ध समाप्त हो गया था। वापस लौटने के कुछ समय बाद सन् 1920 में वेड ने शादी कर ली थी और बेसबॉल छोड़कर एक बिक्रीकर्मी के रूप में अपना पेशेवर जीवन शुरू किया था। नौ वर्षों बाद, जब सन् 1929 में महामंदी का क्रम शुरू हुआ था, तब वेड ने घरों व कार्यालयों में कीट-रोधन (मॉथ प्रूफिंग) सेवा कंपनी शुरू की थी। अठारह वर्षों

बाद सन् 1947 में, वेड ने 'वेड, वेंगेर एंड एसोसिएट्स' का गठन किया था और कीट-रोधन के साथ-साथ कालीन सफाई (कार्पेट क्लीनिंग) की सेवा भी शुरू कर दी थी। व्यवसाय तेजी से बढ़ा था और सन् 1954 में वेड ने कंपनी का नाम बदलकर 'सर्विस मास्टर' रख लिया था।

वर्ष 1973 में वेड की मृत्यु के बाद उसके उत्तराधिकारियों ने व्यवसाय को आगे बढ़ाया था। जुलाई 2007 में निजी स्वामित्व निवेश प्रतिष्ठान (प्राइवेट इक्विटी इन्वेस्टमेंट फर्म) के समूह ने क्लेटन, डुबिलियर एंड राइस (सी.डी. एंड आर.) के नेतृत्व में सर्विस मास्टर का अधिग्रहण कर लिया था। जून 2014 में 'सर्विस मास्टर ग्लोबल होल्डिंग' नाम से कंपनी को न्यूयॉर्क स्टॉक एक्सचेंज में सूचीबद्ध कर सार्वजनिक कर दिया गया था।

वर्ष 1973 में वेड की मृत्यु के बाद उसके उत्तराधिकारियों ने व्यवसाय को आगे बढ़ाया था। जुलाई 2007 में निजी स्वामित्व निवेश प्रतिष्ठान (प्राइवेट इक्विटी इन्वेस्टमेंट फर्म) के समूह ने क्लेटन, डुबिलियर एंड राइस (सी. डी. एंड आर.) के नेतृत्व में सर्विस मास्टर का अधिग्रहण कर लिया था। जून 2014 में 'सर्विस मास्टर ग्लोबल होल्डिंग' नाम से कंपनी को न्यूयॉर्क स्टॉक एक्सचेंज में सूचीबद्ध कर सार्वजनिक कर दिया गया था।

वेल्स फार्गो एंड कंपनी—'वेल्स फार्गो' विश्व की प्रमुख वित्तीय सेवा ब्रांड है। मई 2017 में 'फोर्ब्स' पत्रिका ने 4 प्रतिशत की बढ़त के साथ वेल्स फार्गो का ब्रांड मूल्यांकन 13.2 अरब डॉलर किया था और 2017 की 'विश्व के सबसे मूल्यवान् ब्रांड' सूची में 43वें स्थान पर रखा था। इस दौरान वेल्स फार्गो का ब्रांड राजस्व 94.2 अरब डॉलर था, जबकि कंपनी ने ब्रांड प्रोत्साहन पर 59.5 करोड़ डॉलर खर्च किए थे।

'फोर्ब्स' पत्रिका ने वर्ष 2017 की 'विश्व की सबसे बड़ी 2,000 सार्वजनिक कंपनी' की सूची में इंडस्ट्रियल एंड कमर्शियल बैंक ऑफ चाइना (आई.सी.बी.सी.), चाइना कंस्ट्रक्शन बैंक, बर्कशायर हैथवे और जेपी मॉर्गन चेज के बाद वेल्स फार्गो एंड कंपनी को पाँचवें स्थान पर रखा था, जब उसकी कुल बिक्री 97.6 अरब डॉलर, लाभ 21.9 अरब डॉलर, परिसंपत्तियाँ (एसेट्स) 1,943.4 अरब डॉलर एवं

बाजार पूँजीकरण (मार्केट कैपिटलाइजेशन) 274.4 अरब डॉलर था। याद रहे कि 22 जुलाई, 2015 को वेल्स फार्गो एंड कंपनी ने 301.60 अरब डॉलर बाजार पूँजीकरण के साथ इंडस्ट्रियल एंड कमर्शियल बैंक ऑफ चाइना (आई.सी.बी.सी.) को पछाड़कर विश्व की सबसे बड़ी वित्तीय संस्था बन गई थी और तब उसका बाजार मूल्य जेपी मॉर्गन चेज से 40 अरब डॉलर और सिटी ग्रुप से 120 अरब डॉलर ऊपर था। इतना ही नहीं, वर्ष 2013 में भी वेल्स फार्गो ने आई.सी.बी.सी. को पछाड़ दिया था।

अद्वितीय सेवाएँ प्रदान करनेवाली ये कंपनियाँ, जो उपभोक्ताओं के मस्तिष्क के एक हिस्से पर अपना स्वामित्व धारण करती हैं, उत्पादों की बिक्री करनेवाली कंपनियों की तुलना में अधिक अच्छा प्रॉफिट मार्जिन भी पैदा कर सकती हैं। स्पष्ट है कि जो प्रबंधक इन कंपनियों के लिए काम करते हैं, उनके वेतन बहुत ऊँचे होते हैं।

वर्ष 1848 की शुरुआत में, जब कोलोमा (कैलिफोर्निया) के पास सूटर के मिल में सोने (गोल्ड) का पता चला था तो भारी लाभ कमाने की उम्मीद में उत्तरी अमेरिका सहित दुनिया भर के उद्यमियों व वित्त-पोषकों ने कैलिफोर्निया में जमघट शुरू कर दिया था। तब वरमोंट (अमेरिका) के मूल निवासी हेनरी वेल्स एवं न्यूयॉर्क के विलियम जी फारगो की पैनी नजर भी कैलिफोर्निया की अर्थव्यवस्था में आई उछाल पर टिकी हुई थी; लेकिन वे तब अपने लाभदायी कारोबारों में इतने व्यस्त थे कि उन्होंने वहाँ पहुँचने की जल्दबाजी नहीं दिखाई थी। लेकिन 18 मार्च, 1852 को उन्होंने कैलिफोर्निया में बैंकिंग सेवाएँ प्रदान करने के लिए 3 लाख डॉलर के प्रारंभिक पूँजीकरण के साथ वेल्स फार्गो एंड कंपनी की स्थापना की थी। तमाम उतार-चढ़ावों से गुजरती हुई मौजूदा वेल्स फार्गो एंड कंपनी का जन्म सन् 1998 में मिनियापोलिस के नॉर्वेस्ट कॉर्पोरेशन में विलय के साथ हुआ था। चूँकि वेल्स फार्गो की ऐतिहासिक ब्रांड छवि थी, इसलिए उसी नाम को आगे बढ़ाया गया था।

उपर्युक्त कंपनियों के लिए अद्वितीय सेवाएँ बेचने का अर्थशास्त्र असाधारण हो सकता है। इस तरह की कंपनियों को न तो अपने उत्पादों की बनावट को सुधारने या बदलने की आवश्यकता होती है और न ही उत्पादन संयंत्र की स्थापना पर। उसके

लगातार उन्नयन पर उत्पादों के भंडारण के लिए गोदामों पर अपने सौभाग्य का बहुत बड़ा हिस्सा खर्च करना पड़ता है। इतना ही नहीं, अद्वितीय सेवाएँ प्रदान करनेवाली ये कंपनियाँ, जो उपभोक्ताओं के मस्तिष्क के एक हिस्से पर अपना स्वामित्व धारण करती हैं, उत्पादों की बिक्री करनेवाली कंपनियों की तुलना में अधिक अच्छा प्रॉफिट मार्जिन भी पैदा कर सकती हैं। स्पष्ट है कि जो प्रबंधक इन कंपनियों के लिए काम करते हैं, उनके वेतन बहुत ऊँचे होते हैं। उनका पेशेवर जीवन अधिक लाभ देनेवाला व स्थायी है, क्योंकि उन कंपनियों को वैसे वित्तीय उतार-चढ़ावों का सामना नहीं करना पड़ता है, जो दूसरे व्यवसायों को बुरी तरह प्रभावित करते हैं।

> **एच एंड आर ब्लॉक जैसी कंपनियों के प्रबंधकों व संचालकों को जनरल मोटर्स जैसी कंपनियों की तरह न तो कर्मचारी संघों की माँगों, न ही बहुत अधिक ऋण बोझ बढ़ जाने और न ही लोगों के खरीद-व्यवहार में अचानक बदलाव आ जाने की चिंताओं में अपनी रातों की नहीं खराब करनी पड़ती है।**

अब, यदि हम एच एंड आर ब्लॉक एंड जनरल मोटर्स जैसी कंपनियों के परिचालन इतिहासों की जाँच करें तो चाहे आर्थिक मंदी कितनी भी भयानक क्यों न रही हो, कर-विवरण तैयार करानेवाले व्यवसाय में कभी भी कोई मंदी नहीं आती है, क्योंकि लोगों को हर हाल में अपना कर-विवरण दाखिल करना पड़ता है। इसके विपरीत, थोड़े समय की आर्थिक मंदी भी जनरल मोटर्स जैसी कंपनियों की वित्तीय हालत खराब कर सकती है, क्योंकि लोग मोटर वाहन खरीदना बंद कर देते हैं। इतना ही नहीं, एच एंड आर ब्लॉक जैसी कंपनियों के प्रबंधकों व संचालकों को जनरल मोटर्स जैसी कंपनियों की तरह न तो कर्मचारी संघों की माँगों, न ही बहुत अधिक ऋण बोझ बढ़ जाने और न ही लोगों के खरीद-व्यवहार में अचानक बदलाव आ जाने की चिंताओं में अपनी रातों की नहीं खराब करनी पड़ती है।

कम लागत पर खरीद-बिक्री करनेवाली कंपनियाँ

वॉरेन बफे के अनुसार, टिकाऊ प्रतिस्पर्धी लाभ (ड्यूरेबल कॉम्पिटीटिव एडवांटेज) प्रदान करनेवाली तीसरी प्रकार की कंपनियाँ वे हैं, जो बहुत कम लागत

पर वस्तुओं को खरीदती हैं और फिर सबसे सस्ती कीमतों पर उपभोक्ताओं को बेचती हैं। वॉरेन की ऐसी पसंदीदा कंपनियों में वॉलमार्ट, कॉस्टको, नेब्रास्का फर्नीचर मार्ट, बोरोशेइम 'स फाइन ज्वेलरी, बर्लिंगटन नॉर्दर्न सांता फे आदि को शामिल किया जाता है। ये कंपनियाँ भारी मात्रा में बिक्री से अपनी लाभ-सीमाओं को ऊँचा रख पाने में सफल रहती हैं। चूँकि ये कंपनियाँ इतनी अधिक मात्रा में खरीदारी करती हैं कि उनकी लागत भी बहुत कम हो जाती है, ऐसे में वे अपने प्रतिस्पर्धियों की तुलना में सबसे कम कीमतों पर भारी बिक्री व लाभ सीमा हासिल कर पाने में भी सक्षम हो जाती हैं। सबसे सस्ती कीमत इन कंपनियों की साख बन जाती है, जो उपभोक्ताओं को लगातार अपने भंडारों की ओर आकर्षित करती हैं।

वर्ष 1988 तक अमेरिका में वॉलमार्ट सबसे अधिक लाभ और अक्तूबर 1989 में सबसे अधिक राजस्व अर्जित करनेवाली खुदरा भंडार शृंखला बन चुकी थी। वर्ष 2002 में 219.80 अरब डॉलर राजस्व पर 6.70 अरब डॉलर का शुद्ध लाभ अर्जित कर वॉलमार्ट अमेरिका की सबसे बड़ी कंपनी बन चुकी थी।

वॉलमार्ट स्टोर्स—वॉलमार्ट 'पैमाना कारोबार' (स्केल बिजनेस) ब्रांड है। 1980-90 के दशकों के बीच के कालखंड में वॉलमार्ट ने अमेरिका के क्षेत्रीय बाजारों में फैलते हुए राष्ट्रीय स्तर पर भी अपना दबदबा कायम कर लिया था। वर्ष 1988 तक अमेरिका में वॉलमार्ट सबसे अधिक लाभ और अक्तूबर 1989 में सबसे अधिक राजस्व अर्जित करनेवाली खुदरा भंडार शृंखला बन चुकी थी। वर्ष 2002 में 219.80 अरब डॉलर राजस्व पर 6.70 अरब डॉलर का शुद्ध लाभ अर्जित कर वॉलमार्ट अमेरिका की सबसे बड़ी कंपनी बन चुकी थी। 31 जनवरी, 2011 को पूरे हुए वित्त वर्ष में 422 अरब डॉलर (जिसमें अंतरराष्ट्रीय परिचालन का योगदान 109.20 अरब डॉलर था) के राजस्व पर 15.40 अरब डॉलर का शुद्ध लाभ अर्जित कर वॉलमार्ट विश्व की सबसे बड़ी कंपनी (राजस्व श्रेणी क्रम में) बन चुकी थी।

मई 2017 में 'फोर्ब्स' पत्रिका ने 5 प्रतिशत की गिरावट के साथ वॉलमार्ट का ब्रांड मूल्यांकन 24.1 अरब डॉलर किया था और 2017 की 'विश्व के सबसे मूल्यवान् ब्रांड' सूची में 24वें स्थान पर रखा था। इस दौरान 'वॉलमार्ट' ने इस सूची

का सबसे अधिक 326.3 अरब डॉलर राजस्व हासिल किया था; जबकि कंपनी ने अपने विज्ञापन पर 2.9 अरब डॉलर खर्च किए थे। 31 जनवरी, 2017 को पूरे हुए वित्त वर्ष में वॉलमार्ट स्टोर्स ने विश्व के 28 देशों में 65 व्यापारिक नामों से संचालित कुल 11,500 भंडारों के विशाल संजाल के माध्यम से 485.873 अरब डॉलर के राजस्व पर 14.293 अरब डॉलर शुद्ध लाभ अर्जित किया था। 'फोर्ब्स' पत्रिका ने 2017 की 'विश्व की सबसे बड़ी सार्वजनिक कंपनी' सूची में वॉलमार्ट स्टोर्स को संपूर्ण श्रेणी क्रम में 9वें स्थान पर रखा था, जबकि बिक्री राजस्व में वह पहले, शुद्ध लाभ में 11वें, परिसंपत्तियों में 35वें एवं बाजार पूँजीकरण (मार्केट कैपिटलाइजेशन) में 15वें स्थान पर थी।

'व्यापार निर्माण के नियम' की अपनी नियम सूची में वॉल्टन ने आठवें नियम में लिखा था–"उन्हें (अपने ग्राहक को) जानने दें कि आप उनकी सराहना करते हैं।" जी हाँ, वॉलमार्ट इस नियम को कई तरीकों से अपने कारोबार में लागू करता रहा है। बड़े आकार में होने के बावजूद वॉलमार्ट ने अपने भंडारों में हमेशा अपने ग्राहकों को घरेलू माहौल देने, पड़ोसियों की तरह व्यवहार करने और व्यक्तिगत संबंध कायम करने की कोशिशें की हैं।

रोचक तथ्य यह है कि सन् 1945 में 27 वर्ष की उम्र में सैम वॉल्टन ने वॉलमार्ट को मामूली खुदरा कारोबार के रूप में शुरू किया था। फिर यह विश्व का सबसे बड़ा खुदरा ब्रांड तथा सबसे अधिक राजस्व अर्जित करनेवाली कंपनी कैसे बन गई? सैम वॉल्टन ने अपनी आत्मकथा 'मेड इन अमेरिका—माय स्टोरी' में लिखा है कि ग्राहकों से संबंध बनाने का दृढ़ संकल्प ही उसके कारोबारी दर्शन के केंद्र में था। 'व्यापार निर्माण के नियम' की अपनी नियम सूची में वॉल्टन ने आठवें नियम में लिखा था—"उन्हें (अपने ग्राहक को) जानने दें कि आप उनकी सराहना करते हैं।" जी हाँ, वॉलमार्ट इस नियम को कई तरीकों से अपने कारोबार में लागू करता रहा है। बड़े आकार में होने के बावजूद वॉलमार्ट ने अपने भंडारों में हमेशा अपने ग्राहकों को घरेलू माहौल देने, पड़ोसियों की तरह व्यवहार करने और व्यक्तिगत संबंध कायम करने की कोशिशें की हैं। ग्राहकों के व्यय के प्रतिमान (स्पेंडिंग पैटर्न) को नापने के लिए वॉलमार्ट

शुरुआती दौर से ही विशेष प्रकार के उन्नत सॉफ्टवेयर का इस्तेमाल करता रहा है और उन्हीं सूचनाओं के आधार पर वॉलमार्ट के आपूर्तिकर्ताओं को यह पता चलता था कि संबंधित भंडारों में किन वस्तुओं की कितनी आपूर्ति सुनिश्चित करनी है।

लेकिन वॉलमार्ट की सफलता की चाभी उसके कारोबार का स्तर/पैमाना (स्केल ऑफ बिजनेस) है। वॉलमार्ट अपने भंडारों के विशाल आकार के कारण 'भंडार स्वागतकर्ताओं' के माध्यम से हरेक ग्राहक के खरीदारी अनुभव को व्यक्तिगत बनाने की हर संभव कोशिशें करता है। अपने आकार के चलते ही वॉलमार्ट किसी भी उत्पाद को भारी मात्रा में सबसे कम लागत पर खरीदने और सबसे कम कीमत पर बेच पाने में सक्षम है। वॉलमार्ट को उसका बड़ा स्तर ही उसे 'प्रतिदिन कम कीमत', यानी किसी भी भंडार के मुकाबले सबसे कम कीमत पर चीजों को बिक्री प्रस्ताव रख पाने में सक्षम बनाता है। वॉलमार्ट ने अपने आकार को लगातार और बड़ा बनाता रहा है तथा आगे बढ़ता रहा है। यही कारण है कि भारत सहित कई देशों में वॉलमार्ट को सीधे तौर पर खुदरा कारोबार में इजाजत नहीं मिल सकी है। भारत सरकार को आशंका है कि खुदरा बाजार में वॉलमार्ट के आने से छोटे व मँझले स्तर के दुकानदार उसके सामने टिक नहीं सकेंगे। लेकिन इसके चलते वॉलमार्ट अपने ग्राहक-केंद्रित कारोबारी दर्शन को छोड़ नहीं सकता।

> **भारत सरकार को आशंका है कि खुदरा बाजार में वॉलमार्ट के आने से छोटे व मँझले स्तर के दुकानदार उसके सामने टिक नहीं सकेंगे। लेकिन इसके चलते वॉलमार्ट अपने ग्राहक-केंद्रित कारोबारी दर्शन को छोड़ नहीं सकता।**

नेब्रास्का फर्नीचर मार्ट—नेब्रास्का फर्नीचर मार्ट (एन.एफ.एम.) उत्तरी अमेरिका का सबसे बड़ा गृह-सज्जा भंडार (होम फर्निशिंग स्टोर) है। वॉरेन बफे के गृह नगर ओमाहा (नेब्रास्का) में साउथ 72वें स्ट्रीट पर 77 एकड़ (3,10,000 वर्ग मीटर) के एकल संगृहीत परिसर (सिंगल कलेक्टिव कैंपस) में स्थित मुख्य भंडार 4,20,000 वर्ग फीट (39,000 वर्ग मीटर) से अधिक का खुदरा स्थान है। सन् 1937 में रोज ब्लमकिन, जो 'मिसेज बी' नाम से लोकप्रिय थे, ने नेब्रास्का फर्नीचर मार्ट की स्थापना की थी। हालाँकि सन् 1983 में 89 साल की उम्र में 'मिसेज बी' ने 6 करोड़ डॉलर में नेब्रास्का फर्नीचर मार्ट की 80 प्रतिशत स्वामित्व

हिस्सेदारी वॉरेन बफे को बेच दी थी, लेकिन बफे के आग्रह पर वह लगभग आजीवन ही उस भंडार का संचालन करती रही थीं।

रोज ब्लमकिन का जन्म 3 दिसंबर, 1893 को मिंस्क (बेलारूस की राजधानी) के निकट स्चिद्रिन गाँव में हुआ था। वह सुलेमान व चासिया गोरेलिक के आठ बच्चों में से एक थी। उसके पिता यहूदी आचार्य (रब्बी) थे और उसकी माँ संघर्षरत परिवार का समर्थन करने के लिए किराने की दुकान चलाती थीं। सभी भाई-बहनों को एक ही कमरे में पुआल पर सोना पड़ता था।

रोज ब्लमकिन का जन्म 3 दिसंबर, 1893 को मिंस्क (बेलारूस की राजधानी) के निकट स्चिद्रिन गाँव में हुआ था। वह सुलेमान व चासिया गोरेलिक के आठ बच्चों में से एक थी। उसके पिता यहूदी आचार्य (रब्बी) थे और उसकी माँ संघर्षरत परिवार का समर्थन करने के लिए किराने की दुकान चलाती थीं। सभी भाई-बहनों को एक ही कमरे में पुआल पर सोना पड़ता था। रोज को अपने पिता की प्रार्थना पर दया आती थी, जो उसके परिवार को एक गद्दा तक उपलब्ध करा पाने में सक्षम नहीं थी। जब उसकी माँ गुलामों की तरह रात में भट्ठी पर पावरोटी सेंकती थी, तब रोज आधी रात को जाग जाती थी। वह अपनी माँ को कठिन परिश्रम करते देख बहुत ही दुःखी होती थी और 6 वर्ष की उम्र से ही उसने माँ को किराना दुकान चलाने में मदद करना शुरू कर दिया था। गोरेलिक दंपती के पास अपने बच्चों को विद्यालय में पढ़ाने के लिए धन नहीं था। ऐसे में रोज को विद्यालय की कक्षा में तो जाने का अवसर नहीं मिला था, लेकिन उसने एक धनी परिवार में लिखना-पढ़ना व गणना करना सीख लिया था। रोज को सबसे महान् शिक्षा अपनी माँ से मिली थी कि भीख माँगना सबसे नीच कर्म था। यही कारण था कि रोज ने 13 वर्ष की उम्र में मिंस्क में एक सूखे माल भंडार में काम करना शुरू कर दिया था। तीन वर्षों बाद, 16 वर्ष की उम्र में, रोज उस भंडार की प्रबंधक बन गई थी और छह पुरुष कर्मचारी उसके अधीन काम कर रहे थे।

जब रोज 20 वर्ष की हुई थी तो उसने जूता बिक्रीकर्मी इसाडोर ब्लमकिन से शादी कर ली थी, जो कुछ समय बाद ही रूसी सेना में भरती होने की मजबूरी को टालने के लिए अमेरिका भाग गया था। तब रोज ने भी सोचा था कि जल्द ही वह

भी अपने पति के पास अमेरिका चली जाएगी। लेकिन उसके जाने के पहले ही युद्ध छिड़ गया था। फिर सन् 1917 की असह्य सर्दियों में, जब यूरोप जल रहा था और रूस थरथरा रहा था, रोज ट्रांस-साइबेरियन रेलवे (मॉस्को को व्लादिवोस्टोक-पूर्वी साइबेरिया में झील बैकल व प्रशांत महासागर के बीच रूस के सुदूर पूर्वी क्षेत्र को जोड़नेवाला विश्व का सबसे बड़ा रेल संजाल, जो मंगोलिया, चीन व उत्तरी कोरिया की सीमाओं को छूता हुआ गुजरता है।) पर सवार हो गई थी। चीन के सीमा-क्षेत्र में रूसी सुरक्षा बल ने रोज को रोक लिया था, क्योंकि उसके पास पासपोर्ट नहीं था। तब रोज ने रूसी सुरक्षा बल को कहा था कि वह सेना के लिए चमड़े खरीदने जा रही थी और लौटते समय उनके लिए वोदका की बोतल लाएगी। इस तरह, वह उत्तर-पूर्वी चीन में मंचूरिया को पार कर जापान चली गई थी, जहाँ उसने जहाज में स्थान प्राप्त कर लिया था और छह सप्ताह बाद किसी प्रकार सिएटल (अमेरिका) बंदरगाह पर उतरी थी। हालाँकि रोज को अंग्रेजी बोलना नहीं आता था, लेकिन वह फोर्ट डॉज (आयोवा) में अपने पति इसाडोर ब्लमकिन से मिलने में सफल रही थी।

सन् 1917 की असह्य सर्दियों में, जब यूरोप जल रहा था और रूस थरथरा रहा था, रोज ट्रांस-साइबेरियन रेलवे (मॉस्को को व्लादिवोस्टोक-पूर्वी साइबेरिया में झील बैकल व प्रशांत महासागर के बीच रूस के सुदूर पूर्वी क्षेत्र को जोड़नेवाला विश्व का सबसे बड़ा रेल संजाल, जो मंगोलिया, चीन व उत्तरी कोरिया की सीमाओं को छूता हुआ गुजरता है।) पर सवार हो गई थी।

उसके बाद, सन् 1919 में, ब्लमकिन दंपती ओमाहा (नेब्रास्का) स्थानांतरित हो गया था। इसाडोर ने पुराने कपड़ों का भंडार शुरू किया था और रोज ने बेसमेंट से ही फर्नीचर बेचना शुरू किया था। हालाँकि वे लोग स्वयं ही बहुत गरीब थे, फिर भी रोज ने अपने माता-पिता व बहन-भाइयों को ओमाहा बुला लिया था और सभी एक ही छत के नीचे रहने लगे थे। हालाँकि रोज अंग्रेजी नहीं बोल पाती थी, लेकिन जब उसके बच्चों ने विद्यालय जाना शुरू कर दिया था, तो उन्होंने अपनी माँ को भी अंग्रेजी पढ़ा दिया था। सन् 1937 में 44 वर्ष की उम्र में, रोज ने किसी प्रकार 500

डॉलर जोड़े थे और फर्नाम स्ट्रीट पर किराए का स्टोर लिया था। रोज के सपने बड़े थे, इसलिए उसने अपने स्टोर का नाम 'नेब्रास्का फर्नीचर मार्ट' रखा था। उसकी बेचने की विधि और उसका आदर्श वाक्य दोनों एक ही था—'सस्ता बेचो व सच बताओ'। ब्रांड नामवाले फर्नीचर निर्माताओं ने रोज ब्लमकिन की बेचने की विधि को अपने व्यवसाय के लिए नुकसानदेह समझा था और उसे आपूर्ति करना बंद कर दिया था; लेकिन रोज अवैध सामान बेचने में निपुण थी। वह ट्रेन से शिकागो या कंसास चली जाती थी, जहाँ मार्शल फील्ड जैसे खुदरा विक्रेता लागत से कुछ अधिक कीमत पर उसे अपने अतिरिक्त सामान बेच देते थे। इस तरह रोज ब्लमकिन ने सबसे सस्ते में फर्नीचर बेचना जारी रखा हुआ था।

रोज ने अपने व्यवसाय के विस्तार के लिए ऋण का आवेदन किया था, लेकिन बैंक अधिकारियों ने उसका मजाक उड़ाया था और उसे मना कर दिया था। उस अनुभव ने रोज के मन में तथाकथित 'बड़े लोगों' के प्रति कभी न खत्म होनेवाला घृणा का भाव विकसित कर दिया था; लेकिन उसने अपनी दृढ़ इच्छा-शक्ति के बल पर अपने व्यावसायिक आदर्श को आगे बढ़ाया था। वह बिना एक दिन की छुट्टी लिये सप्ताह के सातों दिन और वर्ष के सभी 52 सप्ताहों में काम करती रही थी। जी हाँ, रोज ब्लमकिन को अपने काम व मध्यम वर्गीय उपभोक्ताओं से लगाव था। ये निष्ठावान् उपभोक्ता अपनी गृह-सज्जा की हर आवश्यकता के लिए इसी स्टोर में आते थे और धीरे-धीरे रोज ब्लमकिन उनके बीच 'मिसेज बी' के नाम से लोकप्रिय हो गई थी।

वर्ष 1949 में मोहॉक कार्पेट मिल्स ने 'निष्पक्ष व्यापार कानून' (फेयर ट्रेड लॉ) के उल्लंघन के आरोप में 'मिसेज बी' को न्यायालय में घसीट लिया था।

वर्ष 1949 में मोहॉक कार्पेट मिल्स ने 'निष्पक्ष व्यापार कानून' (फेयर ट्रेड लॉ) के उल्लंघन के आरोप में 'मिसेज बी' को न्यायालय में घसीट लिया था। मोहॉक ने विनिर्माता (मैन्युफैक्चरर) होने के नाते अपने एक कालीन का न्यूनतम खुदरा मूल्य (मिनिमम रिटेल प्राइस) 7.25 डॉलर प्रति यार्ड रखा था, लेकिन 'मिसेज बी' उसे 4.95 डॉलर की दर से बेच रही थीं। न्यायाधीश ने उलटे मोहॉक के वकील से पूछा था, "तो इसमें गलत क्या है?"

मोहॉक ने विनिर्माता (मैन्युफैक्चरर) होने के नाते अपने एक कालीन का न्यूनतम खुदरा मूल्य (मिनिमम रिटेल प्राइस) 7.25 डॉलर प्रति यार्ड रखा था, लेकिन 'मिसेज बी' उसे 4.95 डॉलर की दर से बेच रही थीं। न्यायाधीश ने उलटे मोहॉक के वकील से पूछा था, "तो इसमें गलत क्या है ?" और उस आरोप प्रकरण को खारिज कर दिया था। इतना ही नहीं, अगले दिन वह न्यायाधीश स्वयं नेब्रास्का फर्नीचर मार्ट गया था और 1,400 डॉलर कीमत का कालीन खरीदा था।

अगले वर्ष जब 'मिसेज बी' अपने आपूर्तिकर्ताओं का भुगतान नहीं कर सकी थी, तब एक बैंक अधिकारी मित्र ने 90 दिनों के लिए 50,000 डॉलर का उधार दिया था। तब अपने को हर हाल में व्यवसाय में बनाए रखने के लिए मिसेज बी ने बड़ा जोखिम उठाया था। उसने बड़ा सभा कक्ष किराए पर लिया था और अगले तीन दिनों में 2.50 डॉलर का फर्नीचर बेचा था और प्रतिज्ञा की थी कि अब वह कभी भी उधार नहीं लेगी। इस तरह, 57 वर्ष की उम्र में 'मिसेज बी' ने पूरी तरह अपने तरीके से व्यवसाय करना शुरू कर दिया था।

'मिसेज बी' अपने कर्मचारियों व अपने परिवार के लोगों के साथ भी बहुत निर्दयता पूर्ण व्यवहार करती थी। लेकिन 'मिसेज बी' का सबसे बड़ा बेटा लुइस भी अपनी माँ की तरह परिश्रमी व्यापारी था। वह अपनी माँ के विपरीत बहुत ही सज्जन व मृदुल स्वभाव का व्यक्ति था।

'मिसेज बी' अपने कर्मचारियों व अपने परिवार के लोगों के साथ भी बहुत निर्दयता पूर्ण व्यवहार करती थी। लेकिन 'मिसेज बी' का सबसे बड़ा बेटा लुइस भी अपनी माँ की तरह परिश्रमी व्यापारी था। वह अपनी माँ के विपरीत बहुत ही सज्जन व मृदुल स्वभाव का व्यक्ति था। ऐसे में, जब 'मिसेज बी' किसी बिक्रीकर्मी को निकाल बाहर करती थी तो वह उसे फिर से बहाल कर लेता था। इस तरह लुइस माँ को उसकी गलती से बचाता रहता था। लेकिन 'मिसेज बी' का व्यवसाय सूत्र इतना अधिक आकर्षक व प्रलोभन देनेवाला था कि ग्राहक नेब्रास्का फर्नीचर मार्ट में आने से स्वयं को रोक नहीं पाता था। वह बहुत बड़ी मात्रा में खरीदारी करती थी, अपने खर्चों को न्यूनतम रखती थी और अपनी सारी बचत ग्राहकों पर न्योछावर कर देने की कोशिशें करती थी। वह सामान्य रूप से अपनी लागत से केवल 10 प्रतिशत अधिक मूल्य

पर सामान बेचती थी; लेकिन वह अपवाद बनाने के लिए प्रसिद्ध थी। वह ग्राहकों की आवश्यकता और जेब को देखकर तत्काल कीमतें घटा देती थी और थोक मूल्य पर ही सामान बेच देती थी।

> **सन् 1983 में जब बफे ने अधिग्रहण का प्रस्ताव रखा था, तब लुइस व उसके तीन बेटे स्टोर का संचालन कर रहे थे और 'मिसेज बी' कंपनी की चेयरमैन व कालीन प्रभाग का पूर्णकालिक प्रशासक थी। जब बफे ने सुना कि वह स्टोर को बेचने को इच्छुक थी तो उन्होंने स्टोर का कर-विवरण (टैक्स रिटर्न) देखा था। उस समय स्टोर की कर पूर्व आय (प्री-टैक्स इन्कम) 1.5 करोड़ डॉलर थी।**

वैसे तो, वॉरेन बफे बहुत पहले से ही नेब्रास्का फर्नीचर मार्ट का अधिग्रहण करने के इच्छुक थे, लेकिन वह निजी स्वामित्ववाली कंपनी थी। लेकिन सन् 1983 में जब बफे ने अधिग्रहण का प्रस्ताव रखा था, तब लुइस व उसके तीन बेटे स्टोर का संचालन कर रहे थे और 'मिसेज बी' कंपनी की चेयरमैन व कालीन प्रभाग का पूर्णकालिक प्रशासक थी। जब बफे ने सुना कि वह स्टोर को बेचने को इच्छुक थी तो उन्होंने स्टोर का कर-विवरण (टैक्स रिटर्न) देखा था। उस समय स्टोर की कर पूर्व आय (प्री-टैक्स इन्कम) 1.5 करोड़ डॉलर थी। वॉरेन ने भंडार की परिसंपत्तियों के बारे में किसी प्रकार की कोई पूछताछ नहीं की थी और मिसेज बी के सामने 80 प्रतिशत स्वामित्व हिस्सेदारी के लिए 6 करोड़ डॉलर का प्रस्ताव रखा था, अर्थात् आय से पाँच गुना अधिक मूल्यांकन किया था—और मिसेज बी ने उसे तत्काल स्वीकार कर लिया था। ध्यान रहे कि उस समय नेब्रास्का फर्नीचर मार्ट की कुल वार्षिक बिक्री 10 करोड़ डॉलर ही थी, लेकिन ओमाहा की कुल फर्नीचर बिक्री के दो-तिहाई पर उसी का कब्जा था। 4 अरब डॉलर की वार्षिक बिक्री करनेवाली डीलाइर्स जैसी फर्नीचर स्टोर शृंखला ने ओमाहा में केवल इसलिए अपना स्टोर नहीं खोला था, क्योंकि उसके लिए 'मिसेज बी' की कीमतों से प्रतिस्पर्धा कर पाना संभव नहीं था। यही कारण था कि अधिग्रहण के बाद भी वॉरेन बफे ने स्टोर का संचालन कार्य 'मिसेज बी' एवं उसके परिवार पर ही छोड़ दिया था। लेकिन सन् 1989 में 95 वर्ष की उम्र में, जब परिवारजनों ने 'मिसेज बी' पर सेवानिवृत्ति थोप दी थी तो वह उस फैसले पर क्षुब्ध हो गई थी और

तीन महीने बाद ही स्टोर के ठीक सामने 'मिसेज बी'ज क्लेअरेंस एंड फैक्टरी आउटलेट' खोल दिया था। अगले दो वर्षों ने मिसेज बी का नया स्टोर लाभ में आ गया था और ओमाहा का तीसरा सबसे बड़ा फर्नीचर स्टोर बन गया था। अगले वर्ष वॉरेन बफे ने उस स्टोर को भी खरीद लिया था और उसे पुराने स्टोर में शामिल कर लिया था।

सन् 1998 में 104 वर्ष की आयु में जब 'मिसेज बी' की मृत्यु हुई थी, तब उसने अपनी पीछे अमेरिका का सबसे बड़ा फर्नीचर स्टोर छोड़ा था। वर्ष 2001 में मार्ट ने आयोवा में 'होममेकर्स फर्नीचर' को अधिगृहीत कर अपना दूसरा और 2003 में कंसास में तीसरा भंडार खोला था। वर्ष 2011 तक व्यापार व्यवहार बदल गया था और 2013 में नेब्रास्का फर्नीचर मार्ट ने कोलोन (टेक्सास) में अपना चौथा और सबसे बड़ा भंडार खोला था।

सन् 1994 में नेब्रास्का फर्नीचर मार्ट ने इलेक्ट्रॉनिक्स व घरेलू उपकरणों (होम एप्लाइंसेज) भंडार को भी अपने साथ जोड़ लिया था। सन् 1998 में 104 वर्ष की आयु में जब 'मिसेज बी' की मृत्यु हुई थी, तब उसने अपनी पीछे अमेरिका का सबसे बड़ा फर्नीचर स्टोर छोड़ा था। वर्ष 2001 में मार्ट ने आयोवा में 'होममेकर्स फर्नीचर' को अधिगृहीत कर अपना दूसरा और 2003 में कंसास में तीसरा भंडार खोला था। वर्ष 2011 तक व्यापार व्यवहार बदल गया था और 2013 में नेब्रास्का फर्नीचर मार्ट ने कोलोन (टेक्सास) में अपना चौथा और सबसे बड़ा भंडार खोला था।

बोर्शेइम ज्वेलरी कंपनी—वॉरेन बफे 'मिसेज बी' की व्यवसाय शैली से इतना अधिक प्रभावित हुआ था कि 1983 में नेब्रास्का फर्नीचर मार्ट के अधिग्रहण के छह वर्षों बाद ही उसने ओमाहा स्थित बोर्शेइम ज्वेलरी को भी अधिगृहीत कर लिया था। लुइस बोर्शेइम ने सन् 1870 में इस आभूषण स्टोर की स्थापना की थी; लेकिन जब 1948 में 'मिसेज बी' की बहन-बहनोई रेबेका व लुइस फ्राइडमैन ने उस छोटे से आभूषण स्टोर को खरीदा था, तब उन्होंने ने भी 'मिसेज बी' के आदर्श वाक्य 'सस्ता बेचो व सच बताओ' को अपनाया था और उस स्टोर की लोकप्रियता भी तेजी से बढ़नी शुरू हुई थी।

सन् 1986 में ओमाहा नगर केंद्र स्थित बोर्शेइम का 116 वर्ष पुराना 8,000 वर्ग फीट का भंडार छोटा पड़ने लगा था और उसे ओमाहा में सबसे महँगे खरीदारी केंद्र 'रीजेंसी कोर्ट' स्थित 23,000 वर्ग फीट की सुविधा में स्थानांतरित कर दिया गया था। जल्द ही बोर्शेइम संयुक्त राज्य अमेरिका में टिफनी एंड कंपनी के बाद सबसे अधिक बिक्री करनेवाला आभूषण भंडार बन गया था। बाद में बोर्शेइम ने अपने खुदरा स्थान को बढ़ाकर 62,500 वर्ग फीट कर लिया था, जिसमें विशाल घड़ी विभाग, उपहार दीर्घ (गिफ्ट गैलरी) एवं आभूषण मरम्मत व बनावट सुविधा को भी जोड़ दिया गया था। इस स्टोर में एक लाख से अधिक आभूषण, घड़ियाँ व उपहार प्रदर्शित की गई हैं। बोर्शेइम ज्वेलरी कंपनी अपनी इस एकमात्र सुविधा से 50 देशों में फैले अपने अंतरराष्ट्रीय ग्राहकों के आदेशों को पूरा करती है।

3 नवंबर, 2009 को बर्कशायर हैथवे ने बर्लिंगटन नॉर्दर्न सांता फे कॉरपोरेशन के शेष 77.4 प्रतिशत हिस्सेदारी खरीदने के लिए 26 अरब डॉलर का प्रस्ताव रखा था। बर्कशायर के पिछले निवेश व बर्लिंगटन नॉर्दर्न के 10 अरब डॉलर के कर्ज व देनदारी को मिलाकर इस सौदे का कुल मूल्य 44 अरब डॉलर बैठा था। 12 फरवरी, 2010 को संपन्न हुआ यह सौदा बर्कशायर हैथवे के इतिहास में सबसे बड़ा अधिग्रहण था।

बर्लिंगटन नॉर्दर्न सांता फे कॉरपोरेशन—यह बी.एन.एस.एफ. रेलवे (पूर्व में बर्लिंगटन नॉर्दर्न सांता फे रेलवे) की मूल कंपनी है। सन् 1993 में बर्लिंगटन नॉर्दर्न व सांता फे पैसिफिक कॉरपोरेशन के विलय की सुविधा के लिए इस निगम का गठन किया गया था। बी.एन.एस.एफ. रेलवे उत्तरी अमेरिका में सबसे बड़े माल-ढुलाई रेलवे नेटवर्क्स में से एक है। इसमें 44,000 कर्मचारी काम करते हैं। इसके पास 28 राज्यों में 32,500 मील (52,300 कि.मी.) रेल पटरी और 8,000 से अधिक रेल इंजन (लोकोमोटिव) एवं तीन अंतरमहाद्वीपीय मार्ग हैं, जो पश्चिमी व पूर्वी संयुक्त राज्य अमेरिका के बीच रेल संपर्क प्रदान करते हैं।

3 नवंबर, 2009 को बर्कशायर हैथवे ने बर्लिंगटन नॉर्दर्न सांता फे कॉरपोरेशन के शेष 77.4 प्रतिशत हिस्सेदारी खरीदने के लिए 26 अरब डॉलर का प्रस्ताव रखा था। बर्कशायर के पिछले निवेश

व बर्लिंगटन नॉर्दर्न के 10 अरब डॉलर के कर्ज व देनदारी को मिलाकर इस सौदे का कुल मूल्य 44 अरब डॉलर बैठा था। 12 फरवरी, 2010 को संपन्न हुआ यह सौदा बर्कशायर हैथवे के इतिहास में सबसे बड़ा अधिग्रहण था।

इस अध्याय में अब तक हमने तीन प्रकार के व्यवसाय प्रारूपों (बिजनेस मॉडल्स) की चर्चा की है, जो टिकाऊ प्रतिस्पर्धी लाभ प्रदान करते हैं। इनमें कम लागत क्रेता-विक्रेता कंपनियाँ सबसे कम पेशेवर उन्नति (कॅरियर एडवांसमेंट) के अवसर प्रदान करती हैं। चूँकि इन कंपनियों के प्रबंधन पर लागत को कम रखने का दबाव लगातार बना रहता है, इसलिए ये अपने कर्मचारियों के वेतन को भी निचले स्तर पर बनाए रखने की कोशिश करती हैं। फिर भी, अन्य औसत दर्जे के व्यवसायों की तुलना में ये व्यवसाय अधिक अच्छी नौकरियों व प्रबंधन के अवसर प्रदान करते हैं। वॉरेन बफे इन तीनों ही व्यवसाय-प्रारूपों में काम करनेवाली कंपनियों को 'सही व्यवसाय' मानते हैं। लेकिन इनमें सर्वोत्तम के चुनाव के लिए संबंधित कंपनियों का आर्थिक परीक्षण (इकोनॉमिक टेस्ट) भी करता है।

□

अध्याय-2

व्यवसाय का आर्थिक परीक्षण

जैसा कि हमने पिछले अध्याय में पढ़ा है, वॉरेन बफे के दृष्टिकोण से वही कंपनियाँ स्वामित्व, निवेश तथा काम करने के लिए सबसे अच्छी हो सकती हैं, जो पेशागत उन्नति (कॅरियर एडवांसमेंट), नौकरी की सुरक्षा (जॉब सिक्योरिटी) व दीर्घकालिक लाभ कमाने का महानतम अवसर प्रदान कर सकने की स्थिति में हों। वॉरेन ऐसी ही कंपनियों को 'टिकाऊ प्रतिस्पर्धी लाभ' (ड्यूरेबल कॉम्पिटीटिव एड्वांटेज) प्रदान कर सकनेवाला 'सही व्यवसाय' मानते हैं, क्योंकि उन कंपनियों के अंतर्निहित व्यावसायिक अर्थशास्त्र (इन्हेरेंट बिजनेस इकोनॉमिक्स) उनके पक्ष में काम करते हैं। पिछले अध्याय में हमने 'टिकाऊ प्रतिस्पर्धी लाभ' देनेवाली कंपनियों के तीन व्यावसायिक प्रारूपों का अध्ययन किया है और अब हम वॉरेन बफे द्वारा उन कंपनियों के आर्थिक परीक्षण की विधियों के बारे में चर्चा करेंगे।

याद रहे कि वॉरेन बफे 'निवेश' की गतिविधियों को विशुद्ध रूप से 'व्यवसाय' (बिजनेस) मानते रहे हैं। निवेश करने की इस परिकल्पना (कांसेप्ट) या दर्शन (फिलॉसफी) को पेशेवर भाषा में 'व्यावसायिक दृष्टिकोण निवेश' (बिजनेस पर्सपेक्टिव इन्वेस्टिंग) कहा जाता है। बफे की दृष्टि में निवेश वही है, जो व्यापार के मूल सिद्धांतों का पालन करता है और उसमें कहीं भी अटकलबाजी या सट्टेबाजी (स्पेकुलेशन) का कोई स्थान नहीं है। व्यापार का आधारभूत उद्देश्य लाभ (प्रॉफिट) कमाना है, जो अर्थशास्त्र के माँग (डिमांड) व आपूर्ति (सप्लाई) के मौलिक समीकरण (बेसिक फॉर्मूला) पर संचालित होता है। बफे की ऐतिहासिक निवेश सफलता का रहस्य इसी 'व्यापार दृष्टिकोण निवेश' में निहित है। यह शब्दावली सुनने व समझने में भले ही बहुत आसान लगती है, लेकिन यह बहुत ही चुनौतीपूर्ण परिकल्पना है। ऐसा इसलिए नहीं है कि व्यापार के दृष्टिकोण से निवेश

करने के लिए बहुत अच्छे वित्तीय (फाइनेंशियल) व लेखा संबंधी (एकाउंटिंग) ज्ञान की आवश्यकता होती है, बल्कि इसलिए कि यह पूँजी बाजार (कैपिटल मार्केट) की प्रचलित बुद्धिमत्ता (प्रिवेलिंग विज्डम) से बहुत ही अलग है।

वॉरेन बफे की 'व्यापार दृष्टिकोण निवेश' परिकल्पना विशेष प्रकार की पेशेवर कुशलता (प्रोफेशनल स्किल) है, जो 'व्यापार-दर्शन' से अधिक 'व्यापार-अनुशासन' (बिजनेस डिसिप्लिन) पर आधारित है और जब यह परिकल्पना आपकी समझ में आ जाएगी तो आपको यह भी पता चल जाएगा कि यह कुशलता भी संपूर्ण भक्ति (एब्सोल्यूट डिवोशन) की माँग करती है।

वॉरेन बफे की 'व्यापार दृष्टिकोण निवेश' परिकल्पना विशेष प्रकार की पेशेवर कुशलता (प्रोफेशनल स्किल) है, जो 'व्यापार-दर्शन' से अधिक 'व्यापार-अनुशासन' (बिजनेस डिसिप्लिन) पर आधारित है और जब यह परिकल्पना आपकी समझ में आ जाएगी तो आपको यह भी पता चल जाएगा कि यह कुशलता भी संपूर्ण भक्ति (एब्सोल्यूट डिवोशन) की माँग करती है। यह अटूट भक्ति ही आपको वित्तीय परिदृश्य (फाइनेंशियल लैंडस्केप) में अपने अस्तित्व को बनाए रखने में मदद कर सकती है। छोटा-सा भटकाव भी आपको हमेशा के लिए 'भय' व 'लालच' की मूर्खतापूर्ण धारणा पर नाचने के लिए मजबूर कर देगा। और, आप कभी भी विवेकशील निवेशक (प्रूडेंट इन्वेस्टर) नहीं रह पाएँगे और हमेशा के लिए ढीठ सट्टेबाज (इंप्रूडेंट स्पेकुलेटर) बन जाएँगे।

ध्यान रखें, विश्व के सभी पूँजी बाजारों में ढीठ सट्टेबाजों की संख्या बहुत अधिक है, जो अटकलबाजियों पर आधारित मूर्खतापूर्ण व्यवसाय व्यवहार (बिजनेस बिहेवियर) को हवा देकर भय व लालच का वातावरण बनाते हैं। तत्काल धनवान् बनने के सपने देखनेवाले लोग उनके इस जाल में फँसते हैं, क्योंकि उन्हें सट्टेबाजी का रास्ता आसान लगता है। ऐसे लोग कभी भी विवेकशील निवेशकों की अध्यवसायी साधना (स्ट्रेनुअस प्रैक्टिस) में आनंद नहीं ले पाते हैं और सट्टेबाजों की विशाल टीम का हिस्सा बन जाते हैं, या फिर सबकुछ लुटाकर बाजार से ही बाहर हो जाते हैं। इसके उलट, यदि आप व्यापार के दृष्टिकोण से निवेश करते हैं

तो दूसरों की मूर्खता आपके लिए लाभ की फसल काटनेवाला उपजाऊ खेत बन जाती है, अर्थात् पूँजी बाजार में भय व लालच की बहु-प्रचलित मानसिकता के कारण ढीठ सट्टेबाज मूर्खतापूर्ण व्यापार व्यवहार करते हैं तो विवेकशील निवेशकों—जो केवल 'व्यवसाय दृष्टिकोण' से ही अनुशासित व विवेकपूर्ण पूँजी-निवेश करते हैं—को उनकी गलतियों से लाभ कमाने के अवसर मिलते हैं। सावधान! व्यवसाय के दृष्टिकोण से निवेश करनेवाले विवेकशील निवेशकर्ताओं को केवल दूसरों की मूर्खताओं से ही लाभ कमाने का अवसर नहीं मिलता है। वास्तव में, दूसरों की गलतियों से लाभ के अवसर तो उन्हें बस, अपने अनुशासित व्यापार-व्यवहार के कारण मिल जाते हैं।

> **वॉरेन बफे के व्यावसायिक दृष्टिकोण के निवेश के आधारभूत निवेश-दर्शन को अपनाने के लिए हमें व्यवसाय के मूल्यांकन की कला सीखनी ही पड़ेगी, अन्यथा हमारे निवेश का फैसला विवेकपूर्ण नहीं हो पाएगा और हम भी पूँजी बाजार के अधिकांश जुआरियों के दल में शामिल होकर अटकलबाजियों में फँस जाएँगे।**

वॉरेन बफे के व्यावसायिक दृष्टिकोण के निवेश के आधारभूत निवेश-दर्शन को अपनाने के लिए हमें व्यवसाय के मूल्यांकन की कला सीखनी ही पड़ेगी, अन्यथा हमारे निवेश का फैसला विवेकपूर्ण नहीं हो पाएगा और हम भी पूँजी बाजार के अधिकांश जुआरियों के दल में शामिल होकर अटकलबाजियों में फँस जाएँगे। और किसी भी व्यावसायिक संगठन की स्थिति के आकलन के लिए उसकी कारोबारी बैलेंस शीट को पढ़ना होगा और उसके आँकड़ों के पीछे के अर्थ को गहराई से समझना होगा।

वॉरेन बफे का 'पिनबॉल' कारोबार

ध्यान रहे कि युवा वॉरेन बफे ने व्यवसाय शुरू करने से पहले कभी नहीं सोचा था कि वह अमेरिका या विश्व के सबसे धनी व्यक्ति बन जाएँगे। उनका ऐसा कुछ भी सपना नहीं था। हाँ, वह बचपन से ही अधिक धन जरूर कमाना चाहते थे और इसके लिए उन्होंने व्यवसाय शुरू करने का फैसला किया था। चूँकि वह चक्रवृद्धि ब्याज के आश्चर्यजनक नतीजों का पूरा लाभ उठाना चाहते थे, इसलिए उन्हें यह भी अच्छी तरह से मालूम था कि वह जितना जल्दी अपना व्यवसाय शुरू

करेंगे, नतीजे उतने ही अधिक अच्छे मिलेंगे। क्योंकि वह यह भी जानते थे कि मृत्यु के बाद चक्रवृद्धि ब्याज कमाना संभव नहीं होगा, उलटे कर विभाग वसूली करने के लिए दरवाजे पर आ धमकेगा।

वॉरेन ने किशोरावस्था से ही धन कमाने में अपनी जन्मजात रुचि का प्रदर्शन करना शुरू कर दिया था। उन्होंने बचपने में ही च्युइंग गम व कोकाकोला की बोतलें बेचकर और फिर घर-घर साप्ताहिक पत्रिकाओं का वितरण कर धन कमाना शुरू कर दिया था। उन्होंने अपने दादा की किराना दुकान पर ही काम किया था।

वास्तव में, वॉरेन ने किशोरावस्था से ही धन कमाने में अपनी जन्मजात रुचि का प्रदर्शन करना शुरू कर दिया था। उन्होंने बचपने में ही च्युइंग गम व कोकाकोला की बोतलें बेचकर और फिर घर-घर साप्ताहिक पत्रिकाओं का वितरण कर धन कमाना शुरू कर दिया था। उन्होंने अपने दादा की किराना दुकान पर ही काम किया था। अभी वह हाई स्कूल में ही पढ़ रहे थे तो उन्होंने गोल्फ गेंद, स्टांप, कारों की धुलाई एवं अखबारों के वितरण से अच्छी कमाई कर ली थी। सन् 1944 में, जब उन्होंने अपनी पहली इन्कम टैक्स रिटर्न दाखिल की थी तो उसमें अखबार बाँटने में काम आनेवाली साइकिल व घड़ी की लागत को घटाकर अपनी आमदनी प्रदर्शित की थी।

सन् 1945 में जब वॉरेन बफे 11वीं कक्षा में ही पढ़ाई कर रहे थे, तो उन्होंने और अधिक कमाई करनेवाले धंधे की काफी खोजबीन की थी। और, अंत में उन्होंने 35 डॉलर में एक पुरानी, लेकिन अच्छी चालू हालतवाली पिन बॉल मशीन (विशेष प्रकार की सिक्का संचालित मनोरंजक खेल मशीन) खरीदी थी। इस तरह उन्होंने व्यवसाय के लिए पहली परिसंपत्ति (एसेट) बना ली थी और अब उन्हें उस मशीन को स्थापित करने के लिए ऐसे स्थान की तलाश थी, जहाँ अधिक-से-अधिक लोग उसका उपयोग कर सकें। सबसे पहले स्थानीय बिलियर्ड्स हाल संचालक से संपर्क किया था तो उसने बताया था कि उसके पास पहले से ही अपनी चार पिन बॉल मशीनें हैं। असल में, वह यह नहीं चाहता था कि वॉरेन भी वहाँ पर अपनी मशीन स्थापित करें और उसके पास आनेवाले ग्राहकों को तोड़ें। इसीलिए उसने वॉरेन को मना कर दिया था। तब वॉरेन को यह बात समझ आई थी कि उस बिलियर्ड्स हाल

संचालक ने स्थानीय बाजार के 'इनडोर गेम्स' (कमरे के अंदर खेले जानेवाले खेल) कारोबार पर अपना एकाधिकार (मोनोपॉली) बना रखा है और वह किसी को भी इस प्रकार के खेलों में प्रवेश नहीं करने देना चाहता है।

> **जल्द-से-जल्द व्यवसाय शुरू करने के लिए उतावले वॉरेन बफे को बाजार की पहली सच्चाई का सामना करना पड़ा था। और, वह कमाने के अवसर से वंचित कर देनेवाले इस झटके से बहुत हद तक निराश भी हुए थे। लेकिन वह हार माननेवालों में से नहीं थे।**

स्पष्ट है कि जल्द-से-जल्द व्यवसाय शुरू करने के लिए उतावले वॉरेन बफे को बाजार की पहली सच्चाई का सामना करना पड़ा था। और, वह कमाने के अवसर से वंचित कर देनेवाले इस झटके से बहुत हद तक निराश भी हुए थे। लेकिन वह हार माननेवालों में से नहीं थे। चूँकि उन्होंने पिनबॉल मशीन खरीदने से पहले व्यवसाय की लाभदायकता का पूरा आकलन कर लिया था, इसलिए इससे पीछे भागने का भी कोई प्रश्न नहीं था। वह इस धंधे से कमाई करने के लिए कृत-संकल्प था। वह इस तथ्य को भी बहुत अच्छी तरह से परख चुके थे कि खुदरा धंधे की सफलता के लिए सबसे महत्त्वपूर्ण है—उसकी अवस्थति (लोकेशन)। ऐसी जगह, जहाँ ग्राहकों की सबसे अधिक आवाजाही थी, उससे तो वॉरेन को दूर कर दिया गया था। तो, वॉरेन ने इसके अन्य विकल्पों पर विचार करना शुरू किया था। जल्द ही उनके दिमाग की बत्ती जल उठी थी। उन्होंने देखा कि पिनबॉल खेलने आनेवाले अधिकांश युवा 'क्रू कट' शैली के बाल कटवाते थे। फिर उन्हें पता चला था कि सार्ज नामक स्थानीय नाई उस शैली के बाल काटता था।

वॉरेन ने सार्ज की नाई दुकान की छानबीन की थी तो उन्हें दो महत्त्वपूर्ण जानकारियाँ मिली थीं—वहाँ पर कोई पिनबॉल मशीन नहीं थी और उसकी दुकान में बहुत बड़ी जगह थी, जहाँ पर पिनबॉल खेलनेवाले युवा अपनी बारी का इंतजार कर रहे होते थे। उसी वक्त वॉरेन के दिमाग में अपने जीवन के सबसे पहले संयुक्त उद्यम (ज्वाइंट वेंचर) का विचार कौंधा था और उन्होंने सार्ज के सामने प्रस्ताव रखा था कि यदि वह अपनी दुकान में उसे पिनबॉल मशीन स्थापित करने का अवसर देगा तो वह उसके साथ कुल राजस्व का 20 प्रतिशत साझा करेंगे। सार्ज को मानो ऐसे प्रस्ताव की जरूरत ही थी और उसने वॉरेन को 'हाँ' कर दी थी। अगले ही दिन

वॉरेन ने वहाँ पिनबॉल मशीन स्थापित कर दी थी। अगले दिन जब वॉरेन दुकान पर पहुँचा था तो उस मशीन में उसे 10 डॉलर मिले थे। उसने 20 प्रतिशत हिस्सा (2 डॉलर) सार्ज को दे दिया था और 80 प्रतिशत राजस्व (8 डॉलर) अपनी जेब में रख लिया था। दुकान से बाहर निकलते हुए वॉरेन को महसूस हुआ था कि यह बहुत ही लाभदायी कारोबार साबित होने वाला था।

तो वॉरेन बफे के पिनबॉल व्यवसाय का मूल्यांकन क्या होगा, यह प्रश्न थोड़ा पेचीदा है। इसके लिए हमें व्यवसाय के अर्थशास्त्र का अध्ययन करना होगा।

बैलेंस शीट का अध्ययन—किसी भी व्यवसाय के अर्थशास्त्र के अध्ययन के लिए हमें सबसे पहले उसकी बैलेंस शीट अर्थात् वित्तीय स्थिति पर नजर डालनी होगी। (सारणी देखें)

पिनबॉल व्यवसाय की एकदिवसीय बैलेंस शीट

परिसंपत्तियाँ (एसेट्स)	
नकद (एक दिन के कारोबार से)	$ 8.00
संपत्ति (प्रॉपर्टी)	$ 35.00
कुल परिसंपत्तियाँ (टोटल एसेट्स)	$ 43.00
देनदारियाँ (लायबिलिटीज)	
ऋण (डेब्ट)	$ 0
प्रदत्त पूँजी (पेडअप कैपिटल) (अर्थात् वह धन, जिससे व्यवसाय शुरू किया गया)	$ 35.00
प्रतिधारित आय (रिटेंड इन्कम) (अर्थात् व्यवसाय परि-चालन से रखा गया धन)	$ 8.00
शेयरधारक औचित्य (शेयरहोल्डरर्स इक्विटी)/ खाता मूल्य (बुक वैल्यू)	
(प्रदत्त पूँजी + प्रतिधारित आय)	$ 43.00
कुल शेयरधारक औचित्य व देनदारियाँ (टोटल शेयरहोल्डर्स इक्विटी & लायबिलिटीज)	
	$ 43.00

वास्तव में, बैलेंस शीट किसी भी व्यवसाय की वित्तीय स्थिति का विवरण होता है। हमें वॉरेन बफे के पिनबॉल व्यवसाय के एकदिवसीय बैलेंस शीट से पता चलता है कि उनकी कुल परिसंपत्तियाँ 43 डॉलर हैं और उनकी कोई देनदारी नहीं है। हमें परिसंपत्तियों की श्रेणी में 8 डॉलर की नकदी दिखाई देती है, जो उनके एक दिन के कारोबार से प्राप्त हुई है और 35 डॉलर की संपत्ति, जो पिनबॉल मशीन का मूल्य है। चूँकि वॉरेन ने व्यवसाय शुरू करने के लिए कोई ऋण नहीं लिया है, इसलिए उनकी कोई देनदारी भी नहीं है। प्रदत्त पूँजी (पेडअप कैपिटल) वह धन है, जिससे व्यवसाय शुरू किया गया और यहाँ पर वह राशि 35 डॉलर है। प्रतिधारित आय (रिटेंड इन्कम) व्यवसाय के परिचालन या कारोबार से रखा गया धन है, जो यहाँ पर एक दिन के कारोबार से आया हुआ 8 डॉलर है। प्रदत्त पूँजी (पेडअप कैपिटल) व प्रतिधारित आय (रिटेंड इन्कम) का योग शेयरधारक औचित्य (शेयरहोल्डर्स इक्विटी), जिसे व्यवसाय खाता मूल्य (बुक वैल्यू) या निवल मूल्य (नेटवर्थ) भी कहते हैं, जो यहाँ पर 43 डॉलर (35+8) है।

प्रदत्त पूँजी (पेडअप कैपिटल) वह धन है, जिससे व्यवसाय शुरू किया गया और यहाँ पर वह राशि 35 डॉलर है। प्रतिधारित आय (रिटेंड इन्कम) व्यवसाय के परिचालन या कारोबार से रखा गया धन है, जो यहाँ पर एक दिन के कारोबार से आया हुआ 8 डॉलर है। प्रदत्त पूँजी (पेडअप कैपिटल) व प्रतिधारित आय (रिटेंड इन्कम) का योग शेयरधारक औचित्य (शेयरहोल्डर्स इक्विटी), जिसे व्यवसाय खाता मूल्य (बुक वैल्यू) या निवल मूल्य (नेटवर्थ) भी कहते हैं, जो यहाँ पर 43 डॉलर (35+8) है।

ध्यान रहे कि हम अपने व्यवसाय, जो किसी भी दिन की बैलेंस शीट भी बना सकते हैं, लेकिन निगमित व्यावसायिक इकाइयाँ/कंपनियाँ संबंधित देश की राजकोषीय/वित्तीय तिमाही (फिस्कल/फाइनेंशियल क्वार्टर) और वित्तीय वर्ष के अंत में इसे तैयार करती हैं।

'इन्कम स्टेटमेंट' का अध्ययन—किसी भी व्यवसाय के मूल्यांकन के

लिए दूसरा महत्त्वपूर्ण दस्तावेज है—उसका आय विवरण (इन्कम स्टेटमेंट)। वॉरेन बफे के पिनबॉल व्यवसाय के एकदिवसीय कारोबार का आय विवरण इस प्रकार बनाया जाएगा—

पिनबॉल व्यवसाय का एकदिवसीय आय विवरण (इनकम स्टेटमेंट)

राजस्व (रेवेन्यू)	$ 10.00
व्यय (एक्सपेंस)	$ 2.00
आय (इनकम)	$ 8.00

राजस्व (रेवेन्यू) वह धन है, जो व्यावसायिक परिचालन या अन्य स्रोत से व्यवसाय में आया है। यहाँ पर एक दिन के परिचालन से 10 डॉलर आया है, जो उसका एकदिवसीय राजस्व हुआ। चूँकि, यहाँ पर किसी अन्य स्रोत से धन नहीं आया है, इसलिए उसे राजस्व की श्रेणी में नहीं दिखाया गया है। व्यय (एक्सपेंस) वह राशि है, जो व्यावसायिक परिचालन को संपन्न करने के लिए खर्च होती है और यहाँ पर वॉरेन ने सार्ज को 2 डॉलर का भुगतान किया है, जो व्यय की श्रेणी में दरशाया गया है। इस तरह व्यवसाय की आय 8 डॉलर हुई, जिसे वॉरेन अपनी जेब में रख सकते थे।

बैलेंस शीट से यह पता चलता है कि व्यवसाय का खाता मूल्य (बुक वैल्यू) अर्थात् निवल मूल्य (नेट वर्थ) 43 डॉलर है। तो क्या कंपनी का मूल्य 43 डॉलर हुआ? क्या वॉरेन बफे इस मूल्य पर अपने व्यवसाय को बेच देते? स्पष्ट है, वॉरेन ऐसा कभी भी नहीं करते और यदि यह आपका व्यवसाय होता तो आप भी ऐसा नहीं करते, क्योंकि इसमें औसतन 8 डॉलर की शुद्ध आय अर्थात् लाभ होने की संभावना थी।

पिनबॉल व्यवसाय का मूल्यांकन—अब तक हमने वॉरेन बफे के पिनबॉल व्यवसाय के मूल्यांकन के लिए उनकी एकदिवसीय बैलेंस शीट व आय विवरण (इन्कम स्टेटमेंट) का अध्ययन कर लिया है। तो इस व्यवसाय का मूल्य क्या होगा? बैलेंस शीट से यह पता चलता है कि व्यवसाय का खाता मूल्य (बुक वैल्यू) अर्थात् निवल मूल्य

(नेट वर्थ) 43 डॉलर है। तो क्या कंपनी का मूल्य 43 डॉलर हुआ ? क्या वॉरेन बफे इस मूल्य पर अपने व्यवसाय को बेच देते ? स्पष्ट है, वॉरेन ऐसा कभी भी नहीं करते और यदि यह आपका व्यवसाय होता तो आप भी ऐसा नहीं करते, क्योंकि इसमें औसतन 8 डॉलर की शुद्ध आय अर्थात् लाभ होने की संभावना थी।

यदि किसी ने 43 डॉलर के शेयरधारक औचित्य (शेयरहोल्डर्स इक्विटी) या खाता मूल्य (बुक वैल्यू) या निवल मूल्य (नेट वर्थ) पर वह व्यवसाय खरीदा होता तो पहले वर्ष के अंत में उसे निगम आय कर से पहले (बिफोर कॉरपोरेट इन्कम टैक्स) 2,920 डॉलर का लाभ मिलता। इस प्रकार, निवेशक को शानदार निवेश प्रतिफल (रिटर्न ऑन इन्वेस्टमेंट) हासिल करने का मौका मिलता।

चूँकि सार्ज की नाई की दुकान सप्ताह के सातों दिन खुली रहती थी, यहाँ तक कि छुट्टियों के दिन भी, अतः वर्ष के सभी 365 दिन कारोबार चालू रहने वाला था। चूँकि सार्ज से बाल कटवानेवाला ग्राहक कहीं और नहीं जाएगा और अपनी बारी की प्रतीक्षा में वह उस कमरे में बैठेगा, जहाँ वॉरेन ने पिनबॉल मशीन लगा रखी थी, ऐसे में औसतन उतने लोग तो उसका उपयोग करने ही वाले थे कि दैनिक राजस्व 10 डॉलर आए। चूँकि सार्ज को भी उस कारोबार में 20 प्रतिशत की आय हो रही थी, इसलिए वह मशीन की देखभाल भी ठीक प्रकार से करनेवाला था और अपने ग्राहकों को उसे खेलने को उत्साहित भी। अतः लाभ की संभावना पक्की थी। इसलिए प्रतिदिन 8 डॉलर के लाभ की दर से यह व्यवसाय के द्वारा 2,920 डॉलर प्रति वर्ष ($ 8 X 365 दिन) का लाभ अर्जित करनेवाली थी। यदि किसी ने 43 डॉलर के शेयरधारक औचित्य (शेयरहोल्डर्स इक्विटी) या खाता मूल्य (बुक वैल्यू) या निवल मूल्य (नेट वर्थ) पर वह व्यवसाय खरीदा होता तो पहले वर्ष के अंत में उसे निगम आय कर से पहले (बिफोर कॉरपोरेट इन्कम टैक्स) 2,920 डॉलर का लाभ मिलता। इस प्रकार, निवेशक को शानदार निवेश प्रतिफल (रिटर्न ऑन इन्वेस्टमेंट) हासिल करने का मौका मिलता।

तो क्या वॉरेन बेवकूफ थे कि निवेशक को 43 डॉलर शेयरधारक औचित्य (शेयरहोल्डर्स इक्विटी) या खाता मूल्य (बुक वैल्यू) या निवल मूल्य (नेट वर्थ) पर अपने इतने संभावनाशील व्यवसाय को बेच देते ? बिल्कुल नहीं। वॉरेन का उत्तर

यह होता कि उनका पिनबॉल व्यवसाय प्रतिवर्ष 2,920 डॉलर लाभ अर्जित करनेवाला था; उन्हें उम्मीद थी कि यह व्यवसाय अगले दस वर्षों तक ऐसा ही चलेगा और इस प्रकार, इस व्यवसाय को खरीदनेवाले को दस वर्षों में कुल 29,200 डॉलर लाभ अर्जित करने का मौका मिलेगा। तो क्या वॉरेन ने उस खरीदार को अपने व्यवसाय का वर्तमान मूल्य (प्रेजेंट वैल्यू) 29,200 डॉलर बताया होता? बिल्कुल नहीं। क्योंकि जो इस व्यवसाय को खरीदनेवाला था, उसे व्यवसाय के लाभ से अगले दस वर्षों में लगभग 44,516 डॉलर कमाने का अवसर मिल सकता था। कैसे? यदि वह व्यवसाय के लाभ को औसतन 8 प्रतिशत वार्षिक ब्याज देनेवाले किसी बैंक के आवर्ती जमा खाता (रेकरिंग डिपॉजिट अकाउंट) या मुद्रा बाजार निधि (मनी मार्केट फंड) में लगातार निवेश करे।

वॉरेन ने अपने व्यवसाय का भविष्य मूल्य (फ्यूचर वैल्यू) 44,516 डॉलर आकलित किया था, यदि खरीदार 2,920 डॉलर के दैनिक लाभ को 8 प्रतिशत ब्याज देनेवाले बचत खाते या फिर अन्य वित्तीय उत्पादों में उसका लगातार निवेश करे।

तो वह खरीदार वॉरेन के उस व्यवसाय का मूल्यांकन कैसे करता? स्पष्ट है कि वॉरेन ने अपने व्यवसाय का भविष्य मूल्य (फ्यूचर वैल्यू) 44,516 डॉलर आकलित किया था, यदि खरीदार 2,920 डॉलर के दैनिक लाभ को 8 प्रतिशत ब्याज देनेवाले बचत खाते या फिर अन्य वित्तीय उत्पादों में उसका लगातार निवेश करे। इस प्रकार, यदि खरीदार अपने निवेश पर 8 प्रतिशत वार्षिक लाभ दर पर वॉरेन के व्यवसाय को खरीदने को तैयार होता तो उसने उसका वर्तमान मूल्य (प्रेजेंट वैल्यू) लगभग 20,619.52 डॉलर आँका होता।

इस गणना के लिए, आप फाइनेंशियल कैलकुलेटर का उपयोग करें तो अच्छा है, क्योंकि हाथ से चक्रवृद्धि ब्याज की गणना में बहुत अधिक समय लग सकता है। वैसे तो आप फाइनेंशियल कैलकुलेटर का उपयोग भी कर सकते हैं, लेकिन इसकी लागत अधिक है। ऐसे में, आप इंटरनेट पर मुफ्त में उपलब्ध फाइनेंशियल कैलकुलेटर का उपयोग करें। भविष्य मूल्य (फ्यूचर वैल्यू) व वर्तमान मूल्य (प्रेजेंट वैल्यू) के लिए अलग-अलग कैलकुलेटर हैं। अभी आप वर्तमान मूल्य गणक (प्रेजेंट वैल्यू कैलकुलेटर) में 'FV' (फ्यूचर वैल्यू/भविष्य मूल्य) के सामने के चौखटे में $ 44,516, 'N' (नंबर ऑफ ईयर्स/वर्ष की संख्या) के

चौखटे में 10 और I/Y (इंटरेस्ट पर ईयर/प्रति वर्ष ब्याज) के चौखटे में 8 प्रतिशत अंकित करें और कैलकुलेट (गणना करें) का बटन क्लिक करें। आपको परिणाम मिलेगा—20,619.52 डॉलर।

यदि खरीदार ने वॉरेन को उनके पिनबॉल व्यवसाय के लिए वर्तमान मूल्य 20,619.52 डॉलर का भुगतान किया होता तो इसका अर्थ यह हुआ कि वह अपने निवेश पर वार्षिक 8 प्रतिशत चक्रवृद्धि ब्याज दर लाभ अर्जित करता और दसवें वर्ष के अंत में भविष्य मूल्य 44,516 डॉलर प्राप्त करना उचित समझता था। इसका अर्थ यह भी हुआ कि उस खरीदार के लिए इससे अधिक लाभ दर अर्जित कर सकनेवाला और कोई निवेश विकल्प नहीं था। मान लें कि उसके पास 10 प्रतिशत चक्रवृद्धि वार्षिक ब्याज दर वाला निवेश विकल्प होता तो क्या वह वॉरेन के बिक्री प्रस्ताव को स्वीकार करता? बिल्कुल नहीं। तो वह वॉरेन के पिनबॉल कारोबार का वर्तमान मूल्य क्या आँकता? वर्तमान मूल्य गणक (प्रेजेंट वैल्यू कैलकुलेटर) में सभी आँकड़े वैसे रहने दें और I/Y (इंटरेस्ट पर ईयर/प्रति वर्ष ब्याज) के चौखटे में 8 प्रतिशत के स्थान पर 10 प्रतिशत अंकित करें और कैलकुलेट (गणना करें) का बटन क्लिक करें। आपको परिणाम मिलेगा—17,162.85 डॉलर। इसका अर्थ यह हुआ कि खरीदार को उसके खरीद मूल्य 17,162.85 डॉलर पर वार्षिक 10 प्रतिशत ब्याज दर से कुल 27,353.15 की ब्याज राशि कमाने का अवसर मिलता।

यदि आप इस प्रकार से किसी निवेश प्रस्ताव का आकलन करेंगे तो आपको उसका उचित वर्तमान मूल्य पता चल सकेगा। और वॉरेन के व्यावसायिक दृष्टिकोण से निवेश का पहला पाठ याद रखें—खरीद मूल्य ही लाभ दर को निश्चित करता है। आपका खरीद मूल्य जितना कम होगा, आप उतना ही लाभ कमा सकेंगे।

तो वॉरेन के पिनबॉल कारोबार का वास्तविक मूल्य क्या होना चाहिए? वॉरेन के हिसाब से कम-से-कम 20,619.52 डॉलर। लेकिन अंतिम मूल्य इस तथ्य पर निर्भर करता है कि खरीदार उसे उस मूल्य पर खरीदना चाहता है या नहीं। यदि खरीदार के पास अपने निवेश पर अधिक लाभ दर अर्जित कर सकने का जोखिम रहित विकल्प है तो वह उसे उस मूल्य पर नहीं खरीदेगा। उसकी कोशिश यही होगी कि वह 17,162.85

डॉलर पर कोई दूसरा विकल्प चुने, ताकि उसे 10 प्रतिशत वार्षिक चक्रवृद्धि ब्याज कमाने का अवसर मिले। स्पष्ट है कि यदि आप इस प्रकार से किसी निवेश प्रस्ताव का आकलन करेंगे तो आपको उसका उचित वर्तमान मूल्य पता चल सकेगा। और वॉरेन के व्यावसायिक दृष्टिकोण से निवेश का पहला पाठ याद रखें—खरीद मूल्य ही लाभ दर को निश्चित करता है। आपका खरीद मूल्य जितना कम होगा, आप उतना ही लाभ कमा सकेंगे। इस प्रकार, जो निवेशक अपने निवेश फैसले करता है, उसी को वॉरेन बफे 'विवेकशील निवेशक' (प्रूडेंट इन्वेस्टर) कहते हैं और अटकलबाजियाँ करनेवाले को सट्टेबाज (स्पेकुलेटर)।

चक्रवृद्धि लाभ कमाओ, धनवान् बनो

वॉरेन बफे शुरू से ही चक्रवृद्धि लाभ के जादू से चमत्कृत थे। वह अपने शुरुआती साझीदारों को इसके आश्चर्यजनक लाभकारी परिणामों के बारे में लगातार समझाते रहे थे। वॉरेन बफे के निवेश साम्राज्य को नियंत्रित करनेवाली कंपनी बर्कशायर हैथवे अपनी अपार सफलता का इतिहास 'चक्रवृद्धि लाभ के जादू' का अद्वितीय उदाहरण प्रस्तुत करती है।

वॉरेन शुरू से ही चक्रवृद्धि लाभ कमाना चाहते थे, इसलिए उसने उन्होंने साझीदारों को दीर्घकालीन निवेश के लिए सहमत कर लिया था। यही कारण था कि उन्होंने न तो कभी अपने मूल शेयर (क्लास-ए) को विभाजित होने दिया और न ही लाभांश (डिविडेंड) ही जारी किया था।

बर्कशायर हैथवे की स्थापना सन् 1839 में वैली फॉल्स कंपनी नाम से कंबरलैंड (रोड आइलैंड, संयुक्त राज्य अमेरिका) में हुई थी। वॉरेन ने अपनी निवेश साझेदारी कंपनी के माध्यम से सन् 1962 में बर्कशायर हैथवे के शेयर खरीदना शुरू किया था। वर्ष 1965 के शुरुआती महीनों में भारी खरीदारी कर 49 प्रतिशत शेयर जमा कर लिये थे और 10 मई, 1965 को उसका अधिग्रहण भी कर लिया था। हालाँकि वॉरेन ने 7.60 डॉलर प्रति शेयर के भाव से शेयर खरीदना शुरू किया था, लेकिन अंततः कुल शेयर का औसत खरीद मूल्य 14.86 डॉलर प्रति शेयर आया था। उस समय बर्कशायर हैथवे के खाता मूल्य

(बुक वैल्यू) के हिसाब से प्रति शेयर मूल्य लगभग 19 डॉलर प्रति शेयर बनता था।

चूँकि वॉरेन शुरू से ही चक्रवृद्धि लाभ कमाना चाहते थे, इसलिए उसने उन्होंने साझीदारों को दीर्घकालीन निवेश के लिए सहमत कर लिया था। यही कारण था कि उन्होंने न तो कभी अपने मूल शेयर (क्लास-ए) को विभाजित होने दिया और न ही लाभांश (डिविडेंड) ही जारी किया था। इस तरह शुरुआती पच्चीस वर्षों में न्यूयॉर्क स्टॉक एक्सचेंज (एन.वाई.एस.ई.) में सूचीबद्ध बर्कशायर हैथवे के शेयर का मूल्य 373 गुना से भी अधिक बढ़कर 7,100 डॉलर (1 जून, 1990) के स्तर पर पहुँच गया था। अगले पाँच वर्षों बाद वर्ष 1,995 में बर्कशायर हैथवे के शेयर का औसत बाजार मूल्य 22,000 डॉलर से ऊपर चला गया था और वह अधिकांश निवेशकों की पहुँच से ऊपर चला गया था। उच्चतर पहुँच (हायर एक्सेसिबिलिटी) व तरलता (लिक्विडिटी) की बाजार माँग को देखते हुए 9 मई, 1996 को बर्कशायर हैथवे ने 'क्लास-बी' श्रेणी के शेयर जारी किए थे और तब औसत निवेशकों को इस प्रतिष्ठित कंपनी की निवेश सूची (पोर्टफोलियो) में शामिल होने का सौभाग्य प्राप्त हो सका था। लेकिन क्लास-ए के एक शेयर की तुलना में क्लास-बी शेयर का स्वामित्व अधिकार (स्टॉक राइट) 1/1,500 और मतदान अधिकार (वोटिंग राइट) 1/10,000 था।

उच्चतर पहुँच (हायर एक्सेसिबिलिटी) व तरलता (लिक्विडिटी) की बाजार माँग को देखते हुए 9 मई, 1996 को बर्कशायर हैथवे ने 'क्लास-बी' श्रेणी के शेयर जारी किए थे और तब औसत निवेशकों को इस प्रतिष्ठित कंपनी की निवेश सूची (पोर्टफोलियो) में शामिल होने का सौभाग्य प्राप्त हो सका था। लेकिन क्लास-ए के एक शेयर की तुलना में क्लास-बी शेयर का स्वामित्व अधिकार (स्टॉक राइट) 1/1,500 और मतदान अधिकार (वोटिंग राइट) 1/10,000 था।

ध्यान रहे कि सन् 1967 के अलावा कंपनी ने कभी लाभांश नहीं जारी किया, क्योंकि वॉरेन बफे अपने शेयरधारकों के धन को अधिक लाभ देनेवाले उद्यमों में निवेश किया था। इसका परिणाम यह हुआ कि बर्कशायर हैथवे के शेयर का मूल्य

लगातार ऊपर चढ़ता गया, जो 1 मार्च, 2017 को 2,66,013 डॉलर के स्तर पर था। इस प्रकार, वर्ष 1965 से 2017 के बीच के 52 वर्षों में बर्कशायर हैथवे के शेयर मूल्य में 14,000 गुना वृद्धि हुई है।

वॉरेन बफे हमेशा अपने साझीदारों से यही कहते रहे थे कि वास्तविक रूप से धनवान् बनने का सबसे सटीक तरीका है कि अपने निवेश पर अधिकतम चक्रवृद्धि लाभ कमाने की कोशिश की जाए। वॉरेन की चक्रवृद्धि लाभ निवेश रणनीति को निम्नलिखित सारणी से आसानी से समझा जा सकता है।

1,00,000 डॉलर निवेश पर चक्रवृद्धि लाभ

अवधि/ब्याज दर	5 %	10%	15%	20%
10 वर्ष	1,62,889 डॉलर	2,59,374 डॉलर	4,04,555 डॉलर	6,19,173 डॉलर
20 वर्ष	2,65,329 डॉलर	6,72,749 डॉलर	16,36,653 डॉलर	38,33,759 डॉलर
30 वर्ष	4,32,194 डॉलर	17,44,940 डॉलर	66,21,177 डॉलर	2,37,37,631 डॉलर

स्पष्ट है कि यदि 1,00,000 डॉलर को 5 प्रतिशत चक्रवृद्धि ब्याज दर पर दस वर्षों तक निवेशित रखा जाए तो हमें 162,889 डॉलर का लाभ मिल सकता है। यदि चक्रवृद्धि ब्याज की दर में 5 प्रतिशत की वृद्धि हो जाए (अर्थात् 10 प्रतिशत) तो लाभ की राशि बढ़कर 2,59,374 डॉलर हो जाती है। और, यदि चक्रवृद्धि ब्याज की दर 20 प्रतिशत हो तो हमें अपने 1,00,000 डॉलर के निवेश पर 6,19,173 डॉलर का लाभ कमाने का अवसर प्राप्त हो सकता है। और, यदि 20 प्रतिशत चक्रवृद्धि ब्याज दर पर हम अपने निवेश को 30 वर्षों तक रखें तो हमें सबसे अधिक 2,37,37,631 डॉलर की कमाई भी संभव है। जी हाँ, वॉरेन बफे की इसी रणनीति के कारण वर्ष 1965 से 2009 के बीच के 45 वर्षों में बर्कशायर हैथवे का प्रति शेयर खाता मूल्य (बुक वैल्यू) या निवल मूल्य (नेटवर्थ) में औसत 20.3 प्रतिशत की वृद्धि संभव हो सकी।

लेकिन वॉरेन के इस चक्रवृद्धि लाभ के जादू के रहस्य का दूसरा पहलू यह है कि लाभांश न अदा कर उसने उन्होंने निवेशकों के लिए भारी निजी आय कर बचत भी की है। इसे समझने के लिए 'अर्जित व प्रतिधारित लाभांश (8 प्रतिशत) पर चक्रवृद्धि लाभ' की सारणी को देखें।

अर्जित व प्रतिधारित ब्याज (8 प्रतिशत) पर चक्रवृद्धि लाभ

वर्ष	निवेशित राशि	अर्जित व प्रतिधारित ब्याज
1	1,000.00 डॉलर	80.00 डॉलर
2	1,080.00	80.40
3	1,166.40	93.31
4	1,259.71	100.77
5	1,360.48	100.83
कुल		469.31

मान लें कि किसी निवेशक ने 8 प्रतिशत वार्षिक लाभ देनेवाले निवेश-प्रस्ताव में 1,000 डॉलर का निवेश किया तो पाँचवें वर्ष के अंत में कुल 469.31 डॉलर का चक्रवृद्धि लाभ कमाने का अवसर मिल सकता है, यदि कंपनी हरेक वर्ष के अंत में लाभांश का भुगतान करने की बजाय अर्जित ब्याज (अर्न्ड इंटरेस्ट) को प्रतिधारण (रिटेन) कर उसका पुनर्निवेश (री-इन्वेस्टमेंट) करे। इस लाभांश राशि पर निवेशक को 469.31 डॉलर की आय पर न्यूनतम 33 प्रतिशत (2017) अर्थात् 154.87 डॉलर पर निजी आयकर (पर्सनल इन्कम टैक्स) का भुगतान करना पड़ेगा, अर्थात् निवेशक को 1,000 डॉलर के निवेश पर वास्तविक लाभ (469.31-154.87) 314.43 डॉलर होगा।

> **निवेशक ऐसा तभी कर सकता है, जब वह किसी ऐसी कंपनी की स्वामित्व हिस्सेदारी (शेयर) में निवेश करे, जो उसे वार्षिक लाभांश का भुगतान करने की बजाय उसे अपने पास प्रतिधारित करे और उसे अच्छी कमाई दे सकनेवाले निवेश विकल्पों में निवेश करे।**

लेकिन निवेशक ऐसा तभी कर सकता है, जब वह किसी ऐसी कंपनी की स्वामित्व हिस्सेदारी (शेयर) में निवेश करे, जो उसे वार्षिक लाभांश का भुगतान करने की बजाय उसे अपने पास प्रतिधारित करे और उसे अच्छी कमाई दे सकनेवाले निवेश विकल्पों में निवेश करे। वॉरेन ने ऐसा ही किया था। उसने बर्कशायर

हैथवे निवेशकों के वार्षिक लाभांश को प्रतिधारित उस राशि को अधिक लाभ कमा सकनेवाले विकल्पों में निवेशित किया था। चूँकि वॉरेन ने अपने निवेशकों को लाभांश का भुगतान नहीं किया, इसलिए निवेशकों को अपने लाभांश पर हर वर्ष आयकर का भुगतान नहीं करना पड़ा। बर्कशायर हैथवे ने उन लाभांश राशियों को अधिक लाभ दे सकनेवाले विकल्पों में पुनर्निवेश किया था; कंपनी के शेयर के भाव उसके लगातार बढ़ते रहे थे और निवेशकों को शेयर के मूल्य के रूप में अपने मूल निवेश पर भारी चक्रवृद्धि लाभ अर्जित कर सकने का अवसर मिलता रहा।

इसके विपरीत, यदि बर्कशायर हैथवे हर वर्ष लाभांश का भुगतान करता रहता तो निवेशकों को उस पर निजी आयकर का भुगतान करना पड़ता और उनके निवेश का प्रभावी लाभ दर (इफेक्टिव रेट ऑफ रिटर्न) काफी कम हो जाता। और वॉरेन ने ऐसा इसलिए भी किया था कि निवेशकों के पास अपने लाभांश को पुनर्निवेशित करने के अधिक अच्छे विकल्प नहीं थे। यदि वे अपने लाभांश को औसतन 8 प्रतिशत लाभांश देनेवाले सरकारी या निगमित ब्रांड में निवेश करते तो उन्हें अपनी आय पर आयकर चुकता करना पड़ता और उनके निवेश का प्रभावी लाभ आयकर की दर से हर वर्ष घटता जाता।

सावधान! अधिकांश निवेश विश्लेषक (इन्वेस्टमेंट एनालिस्ट) निवेशकों को उत्कृष्ट व्यवसाय करनेवाली कंपनियों की स्वामित्व हिस्सेदारी (शेयर) में निवेश करने और अपने निवेश को लंबे समय तक बनाए रखने की सलाह अवश्य देते हैं, लेकिन वे उन्हें यह नहीं बताते कि वे शेयर किस भाव खरीदने चाहिए। लेकिन हम वॉरेन बफे की निवेश रणनीति का अनुसरण करते हैं तो हम ऐसे निवेश विश्लेषकों के झाँसे में नहीं आएँगे, क्योंकि वॉरेन कहते हैं—लाभ की दर खरीद मूल्य पर निर्भर करती है।

सावधान! अधिकांश निवेश विश्लेषक (इन्वेस्टमेंट एनालिस्ट) निवेशकों को उत्कृष्ट व्यवसाय करनेवाली कंपनियों की स्वामित्व हिस्सेदारी (शेयर) में निवेश करने और अपने निवेश को लंबे समय तक बनाए रखने की सलाह अवश्य देते हैं, लेकिन वे उन्हें यह नहीं बताते कि वे शेयर किस भाव खरीदने चाहिए।

उदाहरण के लिए, सन् 1987 में खाद्य-उत्पाद व तंबाकू समूह फिलिप

मोरिस के प्रति शेयर मूल्य 6.07 डॉलर व 10.36 डॉलर (शेयर विभाजन समायोजित मूल्य) के बीच में खरीदे-बेचे जा रहे थे। दस वर्षों के बाद सन् 1997 में उन शेयरों के औसत बाजार मूल्य 44 डॉलर हो गए थे। यदि आपने सन् 1987 में फिलिप मोरिस के शेयर को 6.07 डॉलर के भाव में खरीदा होता और दस वर्षों तक सँभालने के बाद 1997 में 44 डॉलर के भाव से बेचा होता तो आपका कर पूर्व चक्रवृद्धि लाभ दर (प्री टैक्स कंपाउंडिंग रेट ऑफ रिटर्न) लगभग 21.9 प्रतिशत होती। लेकिन यदि आपने उसी शेयर को 10.36 डॉलर में खरीदा होता और उसे 44 डॉलर में बेचा होता तो आपका कर पूर्व चक्रवृद्धि लाभ दर लगभग 15.56 प्रतिशत होती। इस प्रकार, यदि आपने 6.07 डॉलर प्रति शेयर के भाव में कुल 1,00,000 डॉलर का निवेश किया होता 21.9 प्रतिशत वार्षिक चक्रवृद्धि लाभ दर पर दस वर्षों बाद वह राशि बढ़कर 7,24,497.77 डॉलर हो जाती। लेकिन वही शेयर यदि 10.36 डॉलर में खरीदा गया होता तो 15.56 प्रतिशत वार्षिक चक्रवृद्धि लाभ दर पर आपका 1,00,000 डॉलर का मूल निवेश बढ़कर 4,24,693.22 डॉलर ही हो पाता, अर्थात् दोनों खरीद मूल्य पर चक्रवृद्धि लाभ का अंतर 2,99,804.55 डॉलर होता। ये सारी गणनाएँ आप अपने पहले बताए गए मुफ्त ऑनलाइन वित्तीय गणक (फाइनेंशियल कैलकुलेटर) से आसानी से कर सकते हैं।

> **उत्कृष्ट कंपनी की पहचान के दर्शन को विकसित करने के लिए वॉरेन ने अपने गुरु बेंजामिन ग्राहम के मूल दर्शन में बहुचर्चित अमेरिकी निवेशक फिलिप आर्थर फिशर और अपने सझीदार चार्ल्स थॉमस मुंगेर (वाइस चेयरमैन, बर्कशायर हैथवे) के निवेश दर्शनों को भी शामिल किया था।**

व्यवसाय चुनने के नौ वित्तीय प्रश्न

अब तक यह स्पष्ट हो चुका है कि यदि हम अपने निवेश पर अधिकतम चक्रवृद्धि लाभ अर्जित करना चाहते हैं तो हमें निवेश विकल्पों के सही मूल्य निर्धारित करने से पहले उत्कृष्ट व्यवसाय करनेवाली निगमित कंपनियों की पहचान करनी होगी। उत्कृष्ट कंपनी की पहचान के दर्शन को विकसित करने के लिए वॉरेन ने अपने गुरु बेंजामिन ग्राहम के मूल दर्शन में बहुचर्चित अमेरिकी निवेशक फिलिप

आर्थर फिशर और अपने सझीदार चार्ल्स थॉमस मुंगेर (वाइस चेयरमैन, बर्कशायर हैथवे) के निवेश दर्शनों को भी शामिल किया था। और अंत में, तय किया था कि वह केवल उन्हीं कंपनियों में निवेश करेगा, जिसका अर्थशास्त्र मजबूत हो और जिसकी भविष्य की आय का वह उचित रूप से आकलन कर सके। इसके लिए वॉरेन निम्नलिखित प्रश्नों पर विचार करते हैं—

पहला प्रश्न : क्या व्यवसाय के उपभोक्ता एकाधिकार की पहचान की जा सकती है?

वॉरेन बफे अपने पेशेवर जीवन में ऐसी बहुत सी कंपनियाँ को खोज पाने से सक्षम रहे थे, जो अद्वितीय उत्पादों या सेवाओं की बिक्री करती हैं और उपभोक्ता बाजार के अपने बाजार-खंड में एकाधिकार-सा बनाए रखती हैं। वॉरेन ऐसी कंपनियों को 'उपभोक्ता एकाधिकार' (कंज्यूमर मोनोपोली) संबोधित करते रहे हैं जैसे कि टोल ब्रिज का रख-रखाव व परिचालन करनेवाली कंपनियाँ।

जैसा कि हमने पिछले अध्याय में पढ़ा है, वॉरेन बफे अपने पेशेवर जीवन में ऐसी बहुत सी कंपनियाँ को खोज पाने से सक्षम रहे थे, जो अद्वितीय उत्पादों या सेवाओं की बिक्री करती हैं और उपभोक्ता बाजार के अपने बाजार-खंड में एकाधिकार-सा बनाए रखती हैं। वॉरेन ऐसी कंपनियों को 'उपभोक्ता एकाधिकार' (कंज्यूमर मोनोपोली) संबोधित करते रहे हैं जैसे कि टोल ब्रिज का रख-रखाव व परिचालन करनेवाली कंपनियाँ।

वॉरेन के दृष्टिकोण से यह 'उपभोक्ता एकाधिकार' का शास्त्रीय स्वरूप है। यदि कोई उपभोक्ता तैरे या नाव का प्रयोग किए बिना नदी पार करना चाहता है तो उसे पुल के उपयोग के लिए टोल टैक्स का भुगतान भी करना पड़ सकता है, क्योंकि स्थान विशेष पर नदी पार करने पर टोल ब्रिज का एकाधिकार-सा होता है। इसी प्रकार की स्थिति वहाँ भी होती है, जब किसी बड़े शहर में एकमात्र समाचार-पत्र होता है। चूँकि आपको उस शहर विशेष में अपने उत्पाद या सेवा को प्रचारित करना है, अतः आपको उसी समाचार-पत्र में विज्ञापन

प्रकाशित करना होगा। स्पष्ट है कि चाहे वह स्थान विशेष का टोल ब्रिज हो या फिर शहर विशेष का एकमात्र समाचार-पत्र, उपभोक्ता एकाधिकार उन्हें अपनी सेवाओं की बड़ी कीमत लगाने की स्वतंत्रता प्रदान करता है।

वास्तव में, किसी व्यवसाय विशेष की कंपनियों में 'उपभोक्ता एकाधिकार' की उपस्थिति को सुनिश्चित करने के लिए वॉरेन बफे ने कुछ वैचारिक परीक्षण (कांसेप्चुअल टेस्ट) निर्धारित किए थे। ऐसा करने के लिए वॉरेन स्वयं से सबसे पहला प्रश्न करते थे—यदि उनके पास अरबों डॉलर हो और वह शीर्ष के 50 प्रबंधकों को नियुक्त करने में सक्षम हों तो क्या वह वैसा ही व्यवसाय शुरू कर सकते हैं और उस व्यवसाय को संबंधित कंपनी की ही तरह सफलतापूर्वक संचालित भी कर सकते हैं? यदि वॉरेन को उत्तर 'नहीं' में मिलता था तो मान लेता था कि संबंधित कंपनी कुछ विशेष प्रकार के उपभोक्ता एकाधिकार से सुरक्षित है। वॉरेन की दृष्टि में 'उपभोक्ता एकाधिकार' कंपनी की वास्तविक परीक्षा यह है कि क्या कोई प्रतिस्पर्धी कंपनी धन कमाने की परवाह किए बिना भी उसे किसी प्रकार का कोई नुकसान पहुँचा सकती है?

वॉरेन ने परखा था कि क्या वह चबानेवाली स्वादिष्ट च्युइंग गम बनानेवाली कंपनी शुरू कर 'रेगली' कंपनी (विश्व की सबसे बड़ी च्युइंग गम निर्माता व विपणनकर्ता कंपनी; अब मार्स इन्कॉर्पोरेटेड की पूर्ण स्वामित्व वाली सहायक कंपनी) से प्रतिस्पर्धा कर सकते थे? वॉरेन को पता चला था कि कई कंपनियों ने 'रेगली' से प्रतिस्पर्धा करने की कोशिश की थी, लेकिन अधिकतर बुरी तरफ असफल साबित हुई थीं।

जैसे, वॉरेन ने देखा था कि क्या 'वॉल स्ट्रीट जर्नल' से प्रतिस्पर्धा कर पाना संभव है? तो, उसे पता चला था कि कोई समाचार-पत्र भले ही अरबों डॉलर व्यय कर ले, लेकिन वह 'वॉल स्ट्रीट जर्नल' की पाठक संख्या (रीडरशिप) में सेंध नहीं लगा सकता। इसी प्रकार, वॉरेन ने परखा था कि क्या वह चबानेवाली स्वादिष्ट च्युइंग गम बनानेवाली कंपनी शुरू कर 'रेगली' कंपनी (विश्व की सबसे बड़ी च्युइंग गम निर्माता व विपणनकर्ता कंपनी; अब मार्स इन्कॉर्पोरेटेड की पूर्ण स्वामित्व वाली सहायक कंपनी) से प्रतिस्पर्धा कर सकते थे? वॉरेन को पता चला था कि कई

कंपनियों ने 'रेगली' से प्रतिस्पर्धा करने की कोशिश की थी, लेकिन अधिकतर बुरी तरफ असफल साबित हुई थीं। और जो अपना अस्तित्व बचा पाने में सफल भी रहीं, उन्हें भी रेगली की तुलना में अपनी नगण्य बाजार हिस्सेदारियों से ही संतोष करना पड़ा था। इसी प्रकार, वॉरेन ने चॉकलेट पट्टी बनानेवाली हर्शे कंपनी (अब अमेरिका की सबसे बड़ी चॉकलेट विनिर्माताओं में एक), शीतल पेय कंपनी कोकाकोला आदि के बारे में भी विचार किया था।

वॉरेन ने अपने शोध में पाया था कि चूँकि उपभोक्ता एकाधिकार वाली कंपनियाँ अपने विशाल नकदी प्रवाह (कैश फ्लो) से लाभान्वित होती हैं, इसीलिए वे आमतौर पर लगभग ऋण-मुक्त होती हैं। यही कारण है कि ऐसी कंपनियाँ दूसरे लाभकारी उद्यमों को शुरू कर पाने या फिर अपने ही शेयरों को वापस खरीद अपनी स्वामित्व हिस्सेदारी को बढ़ा पाने में सक्षम होती हैं।

कुछ समय के लिए कोकाकोला के बारे में सोचिए। अनुमान लगाइए कि वह कहाँ-कहाँ बिकता है? विश्व के लगभग हर नुक्कड़, छोटी-बड़ी दुकानों, रेस्तराँओं, भवनों या सार्वजनिक सुविधा स्थलों पर आपको कोकाकोला मिल जाएगा। यह ऐसा लोकप्रिय शीतल पेय है कि हर दुकान या रेस्तराँ को उसे रखना पड़ता है। क्यों? क्योंकि यदि वह कोकाकोला नहीं रखेगा तो उसकी बिक्री प्रभावित होगी। अब कोकाकोला से प्रतिस्पर्धा करने की कोशिश कीजिए! आपको इसके लिए जनरल मोटर्स जैसी दो कंपनियों के बराबर पूँजी आधार (कैपिटल बेस) की आवश्यकता होगी। फिर भी, आप यह दावा नहीं कर सकते कि आप कोकाकोला से प्रतिस्पर्धा कर सकते हैं। विश्व में उससे प्रतिस्पर्धा कर सकनेवाली एक ही कंपनी विकसित हो सकी, जिसका नाम पेप्सीको है, और कोई नहीं; क्योंकि कोकाकोला के पास शीतल पेय बनाने का सीक्रेट फार्मूला है।

जी हाँ, वॉरेन ने अपने शोध में पाया था कि चूँकि उपभोक्ता एकाधिकार वाली कंपनियाँ अपने विशाल नकदी प्रवाह (कैश फ्लो) से लाभान्वित होती हैं, इसीलिए वे आमतौर पर लगभग ऋण-मुक्त होती हैं। यही कारण है कि ऐसी कंपनियाँ दूसरे लाभकारी उद्यमों को शुरू कर पाने या फिर अपने ही शेयरों को वापस खरीद

अपनी स्वामित्व हिस्सेदारी को बढ़ा पाने में सक्षम होती हैं। इतना ही नहीं, ऐसी कंपनियाँ आमतौर पर ऐसे उत्पादों का विनिर्माण करती हैं, जिनमें निम्न स्तरीय प्रौद्योगिकी का उपयोग होता है और उन्हें उच्च प्रौद्योगिकी वाले संयंत्र स्थापित करने की आवश्यकता नहीं होती। चूँकि उनके उत्पादों को बाजार में नहीं के बराबर प्रतिस्पर्धा करनी पड़ती है, इसलिए वे अपने विनिर्माण संयंत्रों (मैन्युफैक्चरिंग प्लांट) का अधिक लंबे समय तक उपयोग कर सकती हैं। प्रतिस्पर्धा से मुक्त होने के कारण इन कंपनियों को अपने संयंत्रों को आधुनिक बनाने में लगातार व्यय नहीं करना पड़ता है। इसके विपरीत, अब मोटर वाहन (ऑटोमोबाइल) विनिर्माता कंपनियों की स्थिति पर विचार कीजिए। ये भी वस्तु उत्पादों (कमोडिटी प्रोडक्ट) जैसे मूल्य संवेदनशील (प्राइस सेंसिटिव) होते हैं। यही कारण है कि इन्हें बस, एक नए प्रारूप वाली कार को बाजार में लाने के लिए भी अपने पुराने संयंत्रों को आधुनिक बनाने और नई उत्पादन सुविधा स्थापित करने पर अरबों डॉलर का व्यय करना पड़ता है। और, कार या अन्य मोटर वाहन ऐसे उत्पाद हैं कि उन्हें बाजार की गलाकाट प्रतिस्पर्धा में बने रहने के लिए स्वयं को लगातार बदलना पड़ता है। ऐसा करने लिए मोटर वाहन कंपनियों को अपनी उत्पादन सुविधाओं में लगातार भारी निवेश करते रहना पड़ता है।

दूसरा प्रश्न : क्या कंपनी की आय मजबूत है और ऊपर की ओर जा रही है?

वॉरेन की ही तरह हमें भी ऐसी कंपनियों बैलेंस शीट को ध्यान से पढ़ना पड़ेगा और उनके प्रति शेयर आय (पर शेयर इन्कम) के आँकड़ों की जाँच करनी पड़ेगी।

कोई कंपनी भले ही उपभोक्ता एकाधिकार की स्थिति का लाभ उठा रही हो, लेकिन क्या उसका शीर्ष प्रबंधन उसकी आय को लगातार ऊपर की ओर ले जा पाने में सक्षम है? जी हाँ, वॉरेन की ही तरह हमें भी ऐसी कंपनियों बैलेंस शीट को ध्यान से पढ़ना पड़ेगा और उनके प्रति शेयर आय (पर शेयर इन्कम) के आँकड़ों की जाँच करनी पड़ेगी। इसके लिए वॉरेन संबंधित कंपनी के कम-से-कम दस वर्षों की बैलेंस शीट का अध्ययन करते थे और प्रति शेयर आय के आँकड़ों की सूची बनाते थे। यदि आय की स्थिति मजबूत रही और उसका रुझान ऊपर की ओर बढ़ रहा होता था तो

वॉरेन यह अर्थ निकालते थे कि शीर्ष प्रबंधन कंपनी की उपभोक्ता एकाधिकार की अनुकूल परिस्थिति को वास्तविक शेयरधारक मूल्य (शेयरहोल्डर वैल्यू) में बदल पाने में सक्षम है।

तीसरा प्रश्न : कंपनी की दीर्घकालीन ऋण-स्थिति क्या है? क्या वह वित्तपोषण में संकोची है?

वॉरेन को वैसी कंपनियाँ पसंद हैं, जो भारी दीर्घकालिक ऋण (लॉन्गटर्म लोन) लेने में संकोच करती हैं। यदि कंपनी के पास उपभोक्ता एकाधिकार है तो यह निश्चित है कि उसका नकदी प्रवाह (कैश फ्लो) बहुत अच्छा होगा और उसे अपने ऊपर दीर्घकालिक ऋण का बोझ लादने की आवश्यकता ही नहीं होगी।

वॉरेन को वैसी कंपनियाँ पसंद हैं, जो भारी दीर्घकालिक ऋण (लॉन्गटर्म लोन) लेने में संकोच करती हैं। यदि कंपनी के पास उपभोक्ता एकाधिकार है तो यह निश्चित है कि उसका नकदी प्रवाह (कैश फ्लो) बहुत अच्छा होगा और उसे अपने ऊपर दीर्घकालिक ऋण का बोझ लादने की आवश्यकता ही नहीं होगी। रेगली, इंटरनेशनल फ्लेवर्स एंड फ्राग्रेंसेस वॉरेन की सबसे पसंदीदा कंपनियों में गिनी जाती हैं; क्योंकि उनके खातों में आमतौर पर दीर्घकालिक ऋण दिखते ही नहीं और यदि दिखते हैं तो वे नगण्य ही होते हैं। वॉरेन को भारी लाभ देनेवाली कोकाकोला व जिलेट जैसी कंपनियाँ अपने खाते में दीर्घकालिक ऋण के बोझ को अपनी 'वर्तमान शुद्ध आय' (करंट नेट इन्कम) से ऊपर नहीं जाने देतीं।

लेकिन कभी-कभी उपभोक्ता एकाधिकार वाली उत्कृष्ट कंपनियाँ भी अन्य व्यवसायों के अधिग्रहण के वित्त-पोषण के लिए अपने ऊपर भारी दीर्घकालीन ऋण का बोझ लाद सकती हैं, जैसे कि अमेरिकी दूरदर्शन व आकाशवाणी नेटवर्क ए.बी.सी. समूह के अधिग्रहण के लिए कैपिटल सिटीज ने अपनी वर्तमान शुद्ध आय के दोगुने से अधिक दीर्घकालिक ऋण ले लिया था। ऐसी स्थिति में, वॉरेन यही देखते थे कि अधिग्रहण की जानेवाली उपभोक्ता एकाधिकार कंपनी है या नहीं। यदि 'हाँ', तो ठीक है और यदि 'नहीं', तो मामला गड़बड़ है।

इस संबंध में, वॉरेन का स्पष्ट मत है कि यदि एक उपभोक्ता एकाधिकार

कंपनी दूसरी उपभोक्ता एकाधिकार कंपनी का अधिग्रहण करने के लिए ऋण लेती है तो दोनों का भारी नकदी प्रवाह ऋण के बोझ को बेअसर कर देगा। इसके उलट, यदि कोई उपभोक्ता एकाधिकार कंपनी किसी वस्तु संबंधी (कमोडिटी) कंपनी को अधिग्रहण करने के लिए ऋण लेती है तो उसका अपना नकदी प्रवाह भले ही ऋण के बोझ को झेल ले, लेकिन उसकी लाभदायकता अवश्य ही प्रभावित होगी। तीसरी स्थिति सबसे खतरनाक होती है, जब एक वस्तु संबंधी कंपनी अपने बाजार-विस्तार के लिए अपनी ही जैसी दूसरी कंपनी के अधिग्रहण के लिए ऋण लेती है, क्योंकि उसके पास कोई निश्चित नकदी प्रवाह नहीं होता।

चौथा प्रश्न : क्या कंपनी लगातार उच्च दर से औचित्य-लाभ अर्जित कर रही है?

कुल परिसंपत्ति (टोटल एसेट्स) में कुल देनदारी (टोटल लायबिलिटीज) को घटाने पर जो हिस्सा बचता है, उसे ही 'शेयरधारक औचित्य' कहते हैं; अर्थात् किसी भी व्यवसाय में शेयरधारकों ने जो पूँजी-निवेश किया है, वही कुल परिसंपत्ति में शेयरधारक औचित्य होता है।

वॉरेन बफे उन्हीं कंपनियों में निवेश करते रहे हैं, जो लगातार उच्च दर औचित्य-लाभ (रिटर्न ऑन इक्विटी/आर.ओ.ई.) अर्जित कर पाने में सक्षम हैं, क्योंकि ऐसी कंपनियाँ ही अपने शेयरधारकों के लिए अच्छा धन पैदा कर सकती हैं।

अब, यहाँ पर औचित्य (इक्विटी) का अर्थ शेयरधारक औचित्य (शेयरहोल्डर्स इक्विटी) से है। वास्तव में, कुल परिसंपत्ति (टोटल एसेट्स) में कुल देनदारी (टोटल लायबिलिटीज) को घटाने पर जो हिस्सा बचता है, उसे ही 'शेयरधारक औचित्य' कहते हैं; अर्थात् किसी भी व्यवसाय में शेयरधारकों ने जो पूँजी-निवेश किया है, वही कुल परिसंपत्ति में शेयरधारक औचित्य होता है।

उदाहरण के लिए, यदि 60 लाख रुपए का घर खरीदने के लिए आपने अपनी बचत से 15 लाख रुपए का पूँजी निवेश किया है और 45 लाख रुपए बैंक से बंधक ऋण (मॉर्टगेज लोन) लिया है तो 1 करोड़ रुपए की कुल परिसंपत्ति में आपका अर्थात् शेयरधारक का औचित्य 15 लाख रुपए (60 लाख-45 लाख) हुआ। अब

यदि आप उस घर को किराए पर चढ़ाते हैं तो रख-रखाव व्यय (मेंटिनेंस एक्सपेंस), बंधक ऋण की समीकृत मासिक किस्तें (इक्वेटेड मंथली इंस्टॉलमेंट/ई.एम.आई.) एवं गृह कर (हाउस टैक्स) का भुगतान करने के बाद आपके हिस्से में जो राशि बचती है, वही शेयरधारक औचित्य (शेयरहोल्डर्स इक्विटी) होगी। मान लें कि आपने उस घर को 25 हजार रुपए प्रतिमाह अर्थात् 3 लाख रुपए प्रति वर्ष के किराए पर चढ़ाया, जबकि आपका कुल व्यय 2.50 लाख रुपए (रख-रखाव व्यय 6,000 रुपए, कुल ई.एम.आई. 2.40 लाख रुपए और गृह कर 4,000 रुपए) रहा तो आपके हिस्से 50 हजार रुपए की राशि आई। इस तरह, आपको (शेयरधारक को) अपने 15 लाख रुपए के पूँजी निवेश यानी औचित्य पर 50 हजार रुपए प्रति वर्ष (लगभग 3.33 प्रतिशत) की शुद्ध आय हुई अर्थात् आपके घर (व्यवसाय) ने आपके लिए (अपने शेयरधारक के लिए) 3.33 प्रतिशत की दर से औचित्य-लाभ (रिटर्न ऑन इक्विटी/आर.ओ.ई.) अर्जित किया।

यदि 1 करोड़ रुपए की कुल परिसंपत्ति वाली किसी व्यावसायिक निगम/कंपनी के स्वामी हैं, जिसकी कुल देनदारियाँ 40 लाख रुपए हैं तो इसका अर्थ यह हुआ कि आपने उसमें 60 लाख रुपए का अपना पूँजी निवेश किया हुआ है, जो उस कंपनी का शेयरधारक औचित्य (शेयरहोल्डर्स इक्विटी) कहा जाएगा।

इसी प्रकार, यदि 1 करोड़ रुपए की कुल परिसंपत्ति वाली किसी व्यावसायिक निगम/कंपनी के स्वामी हैं, जिसकी कुल देनदारियाँ 40 लाख रुपए हैं तो इसका अर्थ यह हुआ कि आपने उसमें 60 लाख रुपए का अपना पूँजी निवेश किया हुआ है, जो उस कंपनी का शेयरधारक औचित्य (शेयरहोल्डर्स इक्विटी) कहा जाएगा। यदि उस कंपनी ने कर भुगतान करने के बाद 19.80 लाख रुपए का शुद्ध लाभ अर्जित किया तो इसका अर्थ होगा कि उसने आपके लिए (अपने शेयरधारक के लिए) 33 प्रतिशत की दर से औचित्य-लाभ (रिटर्न ऑन इक्विटी/आर.ओ.ई.) अर्जित किया।

ऐसी स्थिति में, यदि भारतीय कंपनियाँ सामूहिक रूप से औसत 12 प्रतिशत की दर से औचित्य-लाभ (रिटर्न ऑन इक्विटी/आर.ओ.ई.) अर्जित कर रही हैं तो आपकी कंपनी 'औसत से ऊपर' (एवव एवरेज) कही जाएगी। और जिन

कंपनियों औचित्य-लाभ दर 12 प्रतिशत से कम होगी, वे 'औसत से नीचे' (बिलो एवरेज) कही जाएँगी। स्पष्ट है कि आप भी औसत से ऊपर औचित्य-लाभ अर्जित करनेवाली कंपनियों में ही निवेश करना पसंद करेंगे, क्योंकि वे ही आपके निवेश को अधिक तेजी से बढ़ा पाने, अर्थात् आपको अधिक धनवान् बना पाने की स्थिति में हैं।

> **वॉरेन अपने निवेश के लिए उन कंपनियों को श्रेष्ठ मानते रहे हैं, जो कम-से-कम पिछले दस वर्षों से औसतन 15 प्रतिशत औचित्य-लाभ दर अर्जित कर पाने में सक्षम थीं, अर्थात् वॉरेन ने अपने मूल्यवान् धन का निवेश उन्हीं कंपनियों में किया था, जो उसके लिए निश्चित तौर पर औसत से भी अधिक बढ़त कर पाने में सक्षम थीं।**

लेकिन वॉरेन अपने निवेश के लिए उन कंपनियों को श्रेष्ठ मानते रहे हैं, जो कम-से-कम पिछले दस वर्षों से औसतन 15 प्रतिशत औचित्य-लाभ दर अर्जित कर पाने में सक्षम थीं, अर्थात् वॉरेन ने अपने मूल्यवान् धन का निवेश उन्हीं कंपनियों में किया था, जो उसके लिए निश्चित तौर पर औसत से भी अधिक बढ़त कर पाने में सक्षम थीं। जी हाँ, जब वॉरेन ने जनरल फूड कॉरपोरेशन के शेयर खरीदना शुरू किया था तो उसका औसत औचित्य-लाभ 16 प्रतिशत था। इसी प्रकार, जब उसने कोकाकोला के शेयर खरीदने शुरू किए थे तो वह 33 प्रतिशत औचित्य-लाभ अर्जित कर रही थी और पिछले पाँच वर्षों का औसत लगभग 25 प्रतिशत था। 'हर्शे' (चॉकलेट) वॉरेन की पसंदीदा कंपनियों में से एक थी, क्योंकि उसके पिछले दस वर्षों के औचित्य-लाभ दर का औसत 16.7 प्रतिशत था। इसी प्रकार, वॉरेन ने जब फिलिप मोरिस के शेयर खरीदने शुरू किए थे तो वह पिछले दस वर्षों में 30.5 प्रतिशत का औसत औचित्य-लाभ अर्जित कर रही थी। इसी प्रकार, सन् 1995 में जब वॉरेन कैपिटल सिटीज की बड़ी शेयर हिस्सेदारी थी तो वह 18 प्रतिशत की दर से औचित्य-लाभ अर्जित कर रही थी। इसी प्रकार, जब सर्विस मास्टर ग्लोबल होल्डिंग 40 प्रतिशत से अधिक और गैनेट कॉरपोरेशन 25 प्रतिशत की दरों पर औचित्य-लाभ अर्जित कर रही थीं, तब वॉरेन ने उन कंपनियों के शेयर खरीदे थे।

पाँचवाँ प्रश्न : क्या कंपनी अपने लाभ को प्रतिधारित करती है?

> **जो कंपनियाँ उच्च दर पर लाभांश का भुगतान करने की बजाय अपनी शुद्ध आय को प्रतिधारित (रिटेन) कर उसका अधिक लाभकारी उद्यमों में पुनर्निवेश करने में सक्षम हैं, वे अपने मूल शेयर के मूल्य-वर्धन के माध्यम से शेयरधारकों को चक्रवृद्धि लाभ अर्जित करने का अवसर प्रदान करती हैं।**

वॉरेन बफे का मानना है कि जो कंपनियाँ उच्च दर पर लाभांश का भुगतान करने की बजाय अपनी शुद्ध आय को प्रतिधारित (रिटेन) कर उसका अधिक लाभकारी उद्यमों में पुनर्निवेश करने में सक्षम हैं, वे अपने मूल शेयर के मूल्य-वर्धन के माध्यम से शेयरधारकों को चक्रवृद्धि लाभ अर्जित करने का अवसर प्रदान करती हैं। वॉरेन ने अपनी नियंत्रक कंपनी बर्कशायर हैथवे में ऐसा ही किया है। लेकिन उन्होंने भी स्वीकार किया है कि अपनी आय को प्रतिधारित करनेवाली सभी कंपनियाँ ऐसा कर पाने में सक्षम नहीं होती हैं। इसीलिए हमें ऐसी कंपनियों के इतिहास पर पैनी दृष्टि डालनी चाहिए।

छठा प्रश्न : कंपनी अपने वर्तमान परिचालन को बनाए रखने पर कितना खर्च करती है?

आय अर्जित करना, आय को प्रतिधारित करना और प्रतिधारित आय को वर्तमान परिचालन को बनाए रखने पर व्यय न करना—तीनों अलग-अलग बातें हैं। किसी कंपनी में निवेश करने से पहले वॉरेन बफे इन तीनों आँकड़ों की गहरी छानबीन करते हैं, क्योंकि यदि कंपनी प्रतिधारित आय को अपने वर्तमान व्यवसाय को सँभालने पर ही व्यय कर देती है तो उसके पास अधिक लाभकारी उद्यम में पुनर्निवेश करने और अपने शेयरधारकों के लिए अधिक मूल्य अर्जित करने के लिए धन ही नहीं बचता।

उदाहरण के लिए, यदि कोई कंपनी प्रति वर्ष 1 करोड़ रुपए की शुद्ध आय अर्जित कर रही है। वह अपने शेयरधारकों को लाभांश भुगतान करने की बजाय उसे प्रतिधारित करती है; लेकिन उसे अपने वर्तमान परिचालन को बनाए रखने के लिए हर दूसरे वर्ष अपने संयंत्र (प्लांट) व उपकरणों (इक्विपमेंट) को बदलने पर

प्रतिवर्ष 2 करोड़ रुपए खर्च करने पड़ते हैं, तो स्पष्ट है कि वास्तव में कंपनी की शुद्ध आय की दर शून्य है। जी हाँ, वॉरेन उसी व्यावसायिक परिचालन को उत्कृष्ट (एक्सीलेंट) मानते हैं, जिसे अपने संयंत्र या उपकरणों के बदलाव के लिए अपनी शुद्ध आय में से शून्य खर्च करना पड़ता है।

वॉरेन प्रदर्शित करते थे कि विघटित होने से पहले एटी एंड टी शेयरधारकों के लिए खराब निवेश विकल्प थी। हालाँकि वह बहुत अच्छी आय अर्जित करती थी, लेकिन उसे अपनी पूँजीगत आवश्यकताओं–शोध एवं विकास (रिसर्च एंड डेवलपमेंट/आर.एंड डी.) तथा आधारभूत ढाँचे (इन्फ्रास्ट्रक्चर) के लिए अपनी आय से भी अधिक अतिरिक्त धन एकत्रित करना पड़ता था। अपने विस्तार के वित्त-पोषण के लिए एटी एंड टी नए शेयर व ब्रांड जारी करती थी।

वास्तव में, जब वॉरेन बफे अपने गृहनगर ओमाहा स्थित नेब्रास्का ओमाहा विश्वविद्यालय के कॉलेज ऑफ बिजनेस एडमिनिस्ट्रेशन में निवेश पर रात्रिकालीन वर्ग संचालित करते थे तो वह कंपनियों की पूँजी की आवश्यकता एवं उसके प्रभाव पर व्याख्यान दिया करते थे। इस संदर्भ में, एटी एंड टी और थॉमसन पब्लिशिंग के उदाहरण देते थे। वॉरेन प्रदर्शित करते थे कि विघटित होने से पहले एटी एंड टी शेयरधारकों के लिए खराब निवेश विकल्प थी। हालाँकि वह बहुत अच्छी आय अर्जित करती थी, लेकिन उसे अपनी पूँजीगत आवश्यकताओं—शोध एवं विकास (रिसर्च एंड डेवलपमेंट/आर.एंड डी.) तथा आधारभूत ढाँचे (इन्फ्रास्ट्रक्चर) के लिए अपनी आय से भी अधिक अतिरिक्त धन एकत्रित करना पड़ता था। अपने विस्तार के वित्त-पोषण के लिए एटी एंड टी नए शेयर व ब्रांड जारी करती थी। इसके विपरीत, थॉमसन पब्लिशिंग जैसी कंपनियाँ एकल समाचार-पत्र वाले शहरों में बहुत से समाचार-पत्रों के प्रकाशन करती थीं और शेयरधारकों से बहुत धन बनाती थीं। उसके लिए ऐसा कर पाना इसलिए संभव होता था कि एक बार मुद्रणालय (प्रिंटिंग प्रेस) सबंधी आधारभूत ढाँचा स्थापित किए जाने के बाद उसे बहुत ही कम पूँजीगत आवश्यकताएँ होती थीं और उसे अपने शेयरधारकों के धन को शोषित करने की

जरूरत नहीं पड़ती थी। इस तरह, उसके पास नए समाचार-पत्रों को खरीदने तथा अपने शेयरधारकों को और अधिक धनवान् बनाने के लिए बहुत अधिक नकदी होती थी।

इस तरह, वॉरेन बफे यह पाठ पढ़ाने की कोशिश करते थे कि एक व्यवसाय बिना अधिक पूँजीगत आवश्यकताओं के भी अपना मूल्य-वर्धन कर पा रहा था, जबकि दूसरे व्यवसाय केवल इसलिए अपनी वृद्धि कर पा रहे थे, क्योंकि उसमें अतिरिक्त पूँजी का निवेश किया जा रहा था।

इस प्रकार की घटना का संदर्भ अमेरिकी मोटर वाहन कंपनी जनरल मोटर्स के बारे में भी दिया जा सकता था। वर्ष 1985 के प्रारंभ से लेकर 1995 के अंत के बीच जनरल मोटर्स की प्रति शेयर औसत आय लगभग 17.92 डॉलर थी और उसने प्रति शेयर 20.60 डॉलर का औसत लाभांश भुगतान किया था। लेकिन इस दौरान कंपनी को अपने व्यवसाय के रख-रखाव, सुधार व विस्तार के लिए कुल प्रति शेयर 102.34 डॉलर की पूँजीगत आवश्यकत्ताओं की पूर्ति करनी पड़ी थी। इस प्रकार, जनरल मोटर्स को इन दस वर्षों के बीच अपनी आय की तुलना में अधिक लाभांश भुगतान के लिए प्रति शेयर 2.68 डॉलर (20.60–17.92) के साथ पूँजीगत आवश्यकताओं के लिए प्रति शेयर 102.34 डॉलर का भी जुगाड़ करना पड़ा था।

कंपनी के फाइनेंशियल रिकॉर्ड्स बताते हैं कि इस अवधि के दौरान उसने अपने ऋण खाते में लगभग 33 अरब डॉलर की राशि जोड़ी थी, अर्थात् कंपनी ने प्रति शेयर लगभग 43.70 डॉलर का ऋण-बोझ बढ़ा लिया था। स्पष्ट है कि केवल ऋण से कंपनी की आवश्यकताएँ पूरी नहीं हुई थीं। इस अवधि के दौरान कंपनी ने अपने सामान्य स्वामित्व (कॉमन स्टॉक) में से 13.20 करोड़ नए शेयर जारी किए थे।

अब सहज ही प्रश्न खड़ा होता है कि जनरल मोटर्स ने इतनी बड़ी राशि की व्यवस्था किस प्रकार की थी? जी हाँ, कंपनी के फाइनेंशियल रिकॉर्ड्स बताते हैं कि इस अवधि के दौरान उसने अपने ऋण खाते में लगभग 33 अरब डॉलर की राशि जोड़ी थी, अर्थात् कंपनी ने प्रति शेयर लगभग 43.70 डॉलर का ऋण-बोझ बढ़ा लिया था। स्पष्ट है कि केवल ऋण से कंपनी की आवश्यकताएँ पूरी नहीं हुई थीं। इस

अवधि के दौरान कंपनी ने अपने सामान्य स्वामित्व (कॉमन स्टॉक) में से 13.20 करोड़ नए शेयर जारी किए थे। इसका परिणाम यह हुआ था कि इस अवधि के दौरान जनरल मोटर्स के प्रति शेयर खाता मूल्य/निवल मूल्य (बुक वैल्यू/नेटवर्थ) में 34.29 डॉलर की गिरावट आई थी। उसका प्रति शेयर खाता मूल्य वर्ष 1985 के 45.99 डॉलर के स्तर से गिरते हुए 1995 में 11.70 डॉलर रह गया था।

लेकिन आश्चर्य, जनरल मोटर्स के प्रति शेयर बाजार मूल्य में कोई गिरावट नहीं आई थी। वह वर्ष 1985 के आरंभ में 40 डॉलर प्रति शेयर की दर पर खरीदा-बेचा जा रहा था और दस वर्षों बाद भी उसका बाजार मूल्य उसी स्तर पर झूल रहा था। इसका अर्थ यह हुआ कि दस वर्षों की व्यावसायिक गतिविधियों के बावजूद जनरल मोटर्स ने अपने शेयरधारकों के पूँजी मूल्य में कोई बढ़त नहीं की, क्योंकि वह 33 अरब डॉलर के ऋण-बोझ तथा 13.20 करोड़ नए शेयर जारी कर मूल शेयरधारक के सारे पूँजी मूल्य को अपनी पूँजी आवश्यकताओं की पूर्ति में निगल गई तो मूल शेयरधारक को अपने निवेश पर क्या मिला? बस, 20.60 डॉलर प्रति शेयर का लाभांश। यदि इसका कर पूर्व (प्री टैक्स) चक्रवृद्धि लाभ निकालें तो वह लगभग 5.8 प्रतिशत होगा। अब, यदि इसमें से कर व मुद्रास्फीति (इन्फ्लेशन) को संयोजित कर दिया जाए तो पता चलेगा कि इन दस वर्षों में निवेशित पूँजी ने अपना वास्तविक मूल्य ही खो दिया।

यदि इसका कर पूर्व (प्री टैक्स) चक्रवृद्धि लाभ निकालें तो वह लगभग 5.8 प्रतिशत होगा। अब, यदि इसमें से कर व मुद्रास्फीति (इन्फ्लेशन) को संयोजित कर दिया जाए तो पता चलेगा कि इन दस वर्षों में निवेशित पूँजी ने अपना वास्तविक मूल्य ही खो दिया।

और ऐसा इसलिए हुआ कि मोटर वाहन उद्योग की पूँजीगत आवश्यकताएँ ही भीषण होती हैं। चूँकि कार व ट्रक के प्रारूप लगातार बदलते रहे थे, इसलिए जनरल मोटर्स को नई आवश्यकताओं के अनुसार अपने विनिर्माण संयंत्रों को लगातार आधुनिक बनाए रखना पड़ा था। चूँकि उसकी पूँजीगत आवश्यकता की लागत उसकी कुल आय से अधिक थी, इसलिए उसे अपने ऊपर ऋण का बोझ भी बढ़ाना पड़ा था और नए शेयर जारी कर अतिरिक्त पूँजी भी इकट्ठा करनी पड़ी थी। इस प्रकार, स्वयं को व्यवसाय में बनाए रखने के लिए जनरल मोटर्स अपने शेयरधारकों

की पूँजी का मूल्य वर्धन कर पाने में बुरी तरह असफल रही।

हमें भी ऐसे व्यवसाय में निवेश से बचना चाहिए, जिन्हें अपने आधारभूत ढाँचे तथा शोध एवं विकास पर लगातार पूँजीगत आवश्यकता होती है; क्योंकि ऐसे व्यवसाय में संलग्न कंपनियों का प्रबंधन भले ही कितना भी कुशल क्यों न हो, वे अपने शेयरधारकों को अपने पूँजी निवेश पर चक्रवृद्धि लाभ अर्जित करने का अवसर नहीं दे पाती हैं।

यही कारण था कि वॉरेन बफे ने कभी भी जनरल मोटर्स जैसी कंपनियों के व्यवसाय में, अर्थात् मोटर-वाहन वैसे व्यवसाय में—जिसे अपने को बनाए रखने के लिए शेयरधारक के मूल्य को व्यय करना पड़ता है—में निवेश नहीं किया था। स्पष्ट है कि हमें भी ऐसे व्यवसाय में निवेश से बचना चाहिए, जिन्हें अपने आधारभूत ढाँचे तथा शोध एवं विकास पर लगातार पूँजीगत आवश्यकता होती है; क्योंकि ऐसे व्यवसाय में संलग्न कंपनियों का प्रबंधन भले ही कितना भी कुशल क्यों न हो, वे अपने शेयरधारकों को अपने पूँजी निवेश पर चक्रवृद्धि लाभ अर्जित करने का अवसर नहीं दे पाती हैं।

सातवाँ प्रश्न : क्या कंपनी प्रतिधारित आय को लाभकारी विकल्पों में पुनर्निवेशित कर पाने की स्थिति में है?

उत्कृष्ट व्यवसाय चुनने के क्रम में वॉरेन बफे हमेशा इस तथ्य की छानबीन करते रहे हैं कि क्या संबंधित कंपनी प्रतिधारित आय (रिटेंड इन्कम) को लाभकारी विकल्पों में पुनर्निवेशित कर पाने की स्थिति में है? ध्यान रहे कि वॉरेन का मूल निवेश-दर्शन है—व्यावसायिक दृष्टिकोण से निवेश, अर्थात् वह निवेश, जो उसे अपनी पूँजी पर सामान्य से अधिक लाभ कमाने का अवसर प्रदान करे। सामान्य से अधिक लाभ कमाने का अर्थ ऐसे निवेश विकल्प से है, जो बैंक या सरकारी ऋण प्रपत्रों (गवर्नमेंट बॉण्ड्स) की तुलना में बिना किसी जोखिम के अधिक लाभ कमाने के अवसर प्रदान कर सके।

मान लें, आप हर वर्ष 10 हजार रुपए की बचत करते हैं और उसे अपनी लमारी में जमा करते जाते हैं, तो दस वर्षों के बाद आपके पास कुल जमा राशि

बढ़कर 1 लाख रुपए हो जाएगी। यदि आपने उसी बचत राशि को 5 प्रतिशत वार्षिक ब्याज देनेवाले किसी बैंक के आवर्ती जमा खाते (रेकरिंग डिपाजिट अकाउंट) में जमा किया होता तो दसवें वर्ष के अंत में वह 1,32,067 रुपए हो जाती। मान लें, आपने वॉरेन की तरह 23 प्रतिशत वार्षिक चक्रवृद्धि लाभ अर्जित करनेवाले निवेश विकल्पों में अपनी बचत राशि का निवेश किया होता तो वही राशि दसवें वर्ष के अंत में बढ़कर 3,70,388 रुपए हो जाती। और, यदि इसी दर से आपने अपनी राशि को बीस वर्षों तक जमा किया होता तो आपकी वास्तविक 2 लाख रुपए की जमा राशि 33,06,059 रुपए हो सकती थी। अर्थात् वॉरेन की कुशलता से निवेश करने पर 1 लाख रुपए दस वर्षों में 3,70,388 रुपए हो सकती है, अर्थात् आप अपने वास्तविक निवेश पर 2,70,388 रुपए की अतिरिक्त कमाई कर सकते हैं; लेकिन अगले दस वर्षों में आपको अपनी अतिरिक्त 1 लाख रुपए की बचत राशि पर 28,35,671 रुपए की अतिरिक्त कमाई का महान् अवसर मिल सकता है। यही तो है वॉरेन के चक्रवृद्धि लाभ का जादू और जो कंपनी आपके लाभांश को प्रतिधारित कर और अधिक लाभकारी उद्यमों में पुनर्निवेशित कर आपके दीर्घकालीन निवेश पर ऐसी जादुई कमाई दे सकती है, वही वॉरेन की नजर में 'उत्कृष्ट व्यवसाय' है।

जो कंपनी आपके लाभांश को प्रतिधारित कर और अधिक लाभकारी उद्यमों में पुनर्निवेशित कर आपके दीर्घकालीन निवेश पर ऐसी जादुई कमाई दे सकती है, वही वॉरेन की नजर में 'उत्कृष्ट व्यवसाय' है।

जी हाँ, वॉरेन ने अपनी नियंत्रक कंपनी बर्कशायर हैथवे में ऐसा ही तो किया है। उन्होंने अपने निवेशकों को हर वर्ष के अंत में लाभांश का भुगतान नहीं किया, बल्कि उसका अधिक लाभकारी उद्यमों में पुनर्निवेश किया और निवेशकों को अपने शेयर मूल्य में औसत 23 प्रतिशत से भी बहुत अधिक चक्रवृद्धि लाभ अर्जित कर सकने का अवसर प्रदान किया। याद रहे, वॉरेन ने अपने इस जादुई निवेश-दर्शन को उन कंपनियों पर भी लागू किया है, जिनमें उन्होंने अल्पसंख्यक स्वामित्व हिस्सेदारियाँ खरीदी थीं। उदाहरण के लिए, कैपिटल सिटीज को लें तो डिज्नी में विलय से पहले उसने क्या किया था? कैपिटल सिटीज ने अपने भारी नकद-प्रवाह वाले केबल टी.वी. व्यवसाय से अर्जित आय को प्रतिधारित किया

था और उसका उपयोग कर ए.बी.सी. समूह का दूरदर्शन संजाल खरीदा था, जो अपने आप में भारी नकद प्रवाह वाला व्यवसाय था। अर्थात् कैपिटल सिटीज ने अपने शेयरधारकों के प्रतिधारित लाभांश को और अधिक लाभकारी निवेश विकल्प में पुनर्निवेशित किया था। ए.बी.सी. समूह एक प्रकार की उपभोक्ता एकाधिकार कंपनी थी, क्योंकि उस समय टी.वी. व्यवसाय करनेवाली कंपनियों का बाजार क्षेत्र संधीय सरकार के कानून से सुरक्षित था और आज जैसी बाजार-प्रतिस्पर्धा नहीं थी। चूँकि दूरदर्शन केंद्र स्थापित करने के लिए केवल शुरुआती पूँजी निवेश की जरूरत पड़ती है और वह अगले चालीस वर्षों तक टिक सकती है, इसलिए ए.बी.सी. समूह अपने शेयरधारकों की प्रतिधारित आय को पूँजीगत आवश्यकताओं में व्यय करने की बजाय अधिक लाभकारी उद्यम में पुनर्निवेश कर पाने की स्थिति में था।

अमेरिका के किसी भी बाजार क्षेत्र में मुख्य प्रतिस्पर्धी कंपनियों की संख्या तीन (ए.बी.सी, सी.बी.एस. व एन.बी.सी.) ही रही थी और वे अपने हिस्से का विज्ञापन प्राप्त कर पाने में सक्षम थीं। कमोबेश जनसंचार माध्यम व्यवसाय (मीडिया बिजनेस) में आज भी ऐसी ही स्थिति बनी हुई है और यह व्यवसाय दीर्घकालीन निवेश की दृष्टि से अधिक लाभकारी है।

हालाँकि, बाद में प्रतिस्पर्धा बढ़ने के कारण टी.वी. नेटवर्क व्यवसाय उस समय की तरह बहुत अधिक लाभकारी नहीं रहा था, फिर भी वॉरेन लंबे समय तक उसे उत्कृष्ट व्यवसायों में ही गिनते रहे थे, क्योंकि अमेरिका के किसी भी बाजार क्षेत्र में मुख्य प्रतिस्पर्धी कंपनियों की संख्या तीन (ए.बी.सी, सी.बी.एस. व एन.बी.सी.) ही रही थी और वे अपने हिस्से का विज्ञापन प्राप्त कर पाने में सक्षम थीं। कमोबेश जनसंचार माध्यम व्यवसाय (मीडिया बिजनेस) में आज भी ऐसी ही स्थिति बनी हुई है और यह व्यवसाय दीर्घकालीन निवेश की दृष्टि से अधिक लाभकारी है। चूँकि इस व्यवसाय की पूँजीगत आवश्यकताएँ सीमित हैं, इसलिए वह शेयरधारकों की प्रतिधारित आय से अपने बाजार विस्तार को वित्त-पोषित कर सकती है और उन्हें लंबे समय में चक्रवृद्धि लाभ अर्जित करने का अवसर दे सकती हैं।

आठवाँ प्रश्न : क्या कंपनी अपने उत्पाद मूल्य में मुद्रास्फीति को समायोजित करने के लिए स्वतंत्र है?

हम सभी जानते हैं कि मुद्रास्फीति उत्पादों व सेवाओं के मूल्यों में वृद्धि का बड़ा कारण है; लेकिन सभी व्यवसाय अपने उत्पादों व सेवाओं के बाजार मूल्य में मुद्रास्फीति को समायोजित करने की स्थिति में नहीं होती है। अब, यदि वस्तु संबंधी व्यवसाय (कमोडिटी बिजनेस) की स्थिति का विचार करें तो पता चलता है कि श्रम व कच्चे माल की लागत बढ़ने के बावजूद अधिक उत्पादन की स्थिति में इस क्षेत्र की कंपनियाँ अपने उत्पादों के मूल्यों में मुद्रास्फीति को समायोजित करने की बजाय उसे गिराने के लिए मजबूर हो जाती हैं। स्पष्ट है कि वे स्वयं को बाजार में बनाए रखने के लिए अपनी उत्पादन लागत से भी कम मूल्य पर उत्पादों को बेचने की कोशिश में शेयरधारकों की प्रतिधारित आय से अपने घाटे को वित्त-पोषित करती हैं। और, जब इससे भी उनकी पूँजीगत आवश्यकताएँ पूरी नहीं होती हैं तो अपने ऊपर ऋण का बोझ बढ़ाती हैं या फिर नए शेयर जारी कर आवश्यक पूँजी इकट्ठा करती हैं। इसका परिणाम यह होता है कि कंपनी का खाता मूल्य/निवल मूल्य (बुक वैल्यू/नेटवर्थ) गिरता जाता है और वह अपने शेयरधारकों के पूँजी-निवेश के मूल्य को बढ़ा पाने की स्थिति में नहीं होती है।

विमानन कंपनियों की सभी प्रकार की स्थिर लागतें (फिक्स्ड कास्ट) मुद्रास्फीति बढ़ने के कारण बढ़ती रहती हैं। और, जब इन कंपनियों के बीच प्रतिस्पर्धा शुरू होती है तो उन्हें स्वयं को व्यवसाय में बनाए रखने के लिए अपनी वास्तविक लागत से भी कम मूल्य पर टिकटें बेचनी पड़ती हैं।

विमानन व्यवसाय में भी समय-समय पर ऐसी ही स्थितियाँ आती हैं। विमानन कंपनियों की सभी प्रकार की स्थिर लागतें (फिक्स्ड कास्ट) मुद्रास्फीति बढ़ने के कारण बढ़ती रहती हैं। और, जब इन कंपनियों के बीच प्रतिस्पर्धा शुरू होती है तो उन्हें स्वयं को व्यवसाय में बनाए रखने के लिए अपनी वास्तविक लागत से भी कम मूल्य पर टिकटें बेचनी पड़ती हैं। स्पष्ट है कि वे भी शेयरधारकों की प्रतिधारित आय को अपनी पूँजीगत आवश्यकताओं की पूर्ति के लिए उपयोग करने, ऋण का बोझ बढ़ाने एवं नए शेयर जारी कर अतिरिक्त पूँजी की व्यवस्था करने के लिए मजबूर

होती हैं। ऐसी स्थिति में उनके पास लाभकारी विकल्पों में पुनर्निवेश करने के लिए पूँजी ही नहीं बच पाती है और वे शेयरधारकों के मूल पूँजी निवेश का उचित मूल्य-वर्धन नहीं कर पाती हैं।

> **जी हाँ, वॉरेन ऐसे व्यवसायों से स्वयं को दूर ही रखते हैं, जो शेयरधारकों की प्रतिधारित आय को अधिक लाभकारी विकल्पों में पुनर्निवेशित कर पाने की स्थिति में नहीं होते हैं, क्योंकि वे अपने उत्पादों के मूल्यों में मुद्रास्फीति को संयोजित करने के लिए स्वतंत्र नहीं होते हैं।**

जी हाँ, वॉरेन ऐसे व्यवसायों से स्वयं को दूर ही रखते हैं, जो शेयरधारकों की प्रतिधारित आय को अधिक लाभकारी विकल्पों में पुनर्निवेशित कर पाने की स्थिति में नहीं होते हैं, क्योंकि वे अपने उत्पादों के मूल्यों में मुद्रास्फीति को संयोजित करने के लिए स्वतंत्र नहीं होते हैं।

नौवाँ प्रश्न : क्या प्रतिधारित आय द्वारा जोड़ा गया मूल्य कंपनी के बाजार मूल्य में वृद्धि करता है?

वॉरेन के गुरु बेंजामिन ग्राहम ने भी अपने व्यावसायिक जीवन के अंतिम वर्षों में कहा था कि पूँजी बाजार दो घटकों से बना हुआ है। पहला दीर्घकालीन निवेश (लॉन्ग टर्म इन्वेस्टमेंट) केंद्रित है, ताकि समय के साथ कंपनी की स्वामित्व हिस्सेदारी (शेयर) का बाजार मूल्य आंतरिक मूल्य (इंट्रिन्सिक वैल्यू) को प्रतिबिंबित करेगा; लेकिन दूसरा घटक जुआघर जैसा है, जहाँ लोग बाजार मूल्यों के लघुकालिक उतार-चढ़ाव पर दाँव लगाते हैं।

ग्राहम का मानना था कि बाजार के जुआघर हिस्से के समीकरण पर ऐसी संस्थाओं व लोगों का दबदबा होता है, जो शेयर के मूल्य पर दैनिक सूचनाओं के प्रभाव पर अटकलबाजियाँ करते हैं। साथ ही, ग्राहम का यह भी मानना था कि बाजार का यह जुआघर पहलू ही धैर्यवान् निवेशकों को, जिनका ध्यान दीर्घकालीन निवेश पर केंद्रित होता है, अपनी कारीगरी का अभ्यास करने के अवसर प्रदान करता है। कुछ समय के लिए जब बाजार पर, जुआरी मानसिकता वाली संस्थाओं पर लोगों के डर व लालच का दबदबा होता है, तब बाजार मूल्य भी अतार्किक रूप से गिर जाते हैं, जो धैर्यवान् निवेशकों को कंपनियों के शेयर को आंतरिक मूल्य से भी कम पर खरीदने का अवसर प्रदान करते हैं।

निश्चित रूप से, वॉरेन ने भी अपने व्यावसायिक जीवन में अपने गुरु के इस सिद्धांत को ही अपनाया था, लेकिन उसमें एक जोड़ भी किया था। वॉरेन का मानना रहा है कि यदि कंपनी सही ढंग से पूँजी का आवंटन करे और अपने खाता मूल्य/निवल मूल्य (बुक वैल्यू/नेटवर्थ) में लगातार वृद्धि करती रहे तो बाजार की दीर्घकालिक निवेश प्रवृत्ति उसे कंपनी के शेयर के बाजार मूल्य में लगातार प्रतिबिंबित करती रहेगी। वॉरेन की अपनी कंपनी बर्कशायर हैथवे में ऐसा ही हुआ था। कंपनी शेयरधारकों की आय को लाभकारी निवेशों में आवंटित कर अपने खाता मूल्य को बढ़ाती रही थी, जो उसके शेयर के बाजार मूल्य में प्रतिबिंबित होती रही थी। यही कारण था कि उत्कृष्ट कंपनियों की खोजबीन करते समय वॉरेन इस तथ्य की जाँच भी अवश्य करते थे कि प्रतिधारित आय द्वारा जोड़ा गया मूल्य कंपनी के बाजार मूल्य में वृद्धि करता है या नहीं।

वॉरेन का मानना रहा है कि यदि कंपनी सही ढंग से पूँजी का आवंटन करे और अपने खाता मूल्य/निवल मूल्य (बुक वैल्यू/नेटवर्थ) में लगातार वृद्धि करती रहे तो बाजार की दीर्घकालिक निवेश प्रवृत्ति उसे कंपनी के शेयर के बाजार मूल्य में लगातार प्रतिबिंबित करती रहेगी। वॉरेन की अपनी कंपनी बर्कशायर हैथवे में ऐसा ही हुआ था।

…और, इन्हीं नौ प्रश्नों ने वॉरेन बफे को उत्कृष्ट कंपनियों को चुनने और उनमें दीर्घकालिक निवेश के माध्यम से जादुई चक्रवृद्धि लाभ कमाने के अवसर खोजने में सफल बनाया था।

□

अध्याय-3

सही प्रबंधक का चयन

वर्ष 2016 में, 8 नवंबर को डोनाल्ड ट्रंप के संयुक्त राज्य अमेरिका के 45वें राष्ट्रपति चुने जाने के एक माह बाद, दिसंबर के मध्य में जब प्रमुख शेयर बाजार सूचकांक डॉव जोन्स इंडस्ट्रियल एवरेज (डी.जे.आई.ए.) 20,000 अंकों के नजदीक पहुँच रहा था, तब अमेरिका ही नहीं, बल्कि समूचा विश्व अंतरराष्ट्रीय राजनीति में आनेवाले नए बदलावों की चर्चाओं में डूबा हुआ था। उस समय शायद बहुत कम लोगों ने ही शेयर बाजार की तेजी के शीर्ष लाभार्थियों में से एक वॉरेन बफे के बारे में सोचा होगा। 13 दिसंबर को उनकी कंपनी बर्कशायर हैथवे का प्रति शेयर मूल्य पहली बार 2,49,711 डॉलर के स्तर पर पहुँच गया था, जिसने थोड़े उतार-चढ़ाव के बाद 1 मार्च, 2017 को 2,66,013 डॉलर की ऐतिहासिक ऊँचाई को प्राप्त कर लिया था।

करीब 52 वर्ष पहले, मई 1965 में, वॉरेन बफे ने बर्कशायर हैथवे की कमान सँभाली थी। इस दौरान बर्कशायर हैथवे के शेयर की कीमत 21 प्रतिशत वार्षिक दर से बढी थी, जबकि डॉव जोन्स इंडस्ट्रियल एवरेज (डी.जे.आई.ए.) का औसत वार्षिक प्रतिफल (एनुअल रिटर्न) केवल 2.075 प्रतिशत ही रहा। स्पष्ट है, बफे की कंपनी का यह कार्य-प्रदर्शन मन की उड़ान के भी पार चला गया था। इस प्रकार यदि किसी निवेशक ने सन् 1964 में बर्कशायर हैथवे के शेयर में 1,000 डॉलर का निवेश किया होता तो बावन वर्षों में वह राशि बढ़कर 4.5 करोड़ डॉलर हो गई होती। अब, सबसे बड़ा प्रश्न यही है कि वॉरेन बफे के लिए इतना आश्चर्यकारी कार्य-प्रदर्शन कैसे संभव हुआ? अधिकांश लोग बस, यही कहेंगे कि वह विश्व के सबसे महान् निवेशक हैं। इस तथ्य में शक की कोई गुंजाइश नहीं है कि वॉरेन बफे हमारे समय के सबसे बड़े व सबसे सफल निवेशक रहे हैं, लेकिन

यह प्रश्न का पूरा उत्तर नहीं है। लेकिन बफे के संबंध में सबसे अधिक अनदेखा किया जानेवाला दृष्टिकोण यह है कि वह असाधारण रूप से सफल प्रबंधक भी रहे हैं। और, यह व्यापार जगत् के नेतृत्वकर्ताओं के लिए सबसे अधिक हितकारी व प्रेरक दृष्टिकोण है।

वॉरेन बफे अकेले व्यक्ति विशेष हैं, जो लगातार बावन वर्षों से बर्कशायर हैथवे जैसे विशाल बहुराष्ट्रीय बहुव्यापारिक संगठन की कमान सँभाले हुए हैं। यह विशेष ध्यान देनेवाला तथ्य है। अमेरिका के व्यावसायिक इतिहास में संभवतः सबसे अधिक चर्चित मुख्य कार्यकारी अधिकारी (सी.ई.ओ.), जिन्होंने जनरल मोटर्स को तेईस वर्षों तक चलाया था।

जी हाँ, वॉरेन बफे अकेले व्यक्ति विशेष हैं, जो लगातार बावन वर्षों से बर्कशायर हैथवे जैसे विशाल बहुराष्ट्रीय बहुव्यापारिक संगठन की कमान सँभाले हुए हैं। यह विशेष ध्यान देनेवाला तथ्य है। अमेरिका के व्यावसायिक इतिहास में संभवतः सबसे अधिक चर्चित मुख्य कार्यकारी अधिकारी (सी.ई.ओ.), जिन्होंने जनरल मोटर्स को तेईस वर्षों तक चलाया था। जॉन डी. रॉकफेलर ने सत्ताईस वर्षों तक स्टैंडर्ड आयल को संचालित किया था और हाल के समय में बिल गेट्स पच्चीस वर्षों तक माइक्रोसॉफ्ट के मुख्य कार्यकारी अधिकारी रहे थे। लेकिन विचित्र बात यह है कि विश्व भर के निवेशक बफे के निवेश दृष्टिकोण की नकल करने की कोशिश करते हैं, फिर भी यह कहना ही उचित है कि उनके प्रबंधकीय प्रारूप (मैनेजमेंट मॉडल) का निगमित कार्य संस्कृति (कॉर्पोरेट वर्क कल्चर) पर कोई असर नहीं पड़ा है। इस संबंध में बफे के पुराने साथी तथा बर्कशायर हैथवे के उपाध्यक्ष चार्ली मुँगेर ने शेयरधारकों को लिखे, 2016 के वार्षिक पत्र में कहा है, "बर्कशायर प्रणाली उसकी सफलता के लिए आवश्यक है। मुझे पता नहीं किसी अन्य बड़े निगम में कुछ ऐसे तत्त्वों का आधा भी है।"

प्राधिकार सौंपने की कला का विकास

जब बर्कशायर हैथवे लगातार बड़ा, और अधिक बड़ा होता गया था और विभिन्न प्रकार के व्यवसायों को संचालित करने लगा था, तब वॉरेन बफे ने महसूस

किया था कि अब 'प्राधिकार का सौंपा जाना' (डेलिगेशन ऑफ अथॉरिटी) बहुत आवश्यक हो गया था। यह केवल उसके अच्छे मानसिक स्वास्थ्य, अर्थात् सामान्य एवं तर्कसंगत तरीके से सोचने व व्यवहार करने की क्षमता के लिए ही नहीं, बल्कि यह सुनिश्चित करने के लिए भी आवश्यक था कि कंपनियाँ सुयोग्य तरीके से संचालित हों और प्रबंधक उन्हें संचालित करने में आनंद का अनुभव कर सकें। यदि किसी प्रबंधन कुशलता को विशिष्ट रूप से वॉरेन बफे का बताया जा सकता है तो वह है उनकी 'प्राधिकार सौंपने' की इच्छा व तत्परता। वास्तव में, वॉरेन ने अपने प्रबंधकों को बिना किसी सीमा के प्राधिकार सौंपने का जो साहस दिखाया है, वह अधिकांश मुख्य कार्यकारी अधिकारियों के लिए चिंता का कारण बन सकता है। और, यही वह सबसे बड़ा कारण है कि वॉरेन बफे बर्कशायर हैथवे जैसे प्रादेशिक कपड़ा कारखाने को विशाल बहुराष्ट्रीय बहुव्यापारिक संगठन में बदलने में सफल हुए हैं।

बर्कशायर हैथवे 88 से अधिक विभिन्न प्रकार के व्यवसाय करनेवाली कंपनियों की स्वामित्वधारी सार्वजनिक कंपनी है। वे सभी कंपनियाँ संपूर्ण अधिकार संपन्न प्रबंधकों की देख-रेख में संचालित होती हैं। उन कंपनियों में कुल 3,67,700 (2016) कर्मचारी काम करते हैं और वॉरेन बफे अपने गृहनगर ओमाहा स्थित मुख्यालय में शीर्ष पर बैठकर उनका मार्गदर्शन करते हैं।

जी हाँ, बर्कशायर हैथवे 88 से अधिक विभिन्न प्रकार के व्यवसाय करनेवाली कंपनियों की स्वामित्वधारी सार्वजनिक कंपनी है। वे सभी कंपनियाँ संपूर्ण अधिकार संपन्न प्रबंधकों की देख-रेख में संचालित होती हैं। उन कंपनियों में कुल 3,67,700 (2016) कर्मचारी काम करते हैं और वॉरेन बफे अपने गृहनगर ओमाहा स्थित मुख्यालय में शीर्ष पर बैठकर उनका मार्गदर्शन करते हैं। वर्ष 1999 की वार्षिक रिपोर्ट में बर्कशायर हैथवे के शेयरधारकों को संबोधित करते हुए वॉरेन बफे ने स्वयं ही अपनी प्रबंधकीय कुशलता की ऐसी कहानी सुनाई थी, जो आप कभी भी कहीं और नहीं पढ़ सकते—

"बर्कशायर के प्रबंधकों का संग्रह कई महत्त्वपूर्ण तरीके से असामान्य है। एक उदाहरण के रूप में, इन पुरुषों व महिलाओं का बहुत अधिक

प्रतिशत स्वतंत्र रूप से धनी है। वे जिन व्यवसायों को चलाते हैं, उनमें अपने सौभाग्य बनाए हैं। वे न तो इसलिए काम करते हैं, क्योंकि उन्हें धन की आवश्यकता है और न ही वे अनुबंधित रूप से बाध्य हैं। हमारे पास बर्कशायर में कोई अनुबंध नहीं है, बल्कि वे लंबे समय तक और मुश्किल काम करते हैं, क्योंकि वे अपने व्यवसायों से प्यार करते हैं। और मैं सोच-समझकर 'उनके' शब्द का प्रयोग करता हूँ, क्योंकि ये प्रबंधक वास्तव में प्रभारी (इंचार्ज) हैं। ओमाहा में कोई दिखाने-सुनाने की प्रस्तुति नहीं की जाती है। मुख्यालय द्वारा स्वीकृत किए जानेवाला कोई भी बजट नहीं है। पूँजी व्यय (कैपिटल एक्सपेंडीचर) के बारे में कोई भी निर्देश जारी नहीं किया गया है। हम बस, अपने प्रबंधकों से अपनी कंपनियों को चलाने के लिए कहते हैं, जैसे ये उनके परिवारों की एकमात्र संपत्ति हो—और अगली शताब्दी तक ऐसा ही रहेगा।

''चार्ली (मुँगेर) और मैं अपने प्रबंधकों के साथ ठीक उसी प्रकार से व्यवहार करते हैं, जैसे कि हम बर्कशायर के शेयरधारकों के साथ व्यवहार करने का प्रयास करते हैं। हम दोनों समूहों के साथ वैसा ही बरताव करते हैं, जैसा कि अगर हमारी स्थिति उलट गई तो हम बरताव चाहेंगे, हालाँकि *'काम' मेरे लिए आर्थिक रूप से कुछ भी नहीं है। मुझे कुछ सरल कारणों से बर्कशायर में यह करना पसंद है—जैसा कि मुझे उचित लगता है, यह मुझे उपलब्धि की भावना, काम करने की स्वतंत्रता और मुझे उन लोगों के साथ हर दिन करने का अवसर देता है, जिन्हें मैं पसंद करता हूँ, भरोसा करता हूँ। हमारे प्रबंधकों—वे जो करते हैं, उनमें निपुण कलाकार हैं, को अलग ढंग से चीजों को क्यों देखना चाहिए?*

यह मुझे उपलब्धि की भावना, काम करने की स्वतंत्रता और मुझे उन लोगों के साथ हर दिन करने का अवसर देता है, जिन्हें मैं पसंद करता हूँ, भरोसा करता हूँ।

''बर्कशायर के साथ अपने संबंधों में हमारे प्रबंधक अकसर राष्ट्रपति कैनेडी के प्रभार में होने जैसे दिखते हैं, 'यह न पूछें कि आपका देश आपके लिए क्या कर सकता है; पूछें कि आप अपने देश के लिए क्या कर सकते हैं।' यहाँ पिछले साल की उल्लेखनीय कहानी है—यह आर.सी. विली,

उटाह के प्रभावशाली गृह-सज्जा व्यापार के बारे में है, जिसे बर्कशायर ने 1995 में बिल चाइल्ड और उसके परिवार से खरीदा था। बिल व उसके अधिकांश प्रबंधक मॉर्मन (बहालीवादी ईसाई) हैं और इस कारण से आर.सी. विली का भंडार रविवार को कभी भी संचालित नहीं हुआ है। यह व्यवसाय करने का एक मुश्किल तरीका है—कई ग्राहकों के लिए रविवार खरीदारी का पसंदीदा दिन है। फिर भी, बिल अपने सिद्धांतों से चिपका रहा और ऐसा करते हुए वर्ष 1954 में, जब उसने अधिग्रहण किया था, अपने व्यवसाय को 2,50,000 डॉलर वार्षिक बिक्री से 1999 में 34.2 करोड़ डॉलर बनाया था।

आर.सी. विली, उटाह के प्रभावशाली गृह-सज्जा व्यापार के बारे में है, जिसे बर्कशायर ने 1995 में बिल चाइल्ड और उसके परिवार से खरीदा था। बिल व उसके अधिकांश प्रबंधक मॉर्मन (बहालीवादी ईसाई) हैं और इस कारण से आर.सी. विली का भंडार रविवार को कभी भी संचालित नहीं हुआ है। यह व्यवसाय करने का एक मुश्किल तरीका है—कई ग्राहकों के लिए रविवार खरीदारी का पसंदीदा दिन है।

"बिल ने महसूस किया था कि आर.सी. विली उटाह के बाहर बाजारों में सफलतापूर्वक परिचालन कर सकता था, और सन् 1997 में सुझाव दिया था कि हम बोइस में एक स्टोर खोलें। एक नए क्षेत्र में, जहाँ हम सप्ताह में सात दिन खुलनेवाले मोर्चाबंद प्रतिद्वंद्वियों के खिलाफ होंगे, मैं 'रविवार बंदी' की नीति को ले जाने के बारे गें बहुत संदेहपूर्ण था। फिर भी, यह चलाना बिल का काम था। इसलिए अपने संदेहों के बावजूद मैंने उसे अपने व्यावसायिक निर्णय और अपनी धार्मिक प्रतिबद्धता का पालन करने के लिए कहा था।

"बिल ने तब एक सचमुच में असाधारण प्रस्ताव पर जोर दिया था—वह व्यक्तिगत रूप से भूमि खरीदेगा और स्टोर का निर्माण करेगा—जैसा कि यह लगभग 90 लाख डॉलर का निकला था और यदि वह सफल साबित हुआ तो इसे हमें अपनी कीमत पर बेच देगा। दूसरी तरफ, यदि उसकी उम्मीदों से बिक्री कम हो गई तो हम बिल को 1 सेंट का भुगतान

किए बिना व्यवसाय से बाहर निकल सकते थे। निश्चित रूप से, यह परिणाम उसे एक खाली इमारत में भारी निवेश के साथ छोड़ देनेवाला था। मैंने उसे बताया था कि मैं उसके प्रस्ताव की सराहना करता था, लेकिन महसूस किया था कि यदि बर्कशायर ऊपर उठनेवाला भाग प्राप्त करने जा रहा था, तो उसे नीचे गिरनेवाला भाग भी लेना चाहिए। बिल ने कहा था कि वह ऐसे कुछ नहीं करनेवाला। यदि उसके धार्मिक विश्वासों के कारण से असफल होने की बात है तो वह व्यक्तिगत रूप से झटका लेना चाहता था।

''पिछले अगस्त में खुला था और तुरंत बड़ी सफलता बन गया था। उसके बाद बिल ने संपत्ति को हमारे पास बदल दिया था—कुछ अतिरिक्त भूमि सहित, जिसमें उल्लेखनीय मूल्य-वृद्धि हो चुकी थी—और हमने उसे उसकी लागत के लिए चेक लिखा था। और इसे प्राप्त करें—बिल ने उन दो वर्षों में बँधी हुई पूँजी पर ब्याज का एक पैसा लेने से इनकार कर दिया था।

''अगर किसी अन्य सार्वजनिक निगम में एक प्रबंधक ने समान व्यवहार किया है तो मैंने इसके बारे में नहीं सुना है। आप समझ सकते हैं कि क्यों बिल चाइल्ड जैसे लोगों के साथ भागीदारी करने का अवसर मुझे हर सुबह जूते पहनकर नृत्य करते हुए काम करने का कारण देता है?''

वॉरेन बफे को यह समझने में बहुत देर नहीं लगी थी कि व्यवसाय को चलाने तथा उसे लगातार बड़ा होने देने के लिए हरेक नेतृत्वकर्ता को अवश्य ही 'प्राधिकार सौंपने' की कला सीखनी चाहिए। सावधान! किसी कार्य, उपक्रम (वेंचर) व व्यवसाय से जुड़ी हर छोटी-बड़ी घटना तथा उसमें शामिल लोगों को नियंत्रित करने की कोशिश करना नेतृत्व करनेवाले मनुष्य का प्राकृतिक झुकाव है।

जी हाँ, वॉरेन बफे को यह समझने में बहुत देर नहीं लगी थी कि व्यवसाय को चलाने तथा उसे लगातार बड़ा होने देने के लिए हरेक नेतृत्वकर्ता को अवश्य ही 'प्राधिकार सौंपने' की कला सीखनी चाहिए। सावधान! किसी कार्य, उपक्रम (वेंचर) व व्यवसाय से जुड़ी हर छोटी-बड़ी घटना तथा उसमें शामिल लोगों को नियंत्रित करने की कोशिश करना नेतृत्व करनेवाले मनुष्य का प्राकृतिक झुकाव है। लेकिन एक साथ बहुत अधिक कार्यों, उपक्रमों या

व्यवसायों को सूक्ष्म स्तरों पर प्रबंधित करने की कोशिश करना, एक साथ कई गेंदों को हवा में उछालने तथा उन्हें जमीन पर न गिरने देने की कोशिश करना सर्कस के कलाकार जैसा करतब दिखाना ही हो सकता है। ऐसे में, नेतृत्वकर्ता का ध्यान तनिक भी विचलित हुआ नहीं कि सबकुछ झटके में बिखर जाने का खतरा बना रहता है। इतना ही नहीं, जब शीर्ष पर बैठा नेतृत्वकर्ता हर गतिविधि को नियंत्रित करने की कोशिश करता है, तो उसका ध्यान वास्तव में अधिक महत्त्वपूर्ण कार्यों से भटक जाता है। लेकिन यदि वह नेतृत्वकर्ता कार्य विशेष पर ध्यान केंद्रित करनेवाले सुयोग्य प्रबंधकों को प्राधिकार सौंपकर समूचे व्यवसाय की निगरानी व मार्गदर्शन करता है तो हर काम सुचारु ढंग से कार्यान्वित होता रहता है और अति महत्त्वपूर्ण कार्यों के लिए उसका ध्यान भी नहीं भटकता है।

वर्ष 1995 से ही मैकलेन के अध्यक्ष व मुख्य कार्यकारी अधिकारी (प्रेसिडेंट व सी.ई.ओ.) रहे विलियम ग्रेडी रोजियर ने कुछ कंपनी विमानों की खरीदारी के अनुमोदन के लिए फोन किया था तो उसे वॉरेन बफे से उत्तर मिला था, "यह तुम्हारा फैसला है। चलाने के लिए यह तुम्हारी कंपनी है।"

यही कारण था कि वॉरेन ने अपनी हर कंपनी के लिए अति सुयोग्य प्रबंधक/ मुख्य कार्यकारी अधिकारी का चयन किया था और उस व्यवसाय से संबंधित सभी प्रकार के कार्य-संचालन की जिम्मेदारी को पूरा करने के लिए आवश्यक कार्यकारी प्राधिकार भी सौंप दिया था। जैसा कि वॉरेन ने उटाह के गृह-सज्जा व्यवसाय का उदाहरण दिया है, वह अपने हर मुख्य कार्यकारी अधिकारी को उसके व्यवसाय का संपूर्ण नियंत्रण प्रदान करता है। जून 2005 में बर्कशायर ने मनोरंजन वाहनों, नौभार अनुयानों (कार्गो ट्रेलर), उपयोगिता अनुयानों (यूटिलिटी ट्रेलर), पुल बनानेवाले नावों (पंटून बोट) एवं बसों की निर्माता अमेरिकी कंपनी को अधिगृहीत किया था तो वॉरेन ने उसके संस्थापक व मुख्य कार्यकारी अधिकारी पीटर लिएगल को स्पष्ट कर दिया था कि वह उससे वर्ष में एक बार से अधिक बातचीत की उम्मीद न करे। इतना ही नहीं, मई 2003 में बर्कशायर ने विभिन्न प्रकार की आपूर्ति श्रृंखला सेवाएँ (सप्लाई चेन सर्विसेज) प्रदान करनेवाली मैकलेन कंपनी को 1.45 अरब डॉलर में वॉलमार्ट से अधिगृहीत किया था। तब, वर्ष 1995 से ही

मैकलेन के अध्यक्ष व मुख्य कार्यकारी अधिकारी (प्रेसिडेंट व सी.ई.ओ.) रहे विलियम ग्रैडी रोजियर ने कुछ कंपनी विमानों की खरीदारी के अनुमोदन के लिए फोन किया था तो उसे वॉरेन बफे से उत्तर मिला था, "यह तुम्हारा फैसला है। चलाने के लिए यह तुम्हारी कंपनी है।"

वॉरेन का यह कथन बहुत लोकप्रिय है, "हम राज-त्याग के बिंदु तक प्राधिकार सौंपते हैं।" जी हाँ, वॉरेन ने कभी भी यह नहीं सोचा था कि वह कभी अपने सभी व्यवसायों से हरेक को सुयोग्यता से संचालित कर पाने में सक्षम हो सकते थे, और वह इस प्रकार की सोच को सरासर मूर्खता ही मानते रहे हैं। उन्होंने अपने प्रबंधकों/मुख्य कार्यकारी अधिकारियों को कंपनी विशेष से संबंधित व्यवसाय के संचालन के संपूर्ण दायित्व के साथ-साथ लगभग सभी प्रकार के फैसले करने का प्राधिकार भी सौंप दिया था। जी हाँ, यह लगभग राज-त्याग जैसा ही दुःसाहस था; लेकिन प्राधिकार सौंपने के लिए वॉरेन ने कुछ सिद्धांत भी बनाए थे, जो इस प्रकार हैं—

> **वॉरेन का यह कथन बहुत लोकप्रिय है, "हम राज-त्याग के बिंदु तक प्राधिकार सौंपते हैं।" जी हाँ, वॉरेन ने कभी भी यह नहीं सोचा था कि वह कभी अपने सभी व्यवसायों से हरेक को सुयोग्यता से संचालित कर पाने में सक्षम हो सकते थे, और वह इस प्रकार की सोच को सरासर मूर्खता ही मानते रहे हैं।**

__हरेक व्यवसाय-संस्कृति अद्वितीय होती है__—वॉरेन बफे को यह बहुत अच्छी तरह पता था कि चाहे व्यवसाय छोटा हो या बड़ा, हरेक की अपनी विशिष्ट कार्य संस्कृति (वर्क कल्चर) होती है। हर व्यवसाय से संबंधित श्रमिकों व प्रबंधकों में अति विशिष्ट कुशलताएँ (हाइली स्पेशलाइज्ड स्किल्स) होती हैं, जिनके माध्यम से वे अपने काम को बिना किसी कमी के पूरा कर पाते हैं। वॉरेन ने बहुत जल्द यह महसूस कर लिया था कि वह अति विशिष्ट कुशलताओंवाले प्रबंधकों की तरह कार्य-संपादन नहीं कर सकते थे, इसलिए उन्होंने बिना किसी हस्तक्षेप के संबंधित विशेषज्ञ कर्मचारियों को ही अपने कार्यों को करने की अनुमति प्रदान कर दी थी। वॉरेन ने यह भी महसूस किया था कि प्रबंधक-नेतृत्वकर्ता के रूप में यदि

उनकी स्वयं की कोई जिम्मेदारी है तो वह है कर्मचारियों को अपनी महानता हासिल करने के लिए प्रेरित करना। वॉरेन ने स्वयं को हमेशा जय-जयकारकर्ता (चीयरलीडर) की भूमिका में ही रखा है और कभी भी स्वयं को गुलाम-चालक (स्लैव ड्राइवर) नहीं बनने दिया। वह मानते हैं कि उनके कर्मचारी विशेषज्ञ हैं और वे जिस काम में निपुण हैं, उन्हें उस काम को बिना किसी प्रकार के रोक-टोक के करने देना चाहिए। इसी तरीके से कंपनी के सामूहिक हितों में कर्मचारियों की संपूर्ण संभावनाओं का उपयोग सुनिश्चित किया जा सकता है। और तभी कर्मचारियों के व्यक्तिगत हितों का संरक्षण संभव हो सकता है।

वॉरेन ने स्वयं को हमेशा जय-जयकारकर्ता (चीयरलीडर) की भूमिका में ही रखा है और कभी भी स्वयं को गुलाम-चालक (स्लैव ड्राइवर) नहीं बनने दिया। वह मानते हैं कि उनके कर्मचारी विशेषज्ञ हैं और वे जिस काम में निपुण हैं, उन्हें उस काम को बिना किसी प्रकार के रोक-टोक के करने देना चाहिए।

सुयोग्य प्रबंधक व्यवसाय को 'अपना' मानते हैं—*वॉरेन बफे को बहुत जल्द ही प्रबंधकीय मनोविज्ञान का वह रहस्य पता चल गया था, जिसे अधिकांश व्यवसाय-स्वामी समझ पाने में असफल रहते हैं। वॉरेन ने महसूस किया था कि जो प्रबंधक सही अर्थों में सुयोग्य होते हैं, वे अपने कार्यों में किसी प्रकार का हस्तक्षेप सहन नहीं कर पाते। वे जैसा उचित समझते हैं, उसी तरीके से 'अपने' व्यवसाय को संचालित करना चाहते हैं। और यदि उन्हें व्यवसाय को 'अपना' समझने का अवसर मिल जाए तो वे जादुई नतीजे लाते हैं। वॉरेन ने ऐसा ही तो किया था। वह चुनाव की प्रक्रिया संपन्न करने के बाद अपने प्रबंधकों पर सौ प्रतिशत विश्वास करते रहे हैं, उन्हें 'अपने' व्यवसाय को 'अपने' तरीके से संचालित करने के लिए उत्साहित करते रहे हैं और उनकी हर प्रकार की छोटी-बड़ी गलतियों में हमेशा उनके साथ खड़े रहने में कर्तव्य का गर्व अनुभव करते रहे हैं। इसी का परिणाम है कि बर्कशायर की सहायक कंपनियों के प्रबंधक/मुख्य कार्यकारी अधिकारी 'स्वामी' की तरह कठिन परिश्रम करते हैं और यह*

सुनिश्चित करते हैं कि उनका 'अपना' व्यवसाय सर्वोत्तम प्रदर्शन करे; और ऐसा करने में वे स्वयं पर गर्व भी करते हैं।

सुयोग्यता, कर्मठता व जुनून के साथ सत्यनिष्ठा भी— *अपने प्रबंधकों को संपूर्ण प्राधिकार सौंपने से पहले वॉरेन बफे यह सुनिश्चित करते रहे हैं कि वे अपने व्यवसाय के बारे में सुयोग्य, कर्मठ व जुनूनी होने के साथ-साथ 'सत्यनिष्ठ' भी हों। वॉरेन का यह अनुभव रहा है कि यदि कोई प्रबंधक/मुख्य कार्यकारी अधिकारी अपने व्यवसाय संबंधी कार्य का विशेषज्ञ है, कर्मठ है और जुनूनी भी है, लेकिन उसमें 'सत्यनिष्ठा' (इंटीग्रिटी) का अभाव है तो अपने सभी गुणों के उपयोग को व्यवसाय को लूटने में कर सकता है। इसीलिए वॉरेन अपने प्रबंधकों में 'सत्यनिष्ठा' को ही सबसे अधिक महत्त्व देते हैं। बाकी सारे गुण तो व्यवसाय के सुचारु संचालन के लिए आवश्यक हैं ही।*

> **वॉरेन का यह अनुभव रहा है कि यदि कोई प्रबंधक/मुख्य कार्यकारी अधिकारी अपने व्यवसाय संबंधी कार्य का विशेषज्ञ है, कर्मठ है और जुनूनी भी है, लेकिन उसमें 'सत्यनिष्ठा' (इंटीग्रिटी) का अभाव है तो अपने सभी गुणों के उपयोग को व्यवसाय को लूटने में कर सकता है। इसीलिए वॉरेन अपने प्रबंधकों में 'सत्यनिष्ठा' को ही सबसे अधिक महत्त्व देते हैं।**

याद रहे कि नेब्रास्का फर्नीचर मार्ट के अधिग्रहण में वॉरेन बफे ने सबसे अधिक महत्त्व 'मिसेज बी' को ही दिया था और उन्हें ही आजीवन अपने व्यवसाय को संचालित करने का अवसर भी प्रदान किया था। 'मिसेज बी' का आदर्श वाक्य था—'सस्ता बेचो और सच बोलो'। और, वॉरेन उस आदर्श वाक्य के मानो दीवाने ही थे।

निवेशक बफे की शुरुआती सफलताएँ

वर्ष 1956 में वॉरेन बफे के गुरु बेंजामिन ग्राहम ने अपनी कंपनी 'ग्राहम न्यूमैन कॉरपोरेशन' का सारा काम अपने दूसरे साझीदार जेरी न्यूमैन को सौंप दिया

था और स्वयं कैलिफोर्निया विश्वविद्यालय, लॉस एंजिल्स में पढ़ाते हुए बेवर्ली हिल्स (कैलिफोर्निया में लॉस एंजिल्स व पश्चिम हॉलीवुड से घिरा हुआ नगर) में प्रसिद्ध व्यक्तियों जैसा विलासितापूर्ण सेवानिवृत्त जीवन जीने लगे थे। कोलंबिया विश्वविद्यालय में पढ़ाते हुए ग्राहम ने पिछले इक्कीस वर्षों (वर्ष 1936 से 1956) में अपने साझेदारी निवेश प्रतिष्ठान 'ग्राहम-न्यूमैन कॉरपोरेशन' को विश्व के सबसे बड़े अमेरिकी पूँजी बाजार 'वॉल स्ट्रीट' (न्यूयॉर्क) में सुस्थापित किया था और 17 प्रतिशत औसत वार्षिक कमाई की थी, जो 'स्टैंडर्ड एंड पूअर्स-500' सूचकांक के 14 प्रतिशत से अधिक रहा था। इसमें ग्राहम-न्यूमैन कॉरपोरेशन के सबसे अच्छे निवेश गवर्नमेंट एंप्लॉई इंश्योरेंस कंपनी (जी.ई.आई.को.) के शेयर की कमाई शामिल नहीं थी, जो ग्राहम-न्यूमैन के शेयरधारकों में बँटने योग्य थी। जिन शेयरधारकों ने जी.ई.आई.को. के शेयर सँभाल कर रखे थे, उन्हें 'स्टैंडर्ड एंड पूअर्स-500' सूचकांक की तुलना में लगभग दोगुना कमाई हो रही थी।

लेकिन वॉरेन बफे सन् 1950 में कोलंबिया विश्वविद्यालय में पढ़ाई पूरी करने के बाद से ही चुपचाप अपने स्तर पर निवेश करते रहे थे और 'ग्राहम न्यूमैन कॉरपोरेशन' में काम करते हुए, अपनी व्यक्तिगत निवेश पूँजी को 9,800 डॉलर से बढ़ाकर सन् 1956 में 1,40,000 डॉलर के स्तर पर ले आ चुके थे। अब जब उनके पास अपनी पूँजी हो गई थी तो वह एक बार फिर से अपने गृहनगर ओमाहा वापस जाने को उतावले हो चुके थे। दूसरा सबसे बड़ा कारण यह भी था कि बेंजामिन ग्राहम के बेवर्ली हिल्स चले जाने के बाद बफे के लिए जैरी न्यूमैन के नीरस नेतृत्व में काम करने में पहले जैसा आनंद भी नहीं आ रहा था।

वॉरेन बफे सन् 1950 में कोलंबिया विश्वविद्यालय में पढ़ाई पूरी करने के बाद से ही चुपचाप अपने स्तर पर निवेश करते रहे थे और 'ग्राहम न्यूमैन कॉरपोरेशन' में काम करते हुए, अपनी व्यक्तिगत निवेश पूँजी को 9,800 डॉलर से बढ़ाकर सन् 1956 में 1,40,000 डॉलर के स्तर पर ले आ चुके थे। अब जब उनके पास अपनी पूँजी हो गई थी तो वह एक बार फिर से अपने गृहनगर ओमाहा वापस जाने को उतावले हो चुके थे।

इसीलिए वर्ष 1956 की वसंत ऋतु में वॉरेन बफे व उनकी पत्नी सुसी ने ओमाहा में अपने दादा के किराना

स्टोर 'बफे ग्रोसरी' से कुछ दूरी पर किराए पर घर ले लिया था। इस बार बफे ने अपने पिता के दलाली प्रतिष्ठान या फिर किसी अन्य के लिए काम करने का कोई विचार नहीं किया था। 1 मई को जब वह न्यूयॉर्क से ओमाहा पहुँचा था तो ठीक उसी दिन उसने अपने परिवारजनों व मित्रों के लिए अनौपचारिक बैठक एक आयोजित की थी। इसमें सात सीमित साझीदारों—बफे की बहन डोरिस व उसके पति, चाची एलिस, डॉक थॉम्पसन, उसका पुराना छात्रावास सहवासी (हॉस्टल रूममेट) चक पीटरसन व उसकी माँ और उसके वकील डैन मोनेन—ने कुल 1,05,000 डॉलर निकाले थे। स्वयं वॉरेन बफे ने सामान्य साझीदार (जनरल पार्टनर) के रूप में केवल 100 डॉलर ही निकाले थे। यह बहुत ही मामूली धनराशि थी, लेकिन इस बार बफे पिता या गुरु बेंजामिन ग्राहम के लिए नहीं, बल्कि स्वयं के प्रस्तावित साझीदारी प्रतिष्ठान—बफे एसोसिएट्स लिमिटेड के लिए इस निवेश राशि को चलाने जा रहे थे।

यह वही समय था, जब ग्राहम-न्यूमैन कॉरपोरेशन के पुराने निवेशक चिकित्सक होमर डोज ने बेंजामिन ग्राहम से पूछा था कि अब उसकी 'बौद्धिक विरासत' को कौन सँभालेगा? ग्राहम ने सुझाया था—वॉरेन बफे।

यह वही समय था, जब ग्राहम-न्यूमैन कॉरपोरेशन के पुराने निवेशक चिकित्सक होमर डोज ने बेंजामिन ग्राहम से पूछा था कि अब उसकी 'बौद्धिक विरासत' को कौन सँभालेगा? ग्राहम ने सुझाया था—वॉरेन बफे। और जब होमर डोज गरमी की छुट्टियाँ बिताने के लिए अपनी कार में पश्चिम की ओर रवाना हुए थे तो थोड़ी देर के लिए ओमाहा में रुके थे। वॉरेन बफे के साथ संक्षिप्त बातचीत के तत्काल बाद ही डोज ने उसके साझीदारी प्रतिष्ठान में 1,20,000 डॉलर लगाने का अपना फैसला सुना दिया था और अपनी यात्रा पर आगे निकल गए थे।

इस तरह, अब तक बफे अपने शयन कक्ष से तीन छोटे साझीदारी प्रतिष्ठानों को संचालित करना शुरू कर चुके थे और उन्हें अपनी पारिवारिक साझेदारी की भविष्य की व्यापक संभावनाएँ भी दिखाई देने लगी थीं। कुछ महीनों के बाद बफे ग्राहम न्यूमैन कॉरपोरेशन के शेयरधारकों की अंतिम बैठक में शामिल होने के लिए न्यूयॉर्क वापस लौटे थे। वहाँ उन्होने बेंजामिन ग्राहम के दूसरे शिष्य एड एंडरसन से उल्लेख किया था कि वह न्यूनतम 50,000 डॉलर के निवेश पर 'ग्राहम न्यूमैन' जैसा

साझेदारी प्रतिष्ठान शुरू करने के बारे में सोच रहे थे। जब ग्राहम न्यूमैन कॉरपोरेशन के शेयरधारकों ने उनकी गतिविधियों की समाप्ति पर औपचारिक मतदान कर दिया था, तब मैनहट्टन स्थित दलाली प्रतिष्ठान के प्रमुख ने टिप्पणी की थी कि ग्राहम ने प्रतिभाओं के विकास करने में असफल होकर बहुत बड़ी गलती की थी। उन्होंने अपने मंतव्य को आगे और अधिक स्पष्ट किया था कि ग्राहम–न्यूमैन अपना संचालन केवल इसलिए आगे बढ़ा सकता था कि उसे चलाने के लिए वॉरेन बफे नामक यह एकमात्र बालक ही था। और अब उसके साथ कौन सवारी करना चाहेगा?

जब ग्राहम न्यूमैन कॉरपोरेशन के शेयरधारकों ने उनकी गतिविधियों की समाप्ति पर औपचारिक मतदान कर दिया था, तब मैनहट्टन स्थित दलाली प्रतिष्ठान के प्रमुख ने टिप्पणी की थी कि ग्राहम ने प्रतिभाओं के विकास करने में असफल होकर बहुत बड़ी गलती की थी। उन्होंने अपने मंतव्य को आगे और अधिक स्पष्ट किया था कि ग्राहम-न्यूमैन अपना संचालन केवल इसलिए आगे बढ़ा सकता था कि उसे चलाने के लिए वॉरेन बफे नामक यह एकमात्र बालक ही था।

वर्ष 1957 की शुरुआत में वॉरेन बफे अपने कुछ संबंधियों व मित्रों की कुल 3,00,000 डॉलर की निवेश धनराशि का प्रबंधन कर रहा था। अब यदि बफे ओमाहा के अन्य गुमनाम शेयर चुननेवाले से अलग हटकर कुछ अधिक करना चाहते थे तो उन्हें बड़ी पूँजी की आवश्यकता थी। लेकिन बफे के पास अपनी क्षमताओं में आत्मविश्वास जताने के अलावा बड़े निवेशकों का भरोसा हासिल करने के लिए और क्या था? बफे के पास स्वतंत्र निवेश परिचालक (इंडिपेंडेंट इन्वेस्टमेंट ऑपरेटर) के रूप में कार्य–निष्पादन का कोई पिछला कीर्तिमान नहीं था। उनके पास दस्तावेज के रूप में दिखाने के लिए कुछ भी नहीं था, जो यह संकेत दे सके कि वह लोगों का भरोसा जीत सकने के योग्य थे। फिर भी, वॉरेन लोगों के धन पर केवल विशेषाधिकार ही नहीं, बल्कि संपूर्ण नियंत्रण भी हासिल करना चाहते थे। वह यह नहीं चाहते थे कि कोई उनके शेयर निवेश संबंधी फैसले पर किसी प्रकार का कोई प्रश्न करे, वह अपने ऊपर

'ग्राहम-न्यूमैन' जैसा कोई अधिकारी बिठाने को तैयार नहीं थे।

लेकिन अब तक बफे लगभग हर स्वामित्व हिस्सेदारी (शेयर ऑफ स्टॉक) व ऋण प्रतिभूतियों (डेब्ट सिक्योरिटीज/ब्रांड) के बारे में सभी प्रकार की जानकारियों से परिचित थे। वह मूडी'ज मैन्युअल और उसकी अन्य पुस्तकों सहित अन्य वित्तीय प्रतिवेदनों (फाइनेंशियल रिपोर्ट्स) के अलावा 'वॉल स्ट्रीट जर्नल' एवं अन्य वित्तीय पत्र-पत्रिकाओं का भी नियमित अध्ययन कर रहे थे। और, दिन-पर-दिन वॉल स्ट्रीट की संपूर्ण मानसिक चित्र (मेंटल पोर्ट्रेट) का निर्माण करते जा रहे थे। वह शेयर बाजार की हर चाल को समझने लगे थे, और सबसे बड़ी बात यह थी कि वह अपने अलावा वॉल स्ट्रीट के किसी भी वित्तीय विश्लेषक (फाइनेंशियल एनालिस्ट) के विश्लेषण को भरोसा करने योग्य नहीं मानते थे। ऐसे में, यदि बफे का आंतरिक आत्मविश्वास एवं स्पष्ट मानसिक रचना लोगों का भरोसा नहीं जीत सकती थी तो और क्या? और, अपने चरित्र को परिभाषित करनेवाले इन पहलुओं के अलावा बफे को कुछ और करने की आवश्यकता ही क्या थी!

ऐसे में, वर्ष 1957 की गरमियों में वॉरेन बफे को ओमाहा के प्रमुख मूत्र रोग विशेषज्ञ एडविन डेविस का फोन आया था। चूँकि बफे की उनसे कभी कोई भेंट भी नहीं हुई थी, इसलिए उन्हें थोड़ा अचरज भी हुआ था। लेकिन जल्द ही डेविस ने स्पष्ट कर दिया था कि न्यूयॉर्क के निवेश सलाहकार ने उसे बफे का नाम सुझाया था। वास्तव में, ग्राहम-न्यूमैन के लिए काम करते समय बफे का उस निवेश सलाहकार से परिचय हुआ था। उस सलाहकार को किसी ने बताया था कि अब बफे ओमाहा में अपना काम कर रहे थे और उन्हें किसी बड़े निवेश की खोज थी। इसीलिए उसने डेविस को बफे का नाम सुझाया था। हालाँकि बफे जैसे किसी नौसिखिए पर भरोसा करने में

वर्ष 1957 की गरमियों में वॉरेन बफे को ओमाहा के प्रमुख मूत्र रोग विशेषज्ञ एडविन डेविस का फोन आया था। चूँकि बफे की उनसे कभी कोई भेंट भी नहीं हुई थी, इसलिए उन्हें थोड़ा अचरज भी हुआ था। लेकिन जल्द ही डेविस ने स्पष्ट कर दिया था कि न्यूयॉर्क के निवेश सलाहकार ने उसे बफे का नाम सुझाया था। वास्तव में, ग्राहम-न्यूमैन के लिए काम करते समय बफे का उस निवेश सलाहकार से परिचय हुआ था।

डेविस सहज नहीं महसूस कर रहे थे, फिर भी उन्होंने बफे से सीधी बातचीत करने का मन बनाया था।

बफे ने डेविस परिवार के सामने व्यवसाय की शर्तों का प्रस्ताव किया था। सीमित साझेदार (लिमिटेड पार्टनर) के रूप में डेविस परिवार को कुल लाभ प्रतिशत मिलेगा और शेष लाभ का 75 प्रतिशत डेविस परिवार एवं 25 प्रतिशत बफे के बीच बाँटा जाएगा। और, यदि परिणाम औसत या फिर खराब रहे तो बफे कोई वेतन, कोई शुल्क, कोई खर्च—कुछ भी नहीं लेंगे।

एक रविवार को निश्चित समय पर जब बफे उनके घर पहुँचे थे, तब उन्हें पता चला था कि डेविस ने पूरे परिवार को इकट्ठा किया हुआ था। यह बफे के पेशेवर जीवन का अत्यंत महत्त्वपूर्ण क्षण था, क्योंकि डॉ. डेविस उन्हें न केवल बड़ी पूँजी देने में सक्षम थे, बल्कि उनके माध्यम से कई और बड़े निवेशकों को पकड़ना आसान होने वाला था। लेकिन डेविस परिवार हैरान था कि बफे ने उनसे ऐसा कुछ भी नहीं कहा था, जो खुश करनेवाला हो। उलटे बफे ने स्पष्ट कहा था कि वह इसके बारे कोई जानकारी नहीं देंगे कि उनका धन कहाँ पर निवेश किया गया है। इतना ही नहीं, बफे ने यह कहा था कि वह वर्ष के अंत में ही निवेश के नतीजों की सूचना देंगे और एकमात्र दिन 31 दिसंबर को ही और अधिक निवेश करने या फिर पूँजी वापस लेने के लिए खुला रहेगा, अन्यथा निवेशित धनराशि उनके संपूर्ण नियंत्रण में ही रहेगी। बफे अपनी प्रस्तुति में अपने गुरु बेंजामिन ग्राहम के व्यवसाय-सिद्धांतों को ही दोहरा रहे थे। वह बिना किसी उतावलेपन के अपनी बातें रख रहे थे; लेकिन उनका संकेत स्पष्ट था। उन्हें डेविस परिवार की पूँजी की सख्त जरूरत थी, लेकिन वह उसे केवल अपनी ही शर्तों पर लेना चाहते हैं।

बफे ने डेविस परिवार के सामने व्यवसाय की शर्तों का प्रस्ताव किया था। सीमित साझेदार (लिमिटेड पार्टनर) के रूप में डेविस परिवार को कुल लाभ प्रतिशत मिलेगा और शेष लाभ का 75 प्रतिशत डेविस परिवार एवं 25 प्रतिशत बफे के बीच बाँटा जाएगा। और, यदि परिणाम औसत या फिर खराब रहे तो बफे कोई वेतन, कोई शुल्क, कोई खर्च—कुछ भी नहीं लेंगे। इस तरह, बफे ने आश्वस्त किया था कि वह

अकेले डेविस परिवार को अपना धन जोखिम में डालने के लिए नहीं कह रहे थे, बल्कि स्वयं भी जोखिम मोल ले रहे थे। अपनी प्रस्तुति समाप्त कर बफे चले गए थे। उसके बाद डेविस परिवार के बीच चर्चा शुरू हुई थी। हालाँकि बफे की शर्तें पूरी तरह स्पष्ट थीं, लेकिन डेविस परिवार के अधिकांश सदस्यों को ऐसा कोई ठोस कारण नहीं दिखाई दे रहा था कि वे अपनी पूँजी मनमानी के लिए बफे को सौंप दें और चुपचाप वर्ष पूरा होने की प्रतीक्षा करें। लेकिन डॉ. डेविस की पत्नी डोर्थी ने एकतरफा घोषित कर दिया था कि उसे युवा बफे के बारे में सबकुछ पसंद था, और अंततः डॉ. एडविन डेविस ने 1,00,000 डॉलर बफे को सौंप देने का फैसला कर लिया था।

इस तरह, वर्ष 1957 के अंत तक, वॉरेन बफे पाँच छोटी-छोटी साझीदारी कंपनियाँ संचालित कर रहे थे, जिनकी संयुक्त पूँजी 5,00,000 डॉलर हो चुकी थी। पहले वर्ष में बफे की निवेश सूची (इन्वेस्टमेंट पोर्टफोलियो) ने 10 प्रतिशत की बढ़त हासिल की थी, जबकि डॉव जोन्स इंडस्ट्रियल एवरेज (डी.जे.आई.ए.) 8 प्रतिशत पर अटक गया था।

वर्ष 1957 के अंत तक, वॉरेन बफे पाँच छोटी-छोटी साझीदारी कंपनियाँ संचालित कर रहे थे, जिनकी संयुक्त पूँजी 5,00,000 डॉलर हो चुकी थी। पहले वर्ष में बफे की निवेश सूची (इन्वेस्टमेंट पोर्टफोलियो) ने 10 प्रतिशत की बढ़त हासिल की थी, जबकि डॉव जोन्स इंडस्ट्रियल एवरेज (डी. जे.आई.ए.) 8 प्रतिशत पर अटक गया था।

यह वही समय था, जब सूसी तीसरे बच्चे को जन्म देनेवाली थीं। बफे अपनी पहली वार्षिक कमाई से भविष्य के प्रति आशान्वित थे।...और अपने परिवार के लिए दीर्घकालीन निवेश के रूप में 31,500 डॉलर में ओमाहा के उच्च-मध्यम वर्गीय उपनगरीय क्षेत्र में फर्नाम स्ट्रीट पर पाँच बेडरूम वाला घर खरीद लिया था। अब मुख्य बेडरूम बफे के कार्यालय में बदल दिया गया था और वहीं से बफे अपनी सभी कंपनियों को संचालित करने लगे थे।

वर्ष 1958 में बफे की निवेश सूची (इन्वेस्टमेंट पोर्टफोलियो) 41 प्रतिशत की ऊपर चढ़ी थी, जबकि डॉव जोन्स इंडस्ट्रियल एवरेज (डी.जे.आई.ए.) की कमाई 39 प्रतिशत थी। इस तरह, तीसरे वर्ष के अंत में मूल साझेदारी पूँजी दोगुनी हो चुकी थी। इसके साथ ही बफे नए निवेशकों को भी अपने साथ जोड़ते जा रहे थे और

साझेदारी ने आने की न्यूनतम निवेश सीमा को बढ़ाकर 50,000 डॉलर भी कर दिया था। बफे ने ओमाहा की ही अनजान-सी बीमा कंपनी नेशनल अमेरिकन फायर इंश्योरेंस की वापस-खरीद प्रस्ताव (बाय बैक ऑफर) के दौरान बड़ी मेहनत से 10 प्रतिशत स्वामित्व हिस्सेदारी (शेयर ऑफ स्टॉक) खरीद ली थी, जिसमें उसे 1,00,000 डॉलर की पहली बड़ी कमाई करने का मौका मिला था।

उसके बाद बफे के निशाने पर सैनबॉर्न मैप्स कंपनी अमेरिकी नगरों व शहरों के मानचित्र निर्माता व प्रकाशक आ गई थी, जिसका पुराना लाभकारी व्यवसाय मंदी की चपेट में आ गया था। वैसे, सैनबोर्न मैप्स ने अपने अच्छे दिनों में काफी निवेश किए थे और उसका खाता मूल्य (बुक वैल्यू) 65 डॉलर प्रति शेयर था। लेकिन मानचित्र व्यवसाय ढीला होने के कारण उसका बाजार मूल्य 45 डॉलर प्रति शेयर चल रहा था। ग्राहम से प्राप्त निवेश शिक्षा के अनुसार यह सुनहरा अवसर था, क्योंकि देर-सबेर खाता मूल्य को बाजार मूल्य में परिलक्षित होना ही था। इसीलिए बफे ने सन् 1958 व 1959 में सैनबॉर्न के शेयर खरीदना जारी रखा हुआ था। चूँकि सैनबार्न के मूल निदेशकों के स्वामित्व में केवल 400 शेयर ही थे और बाजार में जारी 1,05,000 शेयरों की गिरी हुई दर से उनकी सेहत पर कोई असर नहीं पड़ रहा था, इसलिए उन्हें उनकी दरों को ऊपर ले जाने में कोई रुचि भी नहीं दिखा रहे थे। इतना ही नहीं, विशाल निवेश सूची पर कुंडली मारकर बैठे कंपनी निदेशकों ने पिछले आठ वर्षों में केवल पाँच बार ही लाभांश भी जारी किया था; जबकि उन्होंने अपने शुल्कों में कोई कमी नहीं की थी। ऐसे में, ग्राहम अपनी शेयर हिस्सेदारी के दम पर निदेशक मंडल में

ग्राहम से प्राप्त निवेश शिक्षा के अनुसार यह सुनहरा अवसर था, क्योंकि देर-सबेर खाता मूल्य को बाजार मूल्य में परिलक्षित होना ही था। इसीलिए बफे ने सन् 1958 व 1959 में सैनबॉर्न के शेयर खरीदना जारी रखा हुआ था। चूँकि सैनबॉर्न के मूल निदेशकों के स्वामित्व में केवल 400 शेयर ही थे और बाजार में जारी 1,05,000 शेयरों की गिरी हुई दर से उनकी सेहत पर कोई असर नहीं पड़ रहा था, इसलिए उन्हें उनकी दरों को ऊपर ले जाने में कोई रुचि भी नहीं दिखा रहे थे।

शामिल हो गया था और प्रबंधन पर निवेश सूची का वास्तविक मूल्य उजागर करने के लिए दबाव बनाना शुरू किया था। अंततः वर्ष 1960 में सैनबॉर्न का प्रबंधन अपनी विशाल निवेश सूची का उपयोग कर वापस-खरीद प्रस्ताव (बाय बैक ऑफर) लाने के लिए तैयार हुआ था और बफे को अपने निवेश पर 50 प्रतिशत कमाई का अवसर मिल गया था। वास्तव में, बफे ने अपने निवेशकों की कुल परिसंपत्तियों का 35 प्रतिशत एकमात्र सैनबॉर्न मैप्स के शेयर में झोंका हुआ था। स्पष्ट है कि बफे को अपनी जोखिम की फसल काटने का मौका मिला था।

बफे ने समझा 'सही प्रबंधक' का महत्त्व

हाल में ही बफे ने दस चिकित्सकों के स्थानीय समूह का भरोसा जीत कर कुल 1,00,000 डॉलर (प्रति चिकित्सक 10,000 डॉलर) की निवेश पूँजी आकर्षित कर पाने में सफल रहे थे, लेकिन बफे के लिए अभी भी बड़े निवेश परिचालक के रूप में उभरकर सामने आना बाकी था। संभवतः यही कारण था कि दो बड़ी सफलताओं के बाद उन्होंने अगले वर्ष अब तक का सबसे बड़ा जोखिम उठाने का फैसला किया था और डेम्पस्टर मिल मैन्युफैक्चरिंग कंपनी (बीट्राइस, नेब्रास्का) पर 10 लाख डॉलर का दाँव खेला था।

ओमाहा से 90 मील दक्षिण में बीट्राइस (नेब्रास्का) में स्थित डेम्पस्टर मिल मैन्युफैक्चरिंग कंपनी 80 वर्ष पुरानी पवन चक्की (विंडमिल) व कृषि औजार (एग्रीकल्चर इंप्लेमेंट्स) विनिर्माता थी। हालाँकि पवन-चक्की की स्थिर बिक्री व नगण्य लाभदायकता के कारण डेम्पस्टर पीड़ित थी, लेकिन बफे को उसके शेयर का बाजार मूल्य आकर्षक लगा था। उन्होंने सन् 1961 में अपने निवेशकों की 20 प्रतिशत पूँजी झोंककर डेम्पस्टर की 70 प्रतिशत नियंत्रणकारी स्वामित्व

ओमाहा से 90 मील दक्षिण में बीट्राइस (नेब्रास्का) में स्थित डेम्पस्टर मिल मैन्युफैक्चरिंग कंपनी 80 वर्ष पुरानी पवन चक्की (विंडमिल) व कृषि औजार (एग्रीकल्चर इंप्लेमेंट्स) विनिर्माता थी। हालाँकि पवन-चक्की की स्थिर बिक्री व नगण्य लाभदायकता के कारण डेम्पस्टर पीड़ित थी, लेकिन बफे को उसके शेयर का बाजार मूल्य आकर्षक लगा था।

हिस्सेदारी खरीद ली थी और स्वयं को चेयरमैन नियुक्त कर लिया था। सामान्य रूप से निवेशक प्रबंधन के झंझटों से स्वयं को दूर ही रखने की कोशिश करता है, लेकिन बफे मानो किसी पैगंबर (प्रोफेट) की तरह भविष्य के अनजाने मार्ग पर अपने कदम बढ़ा रहे थे।

> **कंपनी में आमूलचूल परिवर्तन की आवश्यकता थी, जो बफे की कुशलता से बाहर की बात थी। वह हर माह प्रबंधकों को ऊपरी खर्चों (ओवरहेड एक्सपेंस) काटने तथा वस्तु-सूची (इन्वेंटरी) को घटाने का निर्देश देते थे। वे लोग सहमति में सिर हिला देते थे। बफे वापस ओमाहा वापस लौट आते थे और अगली बार बफे की पुरानी समस्या जस-की-तस नजर आती थी। ऐसे में, बफे ने देर किए बिना कंपनी को बिक्री पर डाल दिया था।**

बफे ने अपने विश्वसनीय वकील व निवेशक मित्र डैन मोनेन को भी निदेशक मंडल (बोर्ड ऑफ डायरेक्टर्स) में शामिल होने के लिए सहमत कर लिया था। हर माह बफे अपनी कार में मोनेन को साथ बिठाकर धूल भरे शहर बीट्राइस की 90 मील की यात्रा करते रहे थे लेकिन वह डेम्पस्टर पर अपनी पकड़ नहीं बना पा रहे थे। कंपनी में आमूलचूल परिवर्तन की आवश्यकता थी, जो बफे की कुशलता से बाहर की बात थी। वह हर माह प्रबंधकों को ऊपरी खर्चों (ओवरहेड एक्सपेंस) काटने तथा वस्तु-सूची (इन्वेंटरी) को घटाने का निर्देश देते थे। वे लोग सहमति में सिर हिला देते थे। बफे वापस ओमाहा वापस लौट आते थे और अगली बार बफे की पुरानी समस्या जस-की-तस नजर आती थी। ऐसे में, बफे ने देर किए बिना कंपनी को बिक्री पर डाल दिया था।

दूसरी तरफ, बफे ने साझेदारों की पूँजी को डेम्पस्टर के अतिरिक्त 40 अन्य स्वामित्व हिस्सेदारियों (शेयर ऑफ स्टॉक्स) में लगा रखा था। हालाँकि डेम्पस्टर का मामला अभी भी उलझा हुआ था, लेकिन अन्य निवेशों से बफे को अभूतपूर्व कमाई हुई थी। वह अपने व्यवसाय के पहले पाँच वर्षों में डॉव जोन्स इंडस्ट्रियल एवरेज (डी.जे.आई.ए.) को लगातार पछाड़ने में सफल रहे थे। (सारणी देखें)

बफे बनाम डॉव जोन्स

वर्ष	बफे साझेदारियों की वार्षिक लाभ दर (%)	डॉव जोन्स इंडस्ट्रियल एवरेज सूचकांक की वार्षिक लाभ दर (%)
1957	+10.4	−8.4
1958	+40.9	+38.5
1959	+25.9	+19.9
1960	+22.8	−6.3
1961	+45.9	+22.2
पाँच वर्षों का संचयी लाभ	**251.0**	**74.3**

स्रोत : बफे : द मेकिंग ऑफ एन अमेरिकन कैपिटलिस्ट (रोजर लोवेंस्टीन/रैंडम हाउस/1985)

'बफे बनाम डॉव जोन्स' सारणी के आँकड़े स्पष्ट करते हैं कि वर्ष 1957 से 1961 के पाँच वर्षों में वॉरेन बफे ने अपने निवेशकों की पूँजी को ढाई गुना से अधिक बना लिया था, जबकि डॉव जोन्स इंडस्ट्रियल एवरेज (डी.जे.आई.ए.) ने केवल तीन-चौथाई। स्पष्ट है कि बफे की आश्चर्यजनक सफलता की सूचना उनके गृहनगर ओमाहा के निवेशकों के बीच जंगल की आग की तरह फैल गई थी। अब वह जब कभी भी अपने पसंदीदा 'रोस'ज स्टीक हाउस' या 'ओमाहा कंट्री क्लब' में जाते थे, तो लोग उन्हें घेर लेते थे और निवेश के बारे में टिप्स पूछने लगते थे। लेकिन बफे अपनी युक्तियों को केवल अपने लिए ही उपयोग करना चाहते थे। इसीलए वह अपनी स्वाभाविक सज्जनता को बनाए रखते हुए लोगों को हँसी-मजाक में गोल-मोल उत्तर देकर टाल दिया करते थे। जिस प्रकार कलाकार अपने अधूरे चित्र को किसी को नहीं दिखाना चाहते थे, ठीक उसी प्रकार बफे भी किसी को भनक नहीं लगने देते थे कि वह किस शेयर में निवेश के बारे में सोच रहे थे। हाँ, जब वह अभियान पूरा कर लेते थे, तो उसकी रोचक कहानियाँ दूसरों से साझा करने का आनंद लेते थे।

काम के बाहर बफे को जुनून 'ब्रिज' था। वह नियमित रूप से यह खेल खेलते रहे हैं, जिसके सदस्य खिलाड़ियों में नगर के प्रथम श्रेणी के लोग शामिल थे,

जैसे कि विज्ञापन कार्यकारी, ब्यूक (कार) विक्रेता, न्यायाधीश, जीवन बीमा एजेंट, मॉर्टगेज-सेवा प्रदाता, रेलवे वकील आदि। बफे पेप्सी कोला के छह डब्बे के साथ प्रकट होते थे और साथी खिलाड़ियों का चुटकुलों व कहानियों से मनोरंजन किया करते थे। लेकिन वह अपनी कमाई के बारे में कोई बात नहीं करते थे, क्योंकि उन्हें इस संबंध में जान-बूझकर कोई भी बात नहीं करनी थी। वह बहुत ही सोच-समझकर पत्ते फेंकते थे, मानो शेयर व ब्रांड के चुनाव के बारे में फैसले कर रहे हों। उन्हें हार से घृणा थी और वह तभी बड़ी बाजी लगाते थे, जब उन्हें पता हो कि उनके दल की स्थिति मजबूत है। बफे की विशेषता यह भी थी कि वह अपने पत्तों को देखकर मशीन की तरह खेल की बाधाओं को परख सकते थे।

बफे पेप्सी कोला के छह डब्बे के साथ प्रकट होते थे और साथी खिलाड़ियों का चुटकुलों व कहानियों से मनोरंजन किया करते थे। लेकिन वह अपनी कमाई के बारे में कोई बात नहीं करते थे, क्योंकि उन्हें इस संबंध में जान-बूझकर कोई भी बात नहीं करनी थी। वह बहुत ही सोच-समझकर पत्ते फेंकते थे, मानो शेयर व ब्रांड के चुनाव के बारे में फैसले कर रहे हों।

और, अपनी इसी प्रतिभा का उपयोग कर बफे न्यूयॉर्क में बड़े निवेशकों को पटा रहे थे और उनसे छह अंकोंवाला चेक पकड़ रहे थे। इस काम के लिए वह अपने गुरु बेंजामिन ग्राहम के संपर्क के लोगों को खिला-पिला रहे थे। न्यूयॉर्क स्थित निजी अनुसंधान विश्वविद्यालय 'न्यू स्कूल' में उनकी मुलाकात ग्राहम के पूर्व छात्र व शेयर दलाल मार्शल वीनबर्ग से हुई थी। बहुत जल्द ही दोनों मित्र बन गए थे और वीनबर्ग व उसके भाइयों ने बफे साझेदारी में 1,00,000 डॉलर का निवेश किया था। इसी प्रकार, दूसरे शेयर दलाल मित्र हेनरी बॉण्ड ने भी निवेश किया था और अपने ग्राहकों को बफे के साथ निवेश के लिए उकसाया था। ग्राहम-न्यूमैन के पूर्व साथी होवार्ड न्यूमैन की सलाह पर लॉरेंस एलन टिस्च (लोएव्स कॉरपोरेशन के सह-संस्थापक) ने 1,00,000 डॉलर का निवेश किया था।

उसी दौरान न्यूयॉर्क में बफे की भेंट डेविड स्ट्रासलर से भी हुई थी, जिसका परिवार बीमार कंपनियों को उबारने के व्यवसाय में था। बाद में डेम्प्सटर को

अधिगृहित करने के उद्देश्य से स्ट्रासलर ने ओमाहा की उड़ान भरी थी। हार्वर्ड बिजनेस स्कूल व मैसाचुसेट्स इंस्टीट्यूट ऑफ टेक्नोलॉजी/एम.आई.टी. से शिक्षा प्राप्त स्ट्रासलर को अपनी योग्यता का बड़ा गुमान था। बफे उसकी गवानी में हवाई अड्डे पर आए थे। रास्ते में कार चलाते हुए जब बफे ने उनसे उस कंपनी के बारे में पूछना शुरू किया था, जिसमें उसके परिवार की नियंत्रणकारी हिस्सेदारी थी, तो वह हैरान रह गया था। वास्तव में बफे उससे बिलिंग्स एवं स्पेंसर के बारे में पूछ रहे थे, जो धातु-गठन (मेटल फोर्जिंग) उत्पाद बनाती थी और उसकी लगभग 2 प्रतिशत स्वामित्व हिस्सेदारियाँ (शेयर ऑफ स्टॉक) ही सार्वजनिक थीं। लेकिन बफे को उस कंपनी के बारे में सबकुछ पता था। स्ट्रासलर तब तो बिल्कुल ही ठंडा पड़ गया था, जब बफे ने उससे कंपनी बैलेंस शीट से संबंधित प्रश्न पूछने शुरू कर दिए थे। वह बफे से इतना अधिक प्रभावित हुआ था कि उसने तत्काल उनकी साझेदारी में निवेश का फैसला कर लिया था।

इस प्रकार, सन् 1962 में बफे की साझेदार कंपनियों की संयुक्त पूँजी 72 लाख डॉलर हो चुकी थी, जो ग्राहम-न्यूमैन कॉरपोरेशन की ऊँचाई से भी अधिक थी और उसमें वॉरेन बफे की व्यक्तिगत पूँजी 10 लाख डॉलर थी। हालाँकि वॉल स्ट्रीट की बड़ी निवेश कंपनियों की पूँजी की तुलना में बफे की साझेदारी अभी भी बहुत छोटी जरूर थी, लेकिन अप्रमाणित नहीं थी। वैसे तो बफे आम जनता के बीच अभी भी अनजान थे, लेकिन निवेशकों के बीच उनकी छवि अब धुँधली नहीं थी। सात मूल निवेशकों के साथ शुरू हुए बफे ने केवल छह वर्षों में निवेशकों की संख्या को बढ़ाकर 90 कर लिया था, जिसमें कैलिफोर्निया से लेकर वर्मांट तक के समूह शामिल थे। ऐसे में, बफे ने अपनी साझेदारियों का विलय कर नई कंपनी 'बफे पार्टनरशिप लिमिटेड' का गठन किया

बफे ने अपनी साझेदारियों का विलय कर नई कंपनी 'बफे पार्टनरशिप लिमिटेड' का गठन किया था और न्यूनतम निवेश सीमा को बढ़ाकर 1,00,000 डॉलर कर दिया था। अब अपने व्यवसाय को संचालित करने के लिए बफे का बेडरूम बहुत छोटा पड़ने लगा था और उन्होंने अपने घर के ही पास फर्नाम स्ट्रीट के 14 मंजिले भवन 'किएविट प्लाजा' में अपना कार्यालय स्थानांतरित कर लिया था।

था और न्यूनतम निवेश सीमा को बढ़ाकर 1,00,000 डॉलर कर दिया था। अब अपने व्यवसाय को संचालित करने के लिए बफे का बेडरूम बहुत छोटा पड़ने लगा था और उन्होंने अपने घर के ही पास फर्नाम स्ट्रीट के 14 मंजिले भवन 'किएविट प्लाजा' में अपना कार्यालय स्थानांतरित कर लिया था।

इस बीच बफे की अपने से छह वर्ष बड़े चार्ली मुँगेर से मित्रता हो गई थी। ओमाहा में पले-बढ़े मुँगेर के पिता वकील तथा दादा न्यायाधीश थे। हार्वर्ड लॉ स्कूल से स्नातक की उपाधि हासिल करने के बाद मुँगेर ने लॉस एंजिलेस में वकालत शुरू की थी। सन् 1959 में जब मुँगेर अपने पिता की वकालत बंद कराने के लिए ओमाहा आया था, तब बफे के निवेशक एडविन डेविस के बेटे को बफे व मुँगेर के व्यक्तित्वों में आश्चर्यजनक समानता दिखाई दी थी और उसने दोनों को एक-दूसरे से मिलाने के उद्देश्य से ओमाहा क्लब में दोपहर के भोजन पर आमंत्रित कर लिया था।...और दोनों में तत्काल घनिष्ठता हो गई थी। यह मित्रता और गहरी हो गई थी, जब उसी वर्ष गरमियों में बफे अपनी पत्नी व बच्चों के साथ छुट्टियाँ मनाने लॉस एंजिलेस गए थे। शारीरिक रूप से भले ही मुँगेर अप्रभावी था, लेकिन बफे उसकी बुद्धिमत्ता व आत्मविश्वास का दीवाना-सा बन गया था। बफे ने मुँगेर को अपनी वकालत पर ध्यान केंद्रित रखने का सुझाव दिया था; लेकिन बफे को तब आश्चर्य हुआ था, जब मुँगेर ने वकालत को 'प्रतिभा व समय बरबाद करनेवाला काम' बताया था।

> **बफे की तरह मुँगेर में भी धनी बनने का उल्लेखनीय जुनून था—इसलिए नहीं कि उसे फरारी की चाहत थी, बल्कि वह आर्थिक रूप से स्वतंत्र होने के लिए व्याकुल था। यही कारण था कि हार्वर्ड से लौटकर उसने 'मुँगेर, टोल्लेस एंड हिल्स' नाम से कानून प्रतिष्ठान जरूर स्थापित किया था, लेकिन वह उसमें अपना पूरा ध्यान नहीं लगा रहा था।**

वास्तव में, बफे की तरह मुँगेर में भी धनी बनने का उल्लेखनीय जुनून था—इसलिए नहीं कि उसे फरारी की चाहत थी, बल्कि वह आर्थिक रूप से स्वतंत्र होने के लिए व्याकुल था। यही कारण था कि हार्वर्ड से लौटकर उसने 'मुँगेर, टोल्लेस एंड हिल्स' नाम से कानून प्रतिष्ठान जरूर स्थापित किया था, लेकिन वह उसमें अपना पूरा ध्यान नहीं लगा रहा था। सन् 1962 में जब

बफे ने अपना कार्यालय किएविट प्लाजा में स्थानांतरित किया था, तब मुँगेर अपना निवेश साझेदारी प्रतिष्ठान चला रहा था। इस बीच बफे ने मुँगेर को मित्र से अधिक सलाहकार मानना शुरू कर दिया था। उसी वर्ष वसंत ऋतु में बफे विशेष रूप से डेम्प्सटर संबंधी समस्या पर चर्चा करने मुँगेर से मिलने लॉस एंजिलेस गए थे। मुँगेर बेंजामिन ग्राहम का शिष्य नहीं था। उसने बफे को डेम्प्सटर को घाटे में ही बेच देने की व्यावहारिक सलाह दी थी, क्योंकि समस्याग्रस्त कंपनियों को पटरी पर लाना बहुत ही मुश्किल काम होता है।

फिर भी, मुँगेर हैरी बोटली नामक व्यक्ति को जानता था, जो डेम्प्सटर को सुधारने के लिए सुयोग्य प्रबंधक हो सकता था। बफे ने लॉस एंजिलेस में ही बोटली का साक्षात्कार किया था और छह दिनों बाद बोटली ने बीट्राइस (नेब्रास्का) में डेम्प्सटर की कमान सँभाल ली थी। बफे के निर्देश को सख्ती से लागू करते हुए, बोटली ने सभी प्रकार ऊपरी खर्चों को काट दिया था, घाटा देनेवाले कई संयंत्रों को बंद कर दिया था और गोदामों में उत्पादित वस्तु-सूची की मात्रा को न्यूनतम स्तर पर ले आया था। उस वर्ष के अंत में जब बफे ने अपने निवेशकों को पत्र लिखा था तो हैरी बोटली को 'मैन ऑफ द इयर' संबोधित किया था। साल भर बाद जब डेम्प्सटर का परिचालन बहुत पतला हो चुका था, उसकी लाभदायकता लगातार बढ़ रही थी और उसकी 20 लाख डॉलर मूल्य की प्रतिभूतियाँ वित्तीय स्थिति को मजबूत साबित कर रही थीं, तब बफे ने उसे 23 लाख डॉलर के लाभ पर बेच दिया था। इस प्रकार, बफे अपने मूल पूँजी निवेश को तीन वर्ष में तीन गुना कर पाने में सफल हुआ था।

बफे के लिए यह सफलता इसलिए संभव हो सकी थी, क्योंकि उसने डेम्प्सटर को खाता मूल्य (बुक वैल्यू) से बहुत ही कम पर खरीदा था। उसने घबराहट में बेचने की बजाय उसे अच्छी स्थिति में लाने का धैर्य धारण किया था और उसने डेम्प्सटर की कायापलट के लिए हैरी बोटली जैसे 'सही प्रबंधक' का चयन किया था।

बफे के लिए यह सफलता इसलिए संभव हो सकी थी, क्योंकि उसने डेम्प्सटर को खाता मूल्य (बुक वैल्यू) से बहुत ही कम पर खरीदा था। उसने घबराहट में बेचने की बजाय उसे अच्छी स्थिति में लाने का धैर्य धारण किया था और उसने डेम्प्सटर

की कायापलट के लिए हैरी बोटली जैसे 'सही प्रबंधक' का चयन किया था।

इस घटना से बफे को समझ आया था कि किसी कंपनी की सफलता में 'सही प्रबंधक' का चयन कितना अधिक महत्त्वपूर्ण होता है। बाद में बफे ने यह भी महसूस किया था कि 'सही प्रबंधक' यथासंभव अधिकतम समय तक बनाए रखना भी चाहिए, क्योंकि "वैवाहिक बदलावों जैसे प्रबंधन के बदलाव भी कष्टदायक, समय खपानेवाले व संयोगी होते हैं।"

भीड़ में से 'नेतृत्वकर्ता' चुनने की कला

> **वॉरेन बफे का यह कथन बहुत रोचक है—"भले ही आप विश्व के सबसे बड़े प्रेमी हों और क्या हर किसी को लगेगा कि आप सबसे खराब प्रेमी हैं? या भले ही आप विश्व के सबसे खराब प्रेमी हों और क्या हर किसी को लगेगा कि आप सबसे बड़े प्रेमी हैं?"**

वॉरेन बफे का यह कथन बहुत रोचक है—"भले ही आप विश्व के सबसे बड़े प्रेमी हों और क्या हर किसी को लगेगा कि आप सबसे खराब प्रेमी हैं? या भले ही आप विश्व के सबसे खराब प्रेमी हों और क्या हर किसी को लगेगा कि आप सबसे बड़े प्रेमी हैं?" इस तरह, बफे ने अपना सिद्धांत विकसित किया है कि सभी लोगों के पास या तो आंतरिक या बाहरी अंक-पत्रक (स्कोर-कार्ड) होता है—हम स्वयं के प्रति सच्चे होते हैं या हम उसके अनुरूप होते हैं, जो हम मानते हैं कि दुनिया हमसे होने की इच्छा करती है। सच्चा नेतृत्वकर्ता अपने स्वयं के ढोलकिए की ताल का अनुसरण करता है, जबकि नौकरशाह दूसरों की कथित इच्छाओं पर झुकता है।

जी हाँ, अकेले खड़े रह पाना बहुत ही कठिन होता है, जब लोकप्रिय जनमत (पॉपुलर पब्लिक ओपिनियन) आपके खिलाफ हो; लेकिन वॉरेन बफे की इसी योग्यता ने उन्हें इतना अधिक धनवान् बनाया है। वह स्वामित्व हिस्सेदारियाँ (शेयर ऑफ स्टॉक) खरीदते हैं, जब हर कोई डर रहा होता है। वह हमेशा ही भीड़ के उलट जाकर अपना जीवन जीते रहे हैं। वह हमेशा ही भ्रम-धारणों से मुक्त व स्वतंत्र चिंतक रहे हैं और यही कारण है कि उन्हें कभी भी हारने की नौबत नहीं आई और वह हमेशा ही विजेता बन पाने में सफल होता रहे थे। वास्तव में, बफे

जैसे मुक्त चिंतक कभी भी भ्रम-धारणाओं के शिकार नहीं बनते हैं। वे अपने प्रारब्ध (डेस्टिनी) के स्वामी होते हैं। जब स्वामी विवेकानंद अपनी विश्व प्रसिद्ध घोषणा करते हैं कि "आप अपने प्रारब्ध के स्वयं रचयिता हैं।" तो वह यही तो कहते हैं।

शिकार बननेवाले या हारे हुए लोगों और विजेताओं की मानसिकताओं में क्या अंतर होता है? मनोवैज्ञानिकों का मत है कि दोनों प्रकार के व्यक्तियों के बीच केवल 'नियंत्रण की विशेष स्थिति' (लोकस ऑफ कंट्रोल) का अंतर होता है। यदि आपकी 'नियंत्रण की विशेष स्थिति' आंतरिक (इंटर्नल) होती है तो कुछ गलत हो जाने पर आप स्वयं को दोष देते हैं। आप मानते हैं कि आपका भाग्य आपके नियंत्रण में है और आप अपने नतीजों को नियंत्रित कर सकते हैं। और ऐसी मानसिक स्थिति में यदि आप असफल होते हैं तो उसका कारण आप स्वयं के कार्यों को ही मानते हैं, न कि दूसरे के। इसके उलट, यदि आपकी 'नियंत्रण की विशेष स्थिति' बाह्य (एक्सटर्नल) होती है तो कुछ गलत हो जाने पर आप स्वयं को नहीं, बल्कि दूसरों को ही दोष देते हैं।

वास्तव में, वॉरेन बफे की चिंतन प्रक्रिया पर अपने पिता होवार्ड होमान बफे का गहरा असर हुआ था। वॉरेन के पहले जन्मदिन में अभी दो सप्ताह बाकी थे, जब 13 अगस्त, 1931 को उनके पिता ने काम से घर लौटने के बाद यह समाचार सुनाया था कि उनका बैंक बंद हो चुका था। यह महामंदी (ग्रेट डिप्रेशन) को परिभाषित करनेवाला तथा विश्वास को तार-तार करनेवाला दृश्य था। यूनियन स्टेट बैंक में प्रतिभूति बिक्रीकर्मी (सिक्योरिटीज सेल्समैन) की उनकी नौकरी जा चुकी थी। जल्द ही उनकी बचत खत्म हो गई थी। वैसे तो होवार्ड के पिता अर्नेस्ट का स्वयं का किराना था, लेकिन उन्होंने किराना सामानों के भुगतान का बहुत ही कम समय दिया था। होवार्ड के लिए यह कड़वी

> **वॉरेन बफे की चिंतन प्रक्रिया पर अपने पिता होवार्ड होमान बफे का गहरा असर हुआ था। वॉरेन के पहले जन्मदिन में अभी दो सप्ताह बाकी थे, जब 13 अगस्त, 1931 को उनके पिता ने काम से घर लौटने के बाद यह समाचार सुनाया था कि उनका बैंक बंद हो चुका था। यह महामंदी (ग्रेट डिप्रेशन) को परिभाषित करनेवाला तथा विश्वास को तार-तार करनेवाला दृश्य था।**

दवा दी, क्योंकि उन्होंने उधार के प्रति घृणा विरासत में हासिल की थी, "अपनी साख बचाओ, जो कि पैसे से अधिक अच्छा है।" उन्हें अपने भविष्य की संभावना इतनी धुंधली नजर आ रही थी, लेकिन जल्द ही उन्होंने 'बफे, स्क्लेनिका एंड कंपनी' की घोषणा की थी और फर्नाम स्ट्रीट स्थित यूनियन स्टेट बैंक भवन में उसका कार्यालय खोल लिया था। यह ओमाहा की वही सड़क थी, जहाँ भविष्य में वॉरेन बफे रहने तथा काम करनेवाले थे।

होवार्ड बफे को तीसरी पीढ़ी का किराना स्टोर संचालक बनने में कोई रुचि नहीं थी। वह अपने पिता अर्नेस्ट की ही तरह स्वतंत्र सोच के व्यक्ति अवश्य थे, लेकिन वह कुछ नरम स्वभाव तथा किसी को डाँटने या धमकी देनेवाला नहीं थे। कुछ समय तक होवार्ड तेल-पाइप बिछानेवाली कंपनी में काम करते रहे थे, लेकिन उनकी वास्तविक रुचि दिमागी काम करने में थी।

याद रहे कि वॉरेन बफे के दादा अर्नेस्ट ने अपने बड़े भाई की इच्छा के विरुद्ध अपनी पसंद की लड़की से शादी कर ली थी, जिसके चलते दोनों भाइयों में विवाद हुआ था और उनकी बोलचाल बंद हो गई थी। ऐसे में, अर्नेस्ट को ओमाहा नगर केंद्र स्थित अपने पारिवारिक किराना स्टोर को छोड़ना पड़ा था। लेकिन अर्नेस्ट अपनी पारिवारिक व्यावसायिक कुशलता को आगे बढ़ाना चाहते थे और उन्होंने सन् 1915 में नगर के पश्चिमी हिस्से में 'बफे एंड सन' नामक नया किराना स्टोर स्थापित किया था। यह अर्नेस्ट बफे का चतुराई भरा कदम था, क्योंकि ओमाहा की नदी पश्चिम में फैल रही थी। उपनगरों में अवसर को देखते हुए अर्नेस्ट ने उधार पर सामान बेचने तथा घर पहुँचाने का व्यवसाय जमाया था। जल्द ही धनी परिवारों के रसोइयों ने बफे एंड सन को फोन पर आदेश देना शुरू कर दिया था। व्यवसाय तेजी से बढ़ा था। अर्नेस्ट अपने कर्मचारियों से 11 घंटों की पाली में क्रूरता से काम ले रहे थे।

लेकिन होवार्ड बफे को तीसरी पीढ़ी का किराना स्टोर संचालक बनने में कोई रुचि नहीं थी। वह अपने पिता अर्नेस्ट की ही तरह स्वतंत्र सोच के व्यक्ति अवश्य थे, लेकिन वह कुछ नरम स्वभाव तथा किसी को डाँटने या धमकी देनेवाला नहीं थे। कुछ समय तक होवार्ड तेल-पाइप बिछानेवाली कंपनी में काम करते रहे थे, लेकिन

उनकी वास्तविक रुचि दिमागी काम करने में थी। वह नेब्रास्का विश्वविद्यालय (लिंकन) में 'डेली नेब्रास्कन' के संपादक रहे थे और पत्रकारिता में अपना पेशेवर जीवन बनाना चाहते थे। यह वही समय था, जब लीला स्टॉल भी विश्वविद्यालय में दाखिल हुई थी। ओमाहा से 82 मील पश्चिम में वेस्ट पॉइंट (नेब्रास्का) में पली-बढ़ी लीला को 16 वर्ष की उम्र में हाई स्कूल की पढ़ाई पूरी करने के बाद विश्वविद्यालय में दाखिल होने की फीस जुटाने के तीन वर्षों तक अपने पिता के साप्ताहिक समाचार-पत्र में काम करना पड़ा था। वह 'डेली नेब्रास्कन' में काम माँगने के लिए होवार्ड के पास गई थी। लीला सुंदर थी। होवार्ड ने उसे नौकरी तो दे दी थी, लेकिन तत्काल प्रेम-निवेदन भी कर दिया था। आकर्षण दोनों ही तरफ से बराबर था। जब उसकी स्नातक की पढ़ाई पूरी होनेवाली थी तो होवार्ड ने लीला का हाथ माँग लिया था। पढ़े-लिखे पिता जॉन स्टॉल ने यह सोचकर कि लीला अपनी पढ़ाई पूरी करेगी, अपना आशीर्वाद दे दिया था। सन् 1925 में क्रिसमस के एक दिन बाद, जब वेस्ट पॉइंट में तापमान शून्य से 10 डिग्री नीचे चल रहा था, लीला व होवार्ड का विवाह समारोह संपन्न हो गया था। हनीमून की छुट्टियों पर जाने की बजाय दोनों बस से ओमाहा आ गए थे।

सन् 1928 में जब लीला ने अपनी पहली संतान डोरिस को जन्म दिया था, तब वह 105 डिग्री बुखार में थी। और, दो साल बाद जब उमस भरी गरमियों में 30 अगस्त, 1930 को लीला ने अपने पुत्र वॉरेन एडवर्ड बफे को जन्म दिया था, तब मूसलधार बारिश 89 डिग्री तापमान को तोड़ रही थी।

हालाँकि होवार्ड को पहले ही अखबार में नौकरी का प्रस्ताव मिल चुका था, जो उनके सपने के पूरा होने जैसा था, लेकिन उनके पिता के मित्र ने उनके लिए बीमा कंपनी में 25 डॉलर प्रति सप्ताह की नौकरी ढूँढ़ रखी थी। होवार्ड ने विश्वविद्यालय खर्च का भुगतान करनेवाले पिता की इच्छा के समक्ष अपने पत्रकारिता के सपने को समर्पित कर दिया था। यह समर्पण समय की माँग थी। नव दंपती ने बेकर एवेन्यू (ओमाहा) में कोयले की भट्ठी वाले दो शयन-कक्षोंवाले लकड़ी के बँगले में अपना जीवन शुरू किया था। अवैध माँ की छत्रच्छाया में पली-बढ़ी लीला के लिए यह कठिन शुरुआत थी। वह गृहिणी बनने के लिए तैयार

नहीं थी। होवार्ड कार का उपयोग करते थे, जबकि लीला सार्वजनिक वाहन से अंशकालिक सचिव या मुद्रण संबंधी नौकरी पर जाती थी और उस समय कई बार होवार्ड से अधिक साप्ताहिक कमाई कर लेती थी। घर लौटने के बाद लीला को घर का सारा काम भी करना पड़ता था। ऐसे में, लीला को आँख की शल्य-क्रिया हुई थी और उसे बार-बार सिरदर्द रहने लगा था। सन् 1928 में जब लीला ने अपनी पहली संतान डोरिस को जन्म दिया था, तब वह 105 डिग्री बुखार में थी। और, दो साल बाद जब उमस भरी गरमियों में 30 अगस्त, 1930 को लीला ने अपने पुत्र वॉरेन एडवर्ड बफे को जन्म दिया था, तब मूसलधार बारिश 89 डिग्री तापमान को तोड़ रही थी।

जब वॉरेन ने विद्यालय जाना शुरू किया था, तब होवार्ड बफे का सौभाग्य तेजी सुधर रहा था। जब वॉरेन छह वर्ष का हुआ था, तब बफे परिवार उपनगरीय 53-नॉर्थ स्ट्रीट पर ईंट से बने बड़े घर में स्थानांतरित हो गया था।…और अब बफे परिवार में बुरे दिनों की चर्चा नहीं होती है। उन्हें हमेशा के लिए बाहर निकाला जा चुका था। उसी वर्ष गरमियों की छुट्टियों में जब होवार्ड अपने परिवार को ओकोओजी (उत्तर-पश्चिमी आयोवा के वेस्ट ओकोबोजी लेक के पूर्वी किनारे पर बसा शहर) ले गया था, तब छह वर्ष के वॉरेन एडवर्ड बफे ने अपने पहले व्यवसाय को आजमाया था। उसने 25 सेंट कोक के छह डब्बे खरीदे थे और झील के किनारे घूम रहे सैलानियों को 5 सेंट प्रति कोक बेचकर 5 सेंट का लाभ कमाया था। वहाँ से ओमाहा वापस लौटने के बाद, जब गरमियों की रातों में दूसरे बच्चे गलियों में खेला करते थे, तब वॉरेन बफे ने अपने दादा की दुकान से 'सोडा पॉप' खरीदकर घर-घर जाकर बेचना शुरू कर दिया था। जी हाँ, उसी समय से वॉरेन पर पैसे कमाने की धुन सवार हो गई थी, इसलिए नहीं कि उसे जेब खर्च पूरे करने थे, बल्कि इसलिए कि उसे अपनी महान् आकांक्षा को आगे बढ़ाना था।

> **वॉरेन जब सात वर्ष का था, तब रहस्यमय बुखार के चलते उसे अस्पताल में भरती कराना पड़ा था। चिकित्सकों ने उसकी आँत के अवशिष्ट टुकड़े (अपेंडिक्स) को बाहर निकाल दिया, फिर भी वह इतना बीमार पड़ा रहा था कि उसके मर जाने की आशंका गहरा गई थी।**

वॉरेन जब सात वर्ष का था, तब रहस्यमय बुखार के चलते उसे अस्पताल में भरती कराना

पड़ा था। चिकित्सकों ने उसकी आँत के अवशिष्ट टुकड़े (अपेंडिक्स) को बाहर निकाल दिया, फिर भी वह इतना बीमार पड़ा रहा था कि उसके मर जाने की आशंका गहरा गई थी। ऐसी हालत में उसके पिता ने उसका पसंदीदा 'नूडल सूप' पीने को दिया था, तो उसने पीने से मना कर दिया था। लेकिन जब उसे अकेले छोड़ दिया गया था, तब उसने पेंसिल उठाई थी और पूरे पृष्ठ को अंकों से भर दिया था। उसने अपनी नर्स को बताया था कि यह उसकी भविष्य की पूँजी को दरशाता था। उसने खुश होकर कहा था, "मेरे पास अभी अधिक पैसे नहीं हैं, लेकिन किसी दिन होंगे, और मेरा चित्र अखबार में होगा।" जी हाँ, कथित तौर पर अपनी मौत के समय में भी वॉरेन सा सूप में नहीं, बल्कि पैसे के सपने में ही संकट-सहायता खोज रहा था। कहा जाता है कि उस घटना के बाद होवार्ड बफे ने दृढ़ निश्चय कर लिया था कि वह वॉरेन के साथ कभी भी अपनी जैसी कठिनाई का अनुभव नहीं दोहराने देगा। उसने प्रतिज्ञा की थी कि अपने पिता अर्नेस्ट के उदहरण का अनुसरण नहीं करेगा और अपने बेटे को नीचा नहीं दिखेगा। उसके बाद होवार्ड ने कभी भी अपनी प्रतिज्ञा में असफल हुए बिना वॉरेन में विश्वास प्रकट किया था और वह जो कुछ भी करता रहा था, उसमें हरसंभव सहायता ही की थी। चूँकि वॉरेन का कभी भी अपनी तुनक मिजाज माँ से नजदीकी संबंध विकसित नहीं हो सका था, इसलिए उसका समूचा ब्रह्मांड अपने पिता के चारों तरफ घूमता रहा था।

छह फीट लंबा भव्य व्यक्तित्ववाला होवार्ड बफे का व्यक्तित्व शारीरिक व अन्य मामलों में भी अपने परिवार में सबसे ऊँचा था। उसने परिवार के भरण-पोषण के लिए कड़ी मेहनत की थी, न केवल अपने दलाली प्रतिष्ठान का बल्कि साउथ ओमाहा फीड कंपनी का भी स्वामित्व धारण किया था। लेकिन वह पैसे को लेकर बहुत उत्साहित था। बल्कि धर्म व राजनीति उसके

छह फीट लंबा भव्य व्यक्तित्ववाला होवार्ड बफे का व्यक्तित्व शारीरिक व अन्य मामलों में भी अपने परिवार में सबसे ऊँचा था। उसने परिवार के भरण-पोषण के लिए कड़ी मेहनत की थी, न केवल अपने दलाली प्रतिष्ठान का बल्कि साउथ ओमाहा फीड कंपनी का भी स्वामित्व धारण किया था। लेकिन वह पैसे को लेकर बहुत उत्साहित था। बल्कि धर्म व राजनीति उसके जुनून थे।

जुनून थे। वह आत्म-जागरूकता के साथ एक नैतिक व्यक्तित्व था और अपनी धारणाओं को प्रकट करने का साहस भी रखता था। कुल मिलाकर होवार्ड बफे चरम रूढ़िवादी था। वह अपने बच्चों को न केवल भगवान्, बल्कि समाज के प्रति अपनी जिम्मेदारियों को भी याद दिलाया करता था। वह अपने शब्दों पर चलनेवाला व्यक्ति था। उसने कभी भी शराब व सिगरेट को हाथ नहीं लगाया था। यदि किसी नजदीकी निवेशक की ऋण प्रतिभूति (डेब्ट सिक्योरिटीज/बॉण्ड) खराब प्रदर्शन करता था तो वह उन्हें अपने खाते के लिए दोबारा खरीदने पर बुरा महसूस करता था। वह रिपब्लिकन पार्टी की तरफ से चार बार संयुक्त राज्य अमेरिका प्रतिनिधि सभा के लिए भी चुना गया था, लेकिन उसने विशुद्ध ईमानदारी की राजनीति की थी। उसने वॉरेन को हमेशा यही सिखाया था कि वह स्वयं अपने जीवन का नियंत्रक था, न कि बाकी संसार; इसलिए वह स्वयं ही यह निश्चित करेगा कि उसका जीवन कैसा होगा, न कि बाकी संसार।

जब आयरलैंड के दो बैंकों में वॉरेन बफे का निवेश असफल हुआ था और जब उन्होंने बहुराष्ट्रीय ऊर्जा निगम कोनोकोफिलिप्स कंपनी की स्वामित्व हिस्सेदारियों को ऊँचे भुगतान पर खरीदा था, तब स्वयं वह ही असफल हुए थे। और वॉरेन बफे ने उन गलतियों को सार्वजनिक रूप से स्वीकार भी किया था।

लेकिन 'नियंत्रण की विशेष स्थिति' को आंतरिक (इंटर्नल) बनाए रखना हमेशा आसान नहीं होता है। ऐसी स्थिति में जब आप सफल होते हैं, तो वह आप ही हैं, जो सफल हुआ था और जब आप असफल होते हैं, तब भी वह आप ही होते हैं, जो असफल हुआ है। आप अपनी असफलता के लिए किसी और को बलि का बकरा नहीं बना सकते आप अपने अतिरिक्त किसी और पर अपनी असफलता को थोप नहीं सकते; और यह स्थिति स्वयं को अभिशाप देने जैसी ही होती है। लेकिन सच्चा नेतृत्वकर्ता सफलता व असफलता—दोनों के लिए ही स्वयं को उत्तरदायी मानता है। यही कारण है कि जब आयरलैंड के दो बैंकों में वॉरेन बफे का निवेश असफल हुआ था और जब उन्होंने बहुराष्ट्रीय ऊर्जा निगम कोनोकोफिलिप्स कंपनी की स्वामित्व हिस्सेदारियों को ऊँचे भुगतान पर खरीदा था, तब स्वयं वह ही असफल हुए थे।

और वॉरेन बफे ने उन गलतियों को सार्वजनिक रूप से स्वीकार भी किया था। यही कारण है कि वॉरेन बफे हमेशा ही वैसे प्रबंधकों/मुख्य कार्यकारी अधिकारियों का चयन करते हैं, जो अपने व्यवसाय की सफलता-असफलता दोनों का उत्तरदायित्व स्वयं ही लेते हैं।

और भी बहुत कुछ चाहिए प्रबंधक में

वॉरेन बफे 'सही प्रबंधकों' के चुनाव में और भी बहुत कुछ देखते हैं।

क्या वह अपने काम से प्यार करते हैं? बफे देखते हैं कि वह जिस व्यक्ति को अपना व्यवसाय सौंप रहे हैं, वह क्या वही काम कर रहा है, जिसे वह प्यार करता है? बफे का बहुत ही रोचक कथन है, "एक समय आता है, जब आपको वही शुरू करना चाहिए, जो आप करना चाहते हैं। वही काम लें, जिसे आप प्यार करते हैं। आप सुबह में बिस्तर से कूद पड़ेंगे। मुझे लगता है कि आप अपना मस्तिष्क खो देते हैं, यदि आप ऐसी नौकरी करते रहें, जो आप पसंद नहीं करते हैं; क्योंकि आप सोचते हैं कि यह आपके जीवन-परिचय में अच्छा दिखेगा। क्या यह कुछ वैसा ही नहीं है कि आप अपने बुढ़ापे के लिए यौन-क्रिया (सेक्स) की बचत कर रहे हैं?"

> **हम धन की खोज में बहुधा ऐसे काम करने लग जाते हैं, जिन्हें हम पसंद नहीं करते हैं। लेकिन विडंबना यह है कि हम दिन-पर-दिन, साल-दर-साल वही काम करते रह जाते हैं, तब तक अंत में हमारा समय ही खत्म हो जाता है।**

वास्तव में, हम धन की खोज में बहुधा ऐसे काम करने लग जाते हैं, जिन्हें हम पसंद नहीं करते हैं। लेकिन विडंबना यह है कि हम दिन-पर-दिन, साल-दर-साल वही काम करते रह जाते हैं, तब तक अंत में हमारा समय ही खत्म हो जाता है। इस बीच हम स्वयं को यह भरोसा देकर भ्रम में डाले रखते हैं कि एक दिन आएगा, जब हम अंततः वह काम करेंगे, जिसका हम सपना देखते रहे हैं। इस तरह की पीड़ा कमाई के नाम पर जीवन के प्रारंभिक काल में ही शुरू हो जाती है और आवश्यकता के अनुसार इसकी भविष्यवाणी की जाती है। यदि हम इसके पीछे के मनोविज्ञान पर ध्यान दें तो स्पष्ट होगा कि कई बार इस तरह की पीड़ा की आधारशिला लालच के अतिरिक्त और कुछ नहीं होती। वॉरेन का मानना है कि

लालच के नाम पर वह नहीं करना, जिसे हम प्यार करते हैं, अपने जीवन का खराब प्रबंधन है। हमारे मन की यह स्थिति काम को कठिन परिश्रम बना देती है, हमें नीचे की ओर धकेलती है और हमारी आत्मा को नष्ट कर देती है। हो सकता है कि हम खूब पैसा कमा रहे हों, लेकिन उस काम को करते हुए, जो नौ-दस घंटे का हम समय बिताते हैं, वह बहुत ही दुःखद होता है।

> **व्यवसाय जगत् में जो भी लोग बहुत अधिक सफल हैं, वे लोग वही काम करते हैं, जिससे वे प्यार करते हैं। रोचक तथ्य यह है कि जो चीज उन लोगों को हमेशा संचालित रखती है, वह 'पैसा' नहीं है। यह वही चीज है, जो किसी गायक को गीत गाने के लिए और किसी खिलाड़ी को खेलने के लिए प्रेरित करती है, और वह है–अपने काम से प्यार।**

व्यवसाय जगत् में जो भी लोग बहुत अधिक सफल हैं, वे लोग वही काम करते हैं, जिससे वे प्यार करते हैं। रोचक तथ्य यह है कि जो चीज उन लोगों को हमेशा संचालित रखती है, वह 'पैसा' नहीं है। यह वही चीज है, जो किसी गायक को गीत गाने के लिए और किसी खिलाड़ी को खेलने के लिए प्रेरित करती है, और वह है—अपने काम से प्यार। आप भले ही जो भी हों—बढ़ई, नाई, कसाई, मोची, रसोइया, चालक, बिक्रीकर्मी (सेल्समैन), सुरक्षाकर्मी (सिक्यूरिटी मैन), कंप्यूटर कार्यक्रम-निर्माता (प्रोग्रामर), चिकित्सक (डॉक्टर), अधिकार प्राप्त लेखापाल (चार्टर्ड अकाउंटेंट), वकील आदि कुछ और भी, यदि आप सचमुच अपने काम को प्यार करते हैं तो आप सफलता की कोई भी ऊँचाई प्राप्त कर सकते हैं। ऐसे लोग ही अपने पेशे में सबसे अधिक धन व यश प्राप्त कर पाते हैं। स्पष्ट है कि अपने काम से प्यार करना और सफलता व धन हासिल करना—दोनों एक साथ ही चलते हैं।

यही कारण है कि वॉरेन बफे प्रबंधकों/मुख्य कार्यकारी अधिकारियों के चयन के समय यह सुनिश्चित करते हैं कि उन्हें जो काम सौंपा जा रहा है, वह अपने काम से प्यार करते हैं। ऐसे ही लोग अपने काम में आनंद व गर्व का अनुभव करते हैं, अपने सहकर्मियों को अपनी संभावनाओं को उभारने के लिए प्रेरित करते हैं और समूचे व्यवसाय की संचालक-शक्ति (ड्राइविंग फोर्स) बन जाते हैं। और उन लोगों

की सामूहिक शक्ति ने वॉरेन बफे को वर्तमान युग का महान् प्रतिभाशाली नेतृत्वकर्ता सिद्ध किया है।

क्या उन्हें अपने उत्पाद पर भरोसा है ? वॉरेन बफे ने अपने पेशेवर जीवन की शुरुआत में ही सीख लिया था कि सर्वश्रेष्ठ बिक्रीकर्मी वही हों, जो अपने उत्पादों में भरोसा रखते हैं। जो अपने उत्पादों के प्रति जुनूनी होते हैं, वे उन्हें बेचने में आनंद महसूस करते हैं और हमेशा ही उनकी बिक्री का स्तर बहुत ही ऊँचा रहता है। ऐसे लोग अपने उत्पादों को बेचने में ही नहीं, उनसे संबंधित अन्य विषयों—कच्चा माल, उत्पादन प्रक्रिया, सर्वोत्तम उपयोगिता आदि में भी उतनी ही रुचि लेते हैं। और जिस बिक्रीकर्मी को अपने उत्पाद से संबंधित सभी प्रकार की जानकारियाँ होती हैं, वे उपभोक्ताओं को आसानी से प्रभावित कर लेते हैं। बफे ने अपनी कंपनियों में ऐसे ही लोगों को तो संकलित किया है, जो अपने उत्पाद व व्यवसाय पर भरोसा करते हैं। यही कारण है कि बर्कशायर की सहायक कंपनियों में ऐसे मुख्य कार्यकारी अधिकारियों की संख्या अधिक है, जिन्होंने अपने पेशेवर जीवन का अधिकांश समय एक ही कंपनी के संचालन में गुजारा है। रोचक तथ्य यह भी है कि इनमें से कई लोग ऐसे भी रहे हैं, जिनकी व्यक्तिगत संपत्तियाँ बहुत अधिक रही हैं।

> **ओमाहा में जनमे, पले-बढ़े बफैलो न्यूज के प्रकाशक स्टैनफोर्ड लिपसे का नाम सबसे ऊपर आता है, जिन्होंने वॉरेन बफे के साथ चार दशकों से अधिक समय तक काम किया था। वर्ष 1969 में बफे ने लिपसे द्वारा स्थापित-संचालित स्थानीय साप्ताहिक समाचार-पत्र समूह 'सन न्यूजपेपर्स' को अधिगृहीत किया था।**

इस संदर्भ में, ओमाहा में जनमे, पले-बढ़े बफैलो न्यूज के प्रकाशक स्टैनफोर्ड लिपसे का नाम सबसे ऊपर आता है, जिन्होंने वॉरेन बफे के साथ चार दशकों से अधिक समय तक काम किया था। वर्ष 1969 में बफे ने लिपसे द्वारा स्थापित-संचालित स्थानीय साप्ताहिक समाचार-पत्र समूह 'सन न्यूजपेपर्स' को अधिगृहीत किया था। वर्ष 1980 में बफे ने उन्हें बफैलो न्यूज का प्रकाशक नियुक्त किया था, जहाँ वह अगले 32 वर्षों तक उसी पद पर काम करते हुए थे 2012 में सेवानिवृत्त हुए थे। चार वर्ष बाद सन् 2016 में उनकी मृत्यु हो गई थी। इसी प्रकार, इरविन ब्लमकिन ने आठ

वर्ष की उम्र में ही वर्ष 1967 अपनी दादी रोज ब्लमकिन (मिसेज बी) द्वारा स्थापित नेब्रास्का फर्नीचर मार्ट में काम शुरू किया था, जहाँ उसके पिता लुई ब्लमकिन परिचालन का काम सँभालते थे। 1980 के दशक में इरविन ने सी.ई.ओ. का पदभार ग्रहण किया था और अपने भाई रोन ब्लमकिन के साथ व्यवसाय संचालित करता आ रहा है। ये लोग व्यक्तिगत रूप से इतने अधिक धनी रहे हैं कि कभी भी सेवानिवृत्त हो सकते थे। लेकिन लिपसी भी अपने काम के प्रति जुनूनी थे और इरविन भी। इरविन की दादी 103 वर्ष की आयु तक सक्रिय रही थीं और उसके पिता लूई ब्लमकिन अभी भी अवकाश-प्राप्त चेयरमैन हैं। याद रहे कि बफे ने सन् 1983 में ही ब्लमकिन परिवार की 80 प्रतिशत स्वामित्व हिस्सेदारी को खरीद लिया था, लेकिन उसने कभी भी नेब्रास्का फर्नीचर मार्ट की व्यावसायिक कमान पहले की तरह परिवारजनों के हाथों में ही बनाए रखी है, क्योंकि वे सभी अपने काम से प्यार करते रहे हैं। अपने उत्पादों पर भरोसा करते रहे हैं।

वही उत्कृष्ट प्रबंधक है, जो सुबह जगता है तो अपने व्यवसाय के बारे में सोचता है और जब रात में सोता है, तब भी अपने व्यवसाय का ही सपना देखता है।

क्या वह अपने काम के प्रति जुनूनी हैं? वॉरेन बफे की दृष्टि में—''वही उत्कृष्ट प्रबंधक है, जो सुबह जगता है तो अपने व्यवसाय के बारे में सोचता है और जब रात में सोता है, तब भी अपने व्यवसाय का ही सपना देखता है।'' उनका मानना है कि "जुनून (ऑब्सेशन) पूर्णता (परफेक्शन) की कीमत है।" वॉरेन केवल अपने प्रबंधकों से ही जुनून की अपेक्षा नहीं रखते हैं, वह खुद भी तो आजीवन जुनूनी ही रहे हैं। यह जुनून ही था कि वॉरेन 'मूडी'ज मैन्युअल' को रट पाने में सफल रहे थे और आज भी अपने सभी व्यवसायों से संबंधित आँकड़े उनकी जिह्वा पर होते हैं। वॉरेन ने नेब्रास्का फर्नीचर मार्ट को इसलिए खरीदा कि उसे 'मिसेज बी' जैसी जुनूनी महिला संचालित कर रही थी और जिसने अपने बच्चों को भी जुनूनी बना दिया था।

अब मोटर वाहन बीमा कंपनी गवर्नमेंट एंप्लॉई इंश्योरेंस कंपनी (जी.ई.आई.के. को चेयरमैन व मुख्य कार्यकारी अधिकारी ओल्जा एम. टोनी निसेली के ही पेशेवर जीवन को देखें तो पता चलता है कि सन् 1961 में 18 वर्ष की उम्र में लिपिक (क्लर्क) के रूप में वहाँ काम शुरू किया था। विभिन्न पदों पर काम करते

हुए, टोनी सन् 1993 में वर्तमान पद पर पहुँचे थे। इस तरह, टोनी को एक ही कंपनी में काम करते हुए 56 वर्ष बीत चुके हैं। उनकी आयु 74 वर्ष को पार कर रही है और उनकी व्यक्तिगत संपत्ति का निवल मूल्य (नेटवर्थ) 1.5 करोड़ डॉलर (जनवरी 2017) में आँका गया था। फिर भी, वह कब सेवानिवृत्त होंगे, यह स्वयं उन्हें भी पता नहीं था, क्योंकि टोनी जैसे जुनूनी व्यक्ति तब तक काम करते रहते हैं, जब तक कि उनके शरीर व मस्तिष्क काम करते रहते हैं। और बफे को ऐसे ही प्रबंधक पसंद हैं।

टोनी को एक ही कंपनी में काम करते हुए 56 वर्ष बीत चुके हैं। उनकी आयु 74 वर्ष को पार कर रही है और उनकी व्यक्तिगत संपत्ति का निवल मूल्य (नेटवर्थ) 1.5 करोड़ डॉलर (जनवरी 2017) में आँका गया था। फिर भी, वह कब सेवानिवृत्त होंगे, यह स्वयं उन्हें भी पता नहीं था, क्योंकि टोनी जैसे जुनूनी व्यक्ति तब तक काम करते रहते हैं, जब तक कि उनके शरीर व मस्तिष्क काम करते रहते हैं। और बफे को ऐसे ही प्रबंधक पसंद हैं।

कुछ ऐसी ही कहानी विश्व की अग्रणी विमानन प्रशिक्षण संगठन 'फ्लाइट सेफ्टी इंटरनेशनल' के संस्थापक अल्बर्ट ली 'अल' उलेत्स्की की रही है। जब चार्ल्स लिंडबर्ग ने सन् 1927 में अटलांटिक महासागर के आर-पार एकल उड़ान भरी थी तो उनके रेडियो प्रसारण को सुनने के बाद अल्बर्ट उलेत्स्की पर उड़ान का जुनून सवार हुआ था। फिर उन्होंने उड़ान के प्रशिक्षण के लिए धन जुटाने के लिए 'लिटिल हॉक' नामक हैमबर्गर अड्डा खोला था। 16 साल की उम्र में वह एकल उड़ानें भरने लगे थे। जल्द ही उन्होंने देश भर में घूम-घूमकर उड़ान प्रशिक्षण देने के लिए केंटुकी विश्वविद्यालय की पढ़ाई भी छोड़ दी थी और अंततः पैन अमेरिकन वर्ल्ड एयरवेज (पैनएम) में विमान चालक बन गए थे। वहाँ पर दस वर्षों तक विमान उड़ाने के बाद उलेत्स्की ने महसूस किया था कि निगमित क्षेत्र के विमान चालकों को विमानन कंपनियों जैसा श्रमसाध्य प्रशिक्षण नहीं दिया जाता था और उन्होंने सन् 1951 में 50 वर्ष की आयु 'फ्लाइट सेफ्टी इंटरनेशनल' की स्थापना की थी। अगले 17 वर्षों बाद, जब सन् 1968 में कंपनी सार्वजनिक हुई थी, तब तक उलेत्स्की को 'आधुनिक उड़ान

प्रशिक्षण का पिता' माना जाने लगा था। सन् 1996 में उलेत्स्की ने 1.5 डॉलर मूल्य के बर्कशायर हैथवे के 16,000 शेयर्स के बदले में वॉरेन बफे को अपनी कंपनी की नियंत्रणकारी स्वामित्व हिस्सेदारी बेच दी थी; लेकिन बफे ने सुनिश्चित किया था कि उलेत्स्की आजीवन अपनी कंपनी से जुड़े रहें।

वर्ष 2012 में 95 वर्ष की आयु में जब अल उलेत्स्की की मृत्यु हुई थी, तब फ्लाइट सेफ्टी इंटरनेशनल अपने 1,800 प्रशिक्षकों के माध्यम से 135 प्रकार के विमानों के लिए 4,000 से अधिक व्यक्तिगत पाठ्यक्रमों का संचालन कर रही थी और 167 देशों के ग्राहकों की सेवा करने के लिए 320 से अधिक उड़ान अनुकारियों (फ्लाइट सिमुलेटर) का उपयोग कर रही थी। बाद में वॉरेन बफे ने उलेत्स्की के बारे में टिप्पणी की थी, "अल समझ गए थे कि मैं क्या कर रहा था। मैं समझ गया था कि फ्लाइट सेफ्टी का क्या उद्देश्य था और मैं कह सकता था कि वह अपने व्यवसाय से प्यार करते थे। मैं किसी भी व्यक्ति के पद के बारे में स्वयं से जो सबसे पहला प्रश्न पूछता हूँ, वह है—क्या वे पैसे से प्यार करते हैं या वे व्यवसाय से प्यार करते हैं? लेकिन अल के लिए पैसा पूरी तरह गौण था। वह व्यवसाय से प्यार करते हैं और यही वह है, जिसकी मुझे आवश्यकता होती है; क्योंकि यदि वे पैसे से प्यार करते तो मेरे कंपनी खरीदने के अगले ही दिन वे चले गए होते।"

मैं किसी भी व्यक्ति के पद के बारे में स्वयं से जो सबसे पहला प्रश्न पूछता हूँ, वह है—क्या वे पैसे से प्यार करते हैं या वे व्यवसाय से प्यार करते हैं? लेकिन अल के लिए पैसा पूरी तरह गौण था। वह व्यवसाय से प्यार करते हैं और यही वह है, जिसकी मुझे आवश्यकता होती है; क्योंकि यदि वे पैसे से प्यार करते तो मेरे कंपनी खरीदने के अगले ही दिन वे चले गए होते।

जी हाँ, वॉरेन बफे हमेशा ही अपने प्रबंधकों के बारे में सबसे पहले यह पता लगाने की कोशिश करते हैं कि क्या वह बचपन से ही व्यवसाय से प्यार करता रहा है या नहीं? बफे का मानना रहा है कि यदि किसी प्रबंधक ने अपने बचपन में पढ़ाई में ध्यान देने की बजाय छोटे-मोटे व्यवसाय में अधिक रुचि ली हो तो वह बहुत पढ़े-लिखे प्रबंधकों की तुलना में अधिक अच्छी सफलता प्राप्त कर सकता

है; क्योंकि व्यवसाय के प्रति उसका बचपन का प्यार उसे सफलता के लिए जुनूनी बनाता है। तो, बफे सबसे पहले अपने प्रबंधकों में यही देखते हैं कि वह अपने काम से कितना प्यार करता है, उसके प्रति कितना जुनूनी है; और यदि वह पढ़ा-लिखा है तथा अन्य विषयों में भी होशियार है तो यह उसके लिए 'सोने पर सुहागा' ही होता है।

वह कितना सच्चा व ईमानदार है? वॉरेन बफे का मानना है कि यदि कोई कर्मचारी या प्रबंधक दूसरों के प्रति सच्चा व ईमानदार है तो इस बात की अधिक संभावना है कि वह उनसे सीखकर अपनी गलतियों को सुधार लेगा। इसके विपरीत, जब प्रबंधक या कर्मचारी अपनी गलतियों की उपेक्षा करता है या फिर अपनी गलतियों को दूसरों पर थोपने की कोशिश करता है तो बहुत अधिक आशंका है कि अन्य महत्त्वपूर्ण चीजों के बारे में भी स्वयं से झूठ बोलेगा और उसमें सुधार की संभावना ही समाप्त हो जाएगी। बफे का कहना है, "जो प्रबंधक 'अंक बनाने' का वादा करता है, वह किसी समय अंकों की सजावट का लालच करेगा।" यही कारण था कि वह ऐसे प्रबंधकों का चुनाव करने से बचता था, जो काम से अधिक अपने रोजगार अनुबंध (एंप्लॉयमेंट कॉण्ट्रेक्ट) के बारे में चर्चा करने की कोशिशें करता था। उसका कहना था कि ऐसे व्यक्तियों के साथ व्यवसाय नहीं किया जा सकता, जो अनुबंध से उत्साहित होते हैं। व्यवसाय जगत् में यदि प्रबंधक दिन के उजाले की तरह ईमानदार है तो वह पहले से बैंक खाते में पड़े हुए पैसे की तरह है। और बफे हमेशा ऐसे ही प्रबंधकों को ढूँढ़ते रहे हैं।

व्यवसाय का लाभ उतना ही अधिक महत्त्वपूर्ण होता है, जितना जीवन के लिए दौड़ रहा खून। जैसे खून का बहाव थमते ही जीवन सताप्त हो जाता है, उसी प्रकार लाभ का प्रवाह थमते ही व्यवसाय भी और व्यवसाय में लाभ के प्रवाह को बनाए रखने का एकमात्र तरीका यही होता है कि उत्पाद की लागत को बिक्री मूल्य से यथासंभव कम रखा जाए।

क्या वह लागत-प्रबंधन कर सकता है? व्यवसाय का लाभ उतना ही अधिक महत्त्वपूर्ण होता है, जितना जीवन के लिए दौड़ रहा खून। जैसे खून का बहाव थमते ही जीवन सताप्त हो जाता है, उसी प्रकार लाभ का प्रवाह थमते ही व्यवसाय भी और व्यवसाय में लाभ के प्रवाह को

बनाए रखने का एकमात्र तरीका यही होता है कि उत्पाद की लागत को बिक्री मूल्य से यथासंभव कम रखा जाए। बिक्री मूल्य व लागत मूल्य का अंतर ही लाभ सीमा (प्रॉफिट मार्जिन) कहा जाता है। पैसा बनाने का और कोई दूसरा तरीका या समीकरण नहीं हो सकता है। यदि आप लाभ सीमा को बनाए नहीं रख पाते हैं तो यह भी तय ही है कि आप अधिक समय तक व्यवसाय में नहीं बने रह सकते। और यदि आप बहुत अधिक लाभ कमा सकने में सक्षम हैं तो आप केवल जीवन-यापन ही नहीं कर सकते, बहुत अधिक धनी भी हो सकते हैं।

व्यवसाय के प्रबंधक के रूप में किसी भी व्यक्ति के दो ही प्रमुख लक्ष्य होते हैं—बिक्री को बढ़ाने के लिए बिक्रीकर्मियों के दल को प्रोत्साहित कर अधिकतम मूल्य पर उत्पादों की बिक्री करना और उत्पादन व कच्चा माल खरीद दलों को प्रोत्साहित कर लागत मूल्य को न्यूनतम स्तर पर बनाए रखना। लागत मूल्य को न्यूनतम स्तर पर बनाए रखना सबसे अधिक महत्त्वपूर्ण होता है, क्योंकि यही बिक्री मूल्य को भी निर्धारित करता है। यदि लागत कम होगी तो उत्पाद को प्रतिस्पर्धी मूल्य पर अधिक मात्रा में आसानी से बेच पाना संभव होगा और फिर अधिक लाभ-सीमा रख पाना भी।

> **यदि व्यवसाय प्रबंधक 'लागत के प्रति जागरूक' नहीं है तो उसके लिए लागत को न्यूनतम स्तर पर बनाए रखना संभव नहीं होगा। बफे का कहना है कि यदि प्रबंधक छोटी चीजों के बारे में अनुशासित नहीं है तो वह बड़ी चीजों के बारे में भी अनुशासनहीन ही होगा।**

ऐसे में, यदि व्यवसाय प्रबंधक 'लागत के प्रति जागरूक' नहीं है तो उसके लिए लागत को न्यूनतम स्तर पर बनाए रखना संभव नहीं होगा। बफे का कहना है कि यदि प्रबंधक छोटी चीजों के बारे में अनुशासित नहीं है तो वह बड़ी चीजों के बारे में भी अनुशासनहीन ही होगा।

इस संदर्भ में वॉरेन बफे कैपिटल सिटीज कम्युनिकेशंस के मुख्य कार्यकारी अधिकारी टॉम मर्फी की कहानियाँ सुनाते हैं कि वह लागत के प्रति इतना अधिक जागरूक थे कि उन्होंने कार्यालय भवन की पिछली दीवार को इसलिए रँगे जाने से मना कर दिया था कि वह किसी को दिखाई नहीं देती थी। इतना ही नहीं, मर्फी ने कभी भी अपने मुख्यालय में जन-संपर्क (पब्लिक रिलेशन) व कानून संबंधी विभागों का गठन नहीं किया था, क्योंकि उनका मानना था कि जरूरत पड़ने पर

बहुत ही कम लागतों पर स्वतंत्र पेशेवरों से ये सेवाएँ प्राप्त की जा सकती थीं। और जब मर्फी ने कैपिटल सिटीज का अमेरिकन ब्रॉडकास्टिंग कंपनी (ए.बी.सी.) में विलय किया था, तब उन्होंने अन्य अनावश्यक खर्चों के साथ-साथ व्यक्तिगत भोजन-कक्षों को भी बंद करवा दिया था।

क्या उसका दृष्टिकोण दीर्घकालिक है? वॉरेन बफे का कहना है, "वास्तव में प्रबंधन कार्य (मैनेजिंग) और निवेश कार्य (इन्वेस्टिंग) के बीच बहुत अधिक अतिव्याप्ति (ओवरलैप) होती है। प्रबंधक होने ने मुझे अधिक अच्छा निवेशक बनाया है और निवेशक होने ने मुझे अधिक अच्छा प्रबंधक बनाया है।"

वॉरेन बफे का कहना है, "वास्तव में प्रबंधन कार्य (मैनेजिंग) और निवेश कार्य (इन्वेस्टिंग) के बीच बहुत अधिक अतिव्याप्ति (ओवरलैप) होती है। प्रबंधक होने ने मुझे अधिक अच्छा निवेशक बनाया है और निवेशक होने ने मुझे अधिक अच्छा प्रबंधक बनाया है।"

जी हाँ, वॉरेन बफे हमेशा से दीर्घकालिक निवेशक (लॉन्ग टर्म इन्वेस्टर) रहे हैं। वह टिकाऊ प्रतिस्पर्धी लाभ (ड्यूरेबल कॉम्पिटीटिव एडवांटेज) देनेवाली पसंदीदा कंपनियों में अपनी स्वामित्व हिस्सेदारियों (शेयर ऑफ स्टॉक) को हमेशा ही बनाए रखने की कोशिश करते रहे हैं, क्योंकि उसकी आंतरिक अर्थव्यवस्था हमेशा उसके हित में काम करती रहती है। बफे के इसी दीर्घकालिक दृष्टिकोण ने उन्हें इतना महान् सौभाग्यशाली बनाया है। लेकिन निगमित जगत् के अधिकतर प्रबंधक लघुकालिक दृष्टिकोण (शॉर्टटर्म पर्सपेक्टिव) से काम करते हैं; क्योंकि उनकी कार्यक्षमता तिमाही व वार्षिक परिणामों से परिभाषित होती है। यदि वे अनुमानित तिमाही या वार्षिक परिणामों को पार करते हैं तो उन्हें मोटा अधिलाभ (बोनस) व पदोन्नति (प्रोमोशन) मिलती है और यदि वे अनुमानित तिमाही या वार्षिक परिणामों से पीछे रह जाते हैं तो उनकी नौकरियाँ खतरे में पड़ जाती हैं।

बफे की दृष्टि में, प्रबंधन का ऐसे लघुकालिक दृष्टिकोण व्यवसाय की दीर्घकालिक संभावनाओं को खत्म कर देते हैं। वह इस प्रबंधन दृष्टिकोण को 'प्रतिक्रियाशील प्रबंधन' (रिएक्टिव मैनेजमेंट) कहते हैं और स्वयं को इससे बहुत दूर रखने की कोशिश करते हैं। बफे का दृढ़ मत है कि प्रबंधन को क्रियाशील (प्रोएक्टिव) होना चाहिए, न कि प्रतिक्रियाशील (रिएक्टिव)। उन्होंने दीर्घकालिक

दृष्टिकोण को अपनाकर ही निवेशक के रूप में बड़ी सफलता प्राप्त की थी, इसलिए उन्होंने उसी दृष्टिकोण को अपने अधिगृहीत व्यवसायों में भी लागू किया था। नियुक्ति के तुरंत बाद जब बफे अपने प्रबंधकों को जो प्रारंभिक निर्देश देते हैं, उनमें सबसे प्रमुख यह होता है कि वह व्यवसाय के लघुकालिक उतार-चढ़ावों की चिंता करना बंद कर दें और अपना ध्यान व्यवसाय को दीर्घकालिक रूप से मजबूत व लाभकारी बनाने पर अपना ध्यान केंद्रित करें।

बफे का दृढ़ मत है कि प्रबंधन को क्रियाशील (प्रोएक्टिव) होना चाहिए, न कि प्रतिक्रियाशील (रिएक्टिव)। उन्होंने दीर्घकालिक दृष्टिकोण को अपनाकर ही निवेशक के रूप में बड़ी सफलता प्राप्त की थी, इसलिए उन्होंने उसी दृष्टिकोण को अपने अधिगृहीत व्यवसायों में भी लागू किया था।

जब वॉरेन बफे ने बर्कशायर हैथवे का अधिग्रहण किया था तो वह औसत श्रेणी की कंपनी थी, जो विदेशी वस्त्र विनिर्माताओं से प्रतिस्पर्धा करने की हताश कोशिशों में अपनी आय से अधिक पूँजीगत निवेश (कैपिटल इन्वेस्टमेंट) कर रही थी। उन्हें जल्द ही पता चल गया था कि वस्त्र विनिर्माण में बने रहने के लिए लगातार पूँजीगत निवेश की जरूरत थी, जबकि उसकी लाभ की संभावना बहुत ही कम थी। इसलिए उन्होंने बर्कशायर की वस्त्र-विनिर्माण व्यवसाय की कार्यशील पूँजी (वर्किंग कैपिटल) पर खर्च करना रोक दिया था और उस पूँजी को बीमा कंपनी के अधिग्रहण में लगाया था, जो दीर्घकालिक दृष्टिकोण से अधिक अच्छी संभावनाओं वाला व्यवसाय था।

कैसे? यह बफे के विभिन्न व्यवसायों की अंतर्निहित अर्थव्यवस्थाओं के गहरे अध्ययन का नतीजा था। इस संबंध में हम पहले अध्याय में पढ़ चुके हैं। बफे बहुत अच्छी तरह से जानते थे कि वस्त्र उद्योग को प्रतिस्पर्धा में बने रहने के लिए लगातार पूँजीगत निवेश की आवश्यकता होती है, जो नियमित आय को निगलती रहती है और कंपनी को लाभ की स्थिति में आने से रोकती है। इसीलिए बफे को पता था कि वह भले ही बर्कशायर में कितना भी पूँजीगत निवेश क्यों न कर दें, उसकी लाभदायकता पर कोई विशेष अंतर नहीं आनेवाला था। दूसरी तरफ, बीमा व्यवसाय में किस्तों के माध्यम से लगातार नकद प्रवाह (कैश फ्लो) बना रहता है, जबकि

उसकी तुलना में बीमा दावा (क्लेम) भुगतान बहुत ही कम रहता है। चूँकि बीमा संजाल बनाने में बस, एक बार ही पूँजीगत निवेश की आवश्यकता होती है, जो उत्पादन व्यवसायों की तुलना में नगण्य ही होती है। इस तरह, बीमा कंपनी के पास अन्य लाभकारी संभावनाओं में निवेश के लिए अच्छी मात्रा में नकदी जमा रहती है। यही कारण था कि अंततः बफे ने बर्कशायर के वस्त्र विनिर्माण के सभी परिचालनों को बंद कर दिया था और उसे धीरे-धीरे फाइनेंशियल पॉवरहाउस के रूप में बदलना शुरू कर दिया था। यही कारण है कि बफे अपने प्रबंधकों को दीर्घकालिक दृष्टिकोण से व्यवसाय को संचालित करने का निर्देश देते हैं।

बफे ने बर्कशायर के वस्त्र विनिर्माण के सभी परिचालनों को बंद कर दिया था और उसे धीरे-धीरे फाइनेंशियल पॉवरहाउस के रूप में बदलना शुरू कर दिया था। यही कारण है कि बफे अपने प्रबंधकों को दीर्घकालिक दृष्टिकोण से व्यवसाय को संचालित करने का निर्देश देते हैं।

कार्य-प्रदर्शन आधारित वेतन का प्रावधान—वॉरेन बफे का कहना है, "यदि आपके पास महान् प्रबंधक हैं, आप उन्हें बहुत अच्छा भुगतान करना चाहते हैं।" लेकिन कितना? बफे के पास अपने प्रबंधकों के वेतन तय करने का सीधा सा सूत्र है। वह अपने प्रबंधक के कार्य-प्रदर्शन की तुलना सबंधित उद्योग के औसत कार्य-प्रदर्शन से करता है। स्पष्ट है कि यदि बफे का प्रबंधक संबंधित उद्योग की तुलना में अच्छा प्रदर्शन करते हैं, तभी वह उसे अधिलाभ (बोनस) का अधिकारी मानते हैं। यदि किसी कारण से संबंधित कंपनी उद्योग की औसत वृद्धि दर को प्राप्त नहीं कर रही है तो बफे देखते हैं कि प्रबंधक ने कंपनी को दीर्घकालिक दृष्टि से मजबूत व लाभकारी बनाने की दिशा में कितना अधिक योगदान किया है और फिर उसी आधार पर प्रबंधक का वार्षिक अधिलाभ तय करते हैं। वह प्रबंधक विभिन्न खेलों के विशेषज्ञ प्रशिक्षको (कोच) मानते हैं। जिस तरह सभी खेलों की अंतर्निहित अर्थव्यवस्था एक समान नहीं होती है और सभी खेलों के प्रशिक्षकों को एक समान वेतन नहीं दिया जाता है, इसी प्रकार बफे अपने विभिन्न व्यवसायों के प्रबंधकों को व्यवसाय विशेष की वित्तीय संभावनाओं के आधार पर वेतन का निर्धारण करते हैं। □

अध्याय-4

कार्यबल का प्रोत्साहन

वॉरेन बफे ने अपने पेशेवर जीवन के प्रारंभिक काल में महसूस कर लिया था कि एक बार उन्होंने सही व्यवसाय का चुनाव कर लिया और उसके संचालन के लिए सही प्रबंधक को संपूर्ण प्राधिकार सौंप दिए तो व्यवसाय के स्वामी नेतृत्वकर्ता के रूप में उनके पास अब केवल एक ही काम बचता था—असाधारण कार्य-प्रदर्शन के लिए प्रबंधकों को लगातार प्रोत्साहित करना। जी हाँ, बर्कशायर हैथवे को फाइनेंशियल पावर हाउस बनाने में बफे की प्रबंधकीय प्रोत्साहन कुशलताओं (मैनेजमेंट मोटिवेशनल स्किल्स) का बहुत बड़ा योगदान रहा है। इस अध्याय में हम बफे की इन्हीं कुशलताओं के बारे में विस्तार से चर्चा करनेवाले हैं कि उन्होंने 'आत्म-सुधार' (सेल्फ इंप्रूवमेंट) के प्रणेता डेल हार्बिसन कार्नेगी एवं अन्य लोगों से क्या कुछ सीखा था और उन सीखों को अपनी विजयी प्रबंधन शैली में किस प्रकार अपनाया था। चाहे वह पहली भेंट में ही प्रभाव बनाने की कुशलता हो या प्रशंसा के उपयोग का जादू या आलोचना के उपयोग के खतरे या फिर सलाह का सूक्ष्म उपयोग—अपने प्रबंधकों को प्रोत्साहित, प्रेरित व प्रभावित करने में वॉरेन बफे वर्तमान युग के सर्वाधिक कुशल नेतृत्वकर्ताओं में शीर्ष पर रखे जाते हैं।

पहली भेंट में मित्रवत् व्यवहार का प्रभाव

वॉरेन बफे का कहना है, "जब आप किसी से पहली बार मिलते हैं तो बातचीत की शुरुआत मित्रवत् तरीके से करें।" हालाँकि बफे ने यहाँ पर युगों से उपयोग में लाए जा रहे व्यावहारिक कुशलता संबंधी कथन 'पहला प्रभाव ही अंतिम प्रभाव है' को ही दोहराया है, लेकिन वह इसके माध्यम से अपने प्रबंधकों पर जादुई प्रभाव डालने में सफल रहे हैं।

कंसास सिटी बिजनेस जर्नल के एक साक्षात्कार (1 मई, 2014) में बर्कशायर हैथवे की अप्रत्यक्ष सहायक कंपनी 'हेल्जबर्ग डायमंड शॉप्स' की चेयरमैन व मुख्य कार्यकारी अधिकारी बेरिल बी. राफ ने वॉरेन बफे से अपनी पहली भेंट को रोचक यादगार रूप में प्रस्तुत किया है। यह वर्ष 2009 में की बात है, जब बेरिल राफ अमेरिकी डिपार्टमेंटल स्टोर चेन जे.सी. पेनी कंपनी के फाइन ज्वेलरी डिवीजन में कार्यकारी उपाध्यक्ष (एग्जीक्यूटिव वाइस प्रेसिडेंट) के पद पर काम कर रही थीं। 1975 में अपना पेशेवर जीवन शुरू करनेवाली बेरिल राफ खुदरा आभूषण व्यवसाय की सबसे अनुभवी कार्यकारियों में से थीं। बेरिल राफ को उनके किसी मित्र ने हेल्जबर्ग डायमंड के मुख्य कार्यकारी अधिकारी पद के लिए साक्षात्कार के संबंध में उनकी रुचि के बारे में पूछा था। ध्यान रहे कि वर्ष 1915 में मॉरिस हेल्जबर्ग द्वारा स्थापित हेल्जबर्ग डायमंड संयुक्त राज्य अमेरिका में हीरा आभूषण के 270 खुदरा स्टोरों का संचालन करती है, जिसे वॉरेन बफे ने सन् 1995 में अधिगृहीत किया था।

यह वर्ष 2009 में की बात है, जब बेरिल राफ अमेरिकी डिपार्टमेंटल स्टोर चेन जे.सी. पेनी कंपनी के फाइन ज्वेलरी डिवीजन में कार्यकारी उपाध्यक्ष (एग्जीक्यूटिव वाइस प्रेसिडेंट) के पद पर काम कर रही थीं। 1975 में अपना पेशेवर जीवन शुरू करनेवाली बेरिल राफ खुदरा आभूषण व्यवसाय की सबसे अनुभवी कार्यकारियों में से थीं।

चूँकि बेरिल राफ हेल्जबर्ग डायमंड के गौरवशाली इतिहास की पूरी जानकार थीं और वह वॉरेन बफे की भी लंबे समय से प्रशंसक रही थीं, वह बफे की बहुचर्चित कार्यशैली तथा उनके साथ लंबे समय से काम कर रहे पेशेवरों की श्रेष्ठ गुणवत्ता के बारे में भी जानती थीं। वह बफे जैसे विश्व-प्रतिष्ठित नेतृत्वकर्ता के लिए काम करने के गौरवशाली अवसर को नकार नहीं सकती थीं। उनके लिए तो बफे से थोड़ी देर बात करना ही जीवन भर की महान् उपलब्धि से कम न था। ऐसे में, जब वह साक्षात्कार के लिए ओमाहा हवाई अड्डे पर उतरी थीं तो उन्होंने सपने में भी नहीं सोचा था कि वॉरेन बफे स्वयं ही उनकी अगवानी के लिए वहाँ सुनहरे किडिलैक के साथ प्रतीक्षा कर रहे होंगे।

स्वाभाविक था कि बेरिल बुरी तरह घबरा गई थीं, लेकिन बफे ने अपने सरल व्यवहार से तत्काल उन्हें संयत हो जाने का मौका दिया था। उन्होंने बफे को मजाकिया व आकर्षक व्यक्ति पाया था और जल्द ही उनका डर खत्म हो गया था। बर्कशायर के मुख्यालय में बफे उनसे आभूषण व्यवसाय के बारे में तरह-तरह के प्रश्न पूछते रहे थे। कुछ घंटों बाद वह बेरिल को दोपहर का भोजन कराने के लिए अपने पसंदीदा ओमाहा कंट्री क्लब में ले गए थे। उसके बाद वह बेरिल को अपने गृहनगर का भ्रमण रहे थे, और अंत में उसे हेल्जबर्ग डायमंड शॉप्स के सभापति व मुख्य कार्यकारी अधिकारी के पद का प्रस्ताव भी रख दिया था। बेरिल के लिए यह सबकुछ सपने जैसा ही था। फिर भी उन्होंने साहस जुटाकर बफे से एक प्रश्न पूछा था, "क्या मुझे आपको रिपोर्ट करना है?" बफे ने कहा था, "नहीं, आप मुझे सीधे रिपोर्ट नहीं करेंगी। आपको किसी को रिपोर्ट नहीं करना है। यह आपकी कंपनी है। आप इसे चलाओ, और यदि आप कभी भी किसी चीज के बारे में बात करना चाहती हैं, बस मुझे फोन करें।"

6 अप्रैल, 2009 को बर्कशायर हैथवे मुख्यालय से जारी समाचार विज्ञप्ति में बेरिल राफ की नियुक्ति की घोषणा करते हुए वॉरेन बफे ने स्वयं कहा था, "बेरिल को उत्कृष्ट व्यापारी व मजबूत मल्टी-स्टोर खुदरा कार्यकारी के रूप में खुदरा उद्योग में व्यापक रूप से मान्यता प्राप्त है। वह अपनी नई स्थिति में व्यापारिक व विश्लेषणात्मक तीक्ष्णता का सूक्ष्मता से संतुलित मिश्रण लाएँगी।"

वॉरेन बफे ने बेरिल राफ को अपना प्रबंधक चुन लिया था; लेकिन बफे की सहजता से बेरिल इतना अधिक घबरा गई थीं कि वह उनके सामने तब कुछ भी नहीं कह सकी थीं। डलास के लिए वापस उड़ान भरते हुए उसकी कानों में बफे के शब्द गूँज रहे थे।...वह स्वयं के सौभाग्य पर भरोसा नहीं कर पा रही थीं। बेरिल को सहज होने में दो-तीन दिन लगे थे और उन्होंने बफे को उनका प्रस्ताव स्वीकार करने की सूचना दी थी। 6 अप्रैल, 2009 को बर्कशायर हैथवे मुख्यालय से जारी समाचार विज्ञप्ति में बेरिल राफ की नियुक्ति की घोषणा करते हुए वॉरेन बफे ने स्वयं कहा था, "बेरिल को उत्कृष्ट व्यापारी व मजबूत मल्टी-स्टोर खुदरा

कार्यकारी के रूप में खुदरा उद्योग में व्यापक रूप से मान्यता प्राप्त है। वह अपनी नई स्थिति में व्यापारिक व विश्लेषणात्मक तीक्ष्णता का सूक्ष्मता से संतुलित मिश्रण लाएँगी।"

> **कल्पना कीजिए कि बफे स्वयं उनकी अगवानी ने लिए नहीं गए होते, उनके साथ शुष्क व्यवहार किया होता, उनको भोजन कराने तथा शहर घुमाने स्वयं न ले गए होते तो बेरिल राफ पर क्या प्रभाव पड़ा होता?**

और, हेल्जबर्ग डायमंड का कार्यभार सँभाले कुछ महीने ही हुए थे कि बेरिल राफ को महसूस होने लगा था कि उन्हें वॉरेन बफे के विस्तारित परिवार के सदस्य की तरह अपनाया जा चुका है। जी हाँ, यह बफे की पहली भेंट में प्रभावित करनेवाली प्रबंधकीय प्रोत्साहन कुशलता (मैनेजमेंट मोटिवेशनल स्किल्स) का ही परिणाम था। कल्पना कीजिए कि बफे स्वयं उनकी अगवानी ने लिए नहीं गए होते, उनके साथ शुष्क व्यवहार किया होता, उनको भोजन कराने तथा शहर घुमाने स्वयं न ले गए होते तो बेरिल राफ पर क्या प्रभाव पड़ा होता? हो सकता था कि बेरिल तब भी हेल्जबर्ग डायमंड के लिए काम करतीं, क्योंकि उन्हें बहुत बड़ा पेशेवर अवसर दिया जा रहा था और वह बर्कशायर जैसे बहुत बड़े वित्तीय साम्राज्य का हिस्सा बनने जा रही थीं, लेकिन वह वॉरेन बफे को अपने व्यावसायिक लाभ से मतलब रखनेवाले अन्य अरबपतियों से अधिक कुछ और नहीं समझ पातीं। बफे इस मनोविज्ञान को बहुत अच्छी तरह से समझते रहे हैं कि अगर आप अपना रास्ता पाना चाहते हैं तो दूसरे लोगों के साथ अपनी भेंट को मित्रवत् तरीके से ही शुरू करना पड़ेगा। और बफे की इस प्रबंधकीय प्रोत्साहन कुशलता ने उन्हें विश्व के सर्वोत्तम पेशेवरों का संग्रह बनाने में बहुत बड़ी भूमिका निभाई है।

मानव-संसाधन प्रबंधन में प्रशंसा का जादू

वॉरेन बफे का कहना है, "हम सभी को सराहना किए जाने की गहरी व ईमानदार आवश्यकता है।" जी हाँ, बफे मानव संसाधन प्रबंधन में प्रशंसा के जादू के व्यावहारिक मनोविज्ञान को बहुत अच्छी तरह समझते रहे हैं। वह इस मनोवैज्ञानिक तथ्य को मान्यता प्रदान करते हैं कि हम सभी को महत्त्वपूर्ण महसूस करने की स्वाभाविक आधारभूत आवश्यकता है। यह बहुत हद तक हर मानव प्राणी की

जीव-वैज्ञानिक आवश्यकता भी है। 'अमेरिकी मनोविज्ञान के जनक' संबोधित किए जानेवाले 20वीं शताब्दी के मनोवैज्ञानिक व व्यवहारवादी (प्रैमेटिज्म) दार्शनिक परंपरा के महारथियों में गिने जानेवाले विलियम जेम्स का प्रसिद्ध कथन है, "मानव स्वभाव में सबसे गहरा सिद्धांत सराहना किए जाने की आवश्यकता है।"

> **'अमेरिकी मनोविज्ञान के जनक' संबोधित किए जानेवाले 20वीं शताब्दी के मनोवैज्ञानिक व व्यवहारवादी (प्रैमेटिज्म) दार्शनिक परंपरा के महारथियों में गिने जानेवाले विलियम जेम्स का प्रसिद्ध कथन है, "मानव स्वभाव में सबसे गहरा सिद्धांत सराहना किए जाने की आवश्यकता है।"**

लेकिन वॉरेन बफे ने मानव संसाधन प्रबंधन में प्रशंसा की चमत्कारिक शक्ति को अमेरिकी इस्पात उद्योग के दिग्गज पेशेवर चार्ल्स माइकल श्वाब की प्रबंधन कला के अध्ययन से सीखा था। उन्होंने अमेरिकी इस्पात महारथी एंड्रयू कार्नेगी की एडगर थॉमसन स्टील वर्क्स एंड फर्नेस (ब्रैडॉक, पेनसिल्वेनिया) में मामूली श्रमिक के रूप में अपना पेशेवर जीवन शुरू किया था। उनकी लगन, मेहनत व नेतृत्व क्षमता से प्रभावित कार्नेगी ने उन्हें लगातार बड़ी जिम्मेदारियाँ देनी शुरू कर दी थीं। लेकिन शवाब ने अपनी योग्यता का सबसे शानदार प्रदर्शन तब किया था, जब कार्नेगी ने उन्हें श्रमिक संघर्ष से पीड़ित विशाल इस्पात कारखाने होमस्टाइड स्टील वर्क्स की स्थिति सुधारने की जिम्मेदारी दी थी। उन्होंने कारखाने में श्रमिक व प्रबंधन के संबंधों के साथ उसकी वित्तीय स्थिति में आश्चर्यजनक सुधार किए थे और सन् 1897 में 35 वर्ष की आयु में कार्नेगी स्टील कंपनी के अध्यक्ष बन गए थे। जल्द ही कार्नेगी स्टील विश्व की सबसे बड़ी इस्पात कंपनी बन गई थी। उन्होंने सन् 1901 में न्यूयॉर्क के दिग्गज वित्त-पोषक (फाइनेंसर) जे.पी. मॉर्गन के नेतृत्व में कार्नेगी स्टील के अधिग्रहण की 48 करोड़ डॉलर (वर्ष 2016 में 14.1 अरब डॉलर के बराबर) की ऐतिहासिक सौदेबाजी में अहम भूमिका निभाई थी और उसके बाद एंड्रयू कार्नेगी की विभिन्न कंपनियों के विलय से गठित यूनाइटेड स्टेट्स स्टील कॉरपोरेशन पहले अध्यक्ष भी बन गए थे। लेकिन जे. पी. मॉर्गन व उसके समर्थक सहकर्मी कार्यकारी एल्बर्ट गैरी के साथ कई झड़पों के बाद श्वाब ने सन् 1903 में

यू.एस.एस. को छोड़ दिया था और बेथलहम शिप बिल्डिंग एंड स्टील कंपनी (बेथलेहम, पेनसिल्वेनिया) की कमान सँभाली थी। श्वाब के नेतृत्व में बेथलहम स्टील बहुत जल्द ही यू.एस.एस. की सबसे बड़ी प्रतिस्पर्धी और अमेरिका की दूसरी सबसे बड़ी इस्पात कंपनी बन गई थी।

श्वाब ने स्वयं कहा था, "मैं उत्साह जगाने की अपनी योग्यता को अपनी सबसे बड़ी संपत्ति होना मानता हूँ, और व्यक्ति में जो सबसे अच्छा है, उसको विकसित करने का तरीका सराहना व प्रोत्साहन के द्वारा है। वरिष्ठों की आलोचनाओं से अधिक ऐसा कुछ भी नहीं है, जो व्यक्ति की महत्त्वाकांक्षाओं को मारता है। मैं कभी भी किसी की आलोचना नहीं करता हूँ। मैं लोगों को काम करने के लिए प्रोत्साहन देने में विश्वास करता हूँ।

जी हाँ, चार्ल्स माइकल श्वाब पहले सबसे अधिक सफल प्रबंधक व मुख्य कार्यकारी अधिकारी थे, जिन्हें 10 लाख डॉलर वार्षिक वेतन का भुगतान किया गया था। 1920 के दशक में श्वाब का सौभाग्य 20 करोड़ डॉलर के स्तर पर पहुँच गया था। हालाँकि श्वाब की विलासितापूर्ण जीवन-शैली, गलत निवेशों व महामंदी ने उनके सौभाग्य को छीन लिया था और सन् 1936 में अपनी मृत्यु के समय वह लगभग कंगाल हो चुके थे, लेकिन आज भी विश्व के पेशेवर उनकी प्रबंधन कुशलता का लोहा मानते हैं। रोचक तथ्य यह है कि श्वाब को अपने समय का सबसे अधिक सम्मानित प्रबंधक केवल इसलिए नहीं माना गया था कि वह इस्पात उद्योग के सबसे बड़े विशेषज्ञ थे, बल्कि इसलिए कि उनमें अपने कर्मचारियों में उत्साह भरने की अद्भुत योग्यता थी और वह यह काम सराहना व प्रोत्साहन के माध्यम से करते थे। श्वाब ने स्वयं कहा था, "मैं उत्साह जगाने की अपनी योग्यता को अपनी सबसे बड़ी संपत्ति होना मानता हूँ, और व्यक्ति में जो सबसे अच्छा है, उसको विकसित करने का तरीका सराहना व प्रोत्साहन के द्वारा है। वरिष्ठों की आलोचनाओं से अधिक ऐसा कुछ भी नहीं है, जो व्यक्ति की महत्त्वाकांक्षाओं को मारता है। मैं कभी भी किसी की आलोचना नहीं करता हूँ। मैं लोगों को काम करने के लिए प्रोत्साहन देने में विश्वास करता हूँ। इसीलिए मैं प्रशंसा करने में उत्सुक होता हूँ, लेकिन दोष ढूँढ़ने में अनिच्छुक। यदि

मैं कुछ भी पसंद करता हूँ तो वह यह है कि मैं हृदय से सराहना करता हूँ, हृदय से प्रशंसा करता हूँ।"

इस तरह बफे की दृष्टि में सराहना व प्रशंसा ऐसे अनमोल उपहार हैं, जो हमेशा कुछ बड़ा ही वापस देते रहते हैं। स्पष्ट है कि यदि आपको अपने कर्मचारियों से लगातार कुछ बड़ा प्राप्त करना है तो आपको उनकी लगातार सराहना व प्रशंसा भी करते रहना चाहिए।

चार्ल्स माइकल श्वाब ने यह सब अपने बॉस एंड्रयू कार्नेगी से सीखा था। कार्नेगी न केवल व्यक्तिगत रूप से बल्कि सार्वजनिक रूप से भी अपने कर्मचारियों की प्रशंसा करने में हिचकिचाहट नहीं दिखाता था। श्वाब की इस सलाह को वॉरेन बफे ऐसे मानते हैं मानो छोटी चीजों के लिए कर्मचारियों व प्रबंधकों की प्रशंसा करना और बड़ी चीजों के लिए उन पर बहुत अधिक उत्साही हो जाना कोई धार्मिक मत हो। जी हाँ, बफे अपने कर्मचारियों की दिल खोलकर जय-जयकार करनेवाले तथा सबसे बड़े प्रशंसक रहे हैं। वह कभी भी व्यक्तिगत रूप से या फिर बर्कशायर की वार्षिक सार्वजनिक मीटिंग व वार्षिक प्रतिवेदन (एनुअल रिपोर्ट) में अपने प्रबंधकों की प्रशंसा करने का अवसर नहीं छोड़ते। जी हाँ, बफे ने श्वाब से यही सीखा है कि यदि वह बहुत छोटी चीजों के लिए भी अपने लोगों की प्रशंसा करेंगे तो वे लोग उनकी प्रशंसा पाने के लिए आनेवाले समय में उनके सामने और भी बड़ी उपलब्धियाँ प्रस्तुत कर देंगे। इस तरह बफे की दृष्टि में सराहना व प्रशंसा ऐसे अनमोल उपहार हैं, जो हमेशा कुछ बड़ा ही वापस देते रहते हैं। स्पष्ट है कि यदि आपको अपने कर्मचारियों से लगातार कुछ बड़ा प्राप्त करना है तो आपको उनकी लगातार सराहना व प्रशंसा भी करते रहना चाहिए।

अपनी प्रतिष्ठा के साथ जीने देने का महत्त्व

वॉरेन बफे ने विश्व के सबसे बड़े इस्पात महारथी एंड्रयू कार्नेगी से अपने कर्मचारियों को अच्छी प्रतिष्ठा से जीने देने का महत्त्व सीखा था। इस संदर्भ में वह बहुधा कार्नेगी द्वारा कही जानेवाली कहानी सुनाया करते हैं, और अपने प्रबंधकों को समझाते हैं कि वे स्वयं भी और अपने साथ काम करनेवालों को भी अपनी अच्छी

प्रतिष्ठा के साथ जीने देने का अवसर प्रदान करें।

कार्नेगी की कहानी कुछ इस प्रकार है। एक प्रबंधक लंबे समय से विश्वस्त रहे पुराने कर्मचारी के साथ काम करता है। वह कर्मचारी अपने काम से ऊबकर लापरवाह रहने लगा था। इससे उस कर्मचारी की कारीगरी व उत्पादकता में कमी आ गई थी। प्रबंधक ने उसके काम की समीक्षा की थी। वह उस कर्मचारी को निकाल सकता था, लेकिन तब उसे स्वयं ही उसकी जगह काम करना पड़ता। वह प्रबंधक उस कर्मचारी को निकालने की धमकी भी दे सकता था, लेकिन पुराना होने के कारण वह उससे नाराज भी हो सकता था। ऐसी स्थिति में प्रबंधक ने उस अनुभवी कर्मचारी से सीधे-सीधे मित्रवत् भाव से बातचीत की थी। बातचीत के दौरान प्रबंधक ने उस कर्मचारी को अपना सबसे अच्छा कर्मचारी और अन्य कर्मचारियों को प्रेरणा देनेवाला बताया था। प्रबंधक ने उसे बताया था कि कई ग्राहक उसकी कारीगरी की प्रशंसा करते रहे हैं। अंत में, प्रबंधक ने उस कर्मचारी को धीरे से बताया था कि पिछले कुछ समय से वह अपने काम में बहुत अधिक पिछड़ता जा रहा था। प्रबंधक ने कहा था कि वह उसके बारे में बहुत चिंतित था और उलझन में था कि क्या वह उसकी कोई मदद कर सकता था। उस प्रबंधक ने उस कर्मचारी को अपनी पुरानी प्रतिष्ठा एक बार फिर से महसूस करने का अवसर प्रदान किया था। स्पष्ट है कि इसका सकारात्मक नतीजा ही सामने आने वाला था। हर किसी को अपनी प्रतिष्ठा के साथ जीना अच्छा लगता है। उसके बाद उस कर्मचारी के कार्य-व्यवहार में अचानक सुधार दिखाई देने लगा था। उसकी ऊब खत्म हो गई थी। वह पुराने उत्साह के साथ अपना काम करने लगा था। वह अपने पुराने उच्च उत्पादन स्तर को प्राप्त करने लगा था और उसकी कारीगरी की एक बार फिर सभी सराहना करने लगे थे।

बातचीत के दौरान प्रबंधक ने उस कर्मचारी को अपना सबसे अच्छा कर्मचारी और अन्य कर्मचारियों को प्रेरणा देनेवाला बताया था। प्रबंधक ने उसे बताया था कि कई ग्राहक उसकी कारीगरी की प्रशंसा करते रहे हैं। अंत में, प्रबंधक ने उस कर्मचारी को धीरे से बताया था कि पिछले कुछ समय से वह अपने काम में बहुत अधिक पिछड़ता जा रहा था।

विशाल व्यवसाय साम्राज्य के शीर्ष पर बैठे हुए वॉरेन बफे जब अपने मुख्य कार्यकारी अधिकारियों की सार्वजनिक प्रशंसा करते हैं, तो उसके माध्यम से वह उन्हें अपनी अच्छी प्रतिष्ठा के साथ जीने के लिए ही प्रोत्साहित करता है। बफे को बहुत अच्छी तरह से पता है कि यदि प्रबंधक स्वयं अपनी अच्छी प्रतिष्ठा के साथ जीने की कोशिश करेगा तो वह भी उपर्युक्त कहानी की तरह ही अपने कर्मचारियों को वैसा ही करने के लिए प्रेरित करेगा।

बोनो विश्व के सबसे प्रसिद्ध परोपकारी कलाकारों में गिने जाते हैं और उन्हें 'राजनीतिक रूप से सबसे अधिक प्रभावी प्रसिद्ध व्यक्ति' कहा जाता है। बोनो 1999 से एड्स महामारी सहित अफ्रीका की आर्थिक दुर्दशा के बारे में जागरूकता बढ़ाने के अभियान में सक्रिय रहे हैं।

बफे ने आयरलैंड के रॉक बैंड 'यू2' के प्रमुख गायक व प्राथमिक गीतकार पॉल डेविड हेसन, जो अपने मंच नाम 'बोनो' से प्रसिद्ध हैं, को भी यही सलाह दी थी कि यदि वह अफ्रीका में गरीबी के खिलाफ अमेरिकियों की उत्साहजनक मदद व आर्थिक समर्थन हासिल करना चाहते हैं, तो उनके 'विवेक' को जगाने की बजाय उनकी 'महानता' का आह्वान करे। वास्तव में, बोनो विश्व के सबसे प्रसिद्ध परोपकारी कलाकारों में गिने जाते हैं और उन्हें 'राजनीतिक रूप से सबसे अधिक प्रभावी प्रसिद्ध व्यक्ति' कहा जाता है। बोनो 1999 से एड्स महामारी सहित अफ्रीका की आर्थिक दुर्दशा के बारे में जागरूकता बढ़ाने के अभियान में सक्रिय रहे हैं। इसके लिए बोनो ने अमेरिका के पूर्व राष्ट्रपति जॉर्ज डब्ल्यू. बुश एवं कनाडा के पूर्व प्रधानमंत्री पॉल मार्टिन सहित विश्व के कई प्रभावशाली राजनेताओं के साथ भेंट की थी। मार्च 2002 में बोनो से बातचीत के बाद ही जॉर्ज डब्ल्यू. बुश ने व्हाइट हाउस के प्रांगण में अफ्रीका को 5 अरब डॉलर की सहायता राशि प्रदान करने की घोषणा की थी और कहा था, "यह एक महत्त्वपूर्ण पहला कदम है और प्रतिबद्धता का गंभीर व प्रभावशाली स्तर है।…यह तत्काल होना चाहिए, क्योंकि यह एक संकट है।" उसी वर्ष के मई में बोनो अमेरिकी खजाना सचिव पॉल एच. ओ'नील को अफ्रीका के चार देशों के दौरे पर ले गया था। इसी क्रम में बोनो ने वॉरेन बफे से भी भेंट की थी और अमेरिकी नागरिकों को अपने अभियान के प्रति

जागरूक बनाने के बारे में सलाह माँगी थी। 'यू.एस.ए. टुडे' में प्रकाशित साक्षात्कार (15 सितंबर, 2003) में बोनो ने इसका रहस्योद्घाटन किया था कि बफे ने उससे कहा था, "अमेरिका के विवेक का आह्वान मत करो। अमेरिका की महानता का आह्वान करो, तुम्हारा काम हो जाएगा।"

ध्यान दें तो पता चलता है कि वॉरेन बफे ने बोनो 'विवेक' के बदले अमेरिका की 'महानता' के आह्वान की सलाह क्यों दी थी। वास्तव में, जब हम किसी के विवेक को जगाने की कोशिश करते हैं तो परोक्ष रूप से उसकी 'सही' या 'गलत' की भावना को ही जगाने की कोशिश करते हैं। इस प्रकार, जब बोनो अमेरिकी नागरिकों से स्वयं के विवेक को जगाने का आह्वान कर रहे थे तो वह परोक्ष रूप से यह कह रहे थे, "यदि आप अफ्रीका में भूख से मर रहे लोगों व गरीबों की सहायता नहीं करना चाहते हैं तो आप लोग किस प्रकार मनुष्य हैं!" इस प्रकार, अनजाने में ही बोनो अमेरिकी लोगों के 'अपराध-बोध' (सेंस ऑफ गिल्ट) के साथ खेल रहे थे और उनकी भर्त्सना ही कर रहे थे। स्पष्ट है कि कोई भी उस व्यक्ति को पसंद नहीं करता, जो उसे अपराध-बोध कराए, उसकी भर्त्सना करे। और यही कारण था कि अपने अभियान में अमेरिकी नागरिकों से अपेक्षित सफलता नहीं मिल पा रही थी।

> **उसके बाद बोनो ने अपने अमेरिकी संगीत कार्यक्रमों में आह्वान का सुर बदल दिया था, "आप पृथ्वी पर सबसे बुद्धिमान राष्ट्र हैं। आपने असंभव बाधाओं के खिलाफ द्वितीय विश्व युद्ध जीता और आपने आदमी को चाँद पर उतारने के लिए स्वर्ग में छेद कर दिया।**

उसके बाद बोनो ने अपने अमेरिकी संगीत कार्यक्रमों में आह्वान का सुर बदल दिया था, "आप पृथ्वी पर सबसे बुद्धिमान राष्ट्र हैं। आपने असंभव बाधाओं के खिलाफ द्वितीय विश्व युद्ध जीता और आपने आदमी को चाँद पर उतारने के लिए स्वर्ग में छेद कर दिया। जब मैंने अफ्रीका में गरीबी, पीड़ा व आत्मा खो चुके लोगों की मदद करने की भीषण समस्या से सामना किया था, मैंने सोचा था कि मुझे किसकी तरफ मुड़ना चाहिए? तब मुझे ईसा मसीह की अभिव्यक्ति (मेनिफेस्टेशन) हुई थी। मुझे विश्व के सबसे महान् देश की ओर मुड़ना चाहिए। एक प्रकार के लोग जो वास्तव में कठिन समस्याओं का समाधान कर सकते हैं;

एक राष्ट्र, जो असंभव को हासिल कर सकता है।" स्पष्ट है कि बफे की सलाह पर बोनो ने अमेरिका के स्वाभिमान-बोध, अमेरिका की महानता एवं उसकी अच्छी प्रतिष्ठा का आह्वान किया था।...और सचमुच में उसकी बात बन गई थी। उसके बाद 'मिलिंडा गेट्स फाउंडेशन' सहित बहुत सी समाज-सेवी संस्थाओं व नागरिकों ने बोनो के अभियान में दिल खोलकर दान किया था।

स्पष्ट है कि वॉरेन ने इसी मनोविज्ञान को अपने आर्थिक साम्राज्य के विस्तार में उपयोग किया था। उसने अपने प्रबंधकों में अपराध बोध की जगह उनकी महानता को ही जगाने की कोशिश की है, क्योंकि वह बहुत अच्छी तरह से जानते थे कि यदि आप दूसरों की महानता को जगाएँगे तो वह हमेशा आपके ही हित में काम करेगी। जी हाँ, वॉरेन के प्रबंधकों व कर्मचारियों ने उनके साथ ऐसा ही तो किया है!

अपने लोगों की आलोचना के भयानक खतरे

बफे इस मनोवैज्ञानिक तथ्य को जानते थे कि बिन बुलाई आलोचना कुछ ऐसी है, जो हम सब सुनने से घृणा करते हैं। यह असंतोष पैदा करता है। यह लोगों को अपने माता-पिता के घर से बाहर चले जाने के लिए मजबूर कर सकता है। यह असफल विवाह संबंधों का मुख्य कारण होता है।

वॉरेन बफे का कथन है, "प्रेरित करने के लिए आलोचना का उपयोग करना व्यर्थ है, क्योंकि यह व्यक्ति को रक्षात्मक बनाता है, उसके मूल्यवान् अभिमान को घायल करता है, उसकी महत्त्व की भावना को चोट पहुँचाता है और असंतोष को जगाता है।" बफे इस मनोवैज्ञानिक तथ्य को जानते थे कि बिन बुलाई आलोचना कुछ ऐसी है, जो हम सब सुनने से घृणा करते हैं। यह असंतोष पैदा करता है। यह लोगों को अपने माता-पिता के घर से बाहर चले जाने के लिए मजबूर कर सकता है। यह असफल विवाह संबंधों का मुख्य कारण होता है। फिर भी, हममें से अधिकतर लोग दूसरों पर, विशेष रूप से कार्य-स्थलों में अपने कर्मचारियों पर बिन बुलाई आलोचनाएँ बरसाते रहते हैं। प्रबंधकों व कार्य-समूहों के नेतृत्वकर्ताओं से बहुधा यह गलतियाँ होती हैं कि वे प्रेरित करने के उद्देश्य से अपने लोगों की सार्वजनिक आलोचनाएँ करते रहते हैं। लेकिन बफे को अपने पेशेवर जीवन की

बहुत शुरुआत में ही पता चल गया था कि बिन बुलाई आलोचना कभी किसी को भी प्रेरित नहीं कर सकती है। यह व्यक्ति में टिकाऊ बदलाव नहीं ला सकती है और यह किसी भी प्रकार के उत्पादक कार्य-संबंध को ध्वस्त करती है।

यही कारण है कि जब बर्कशायर के किसी भी प्रबंधक से कोई गलती होती है तो वॉरेन बफे सबसे पहले यह समझने की कोशिश करते हैं कि ऐसी क्या गड़बड़ी हुई थी कि प्रबंधक का फैसला गलत हुआ। वह अपने प्रबंधक तथा उसकी कार्य परिस्थिति पर ध्यान देते हैं और स्वयं को उसके स्थान पर रखकर अनुमान लगाने की कोशिश करते हैं। ऐसा करते ही उन्हें पता चल जाता है कि प्रबंधन के जोखिमपूर्ण फैसले का वास्तविक उद्देश्य क्या था। यदि उस प्रबंधक ने अधिक अच्छा करने के उद्देश्य से बुद्धिमत्तापूर्ण जोखिम लिया होता है तो बफे उस प्रकार की कभी-कभी की गई गलतियों के भारी नुकसान को सहने की आश्चर्यजनक क्षमता रखते हैं।

यदि उस प्रबंधक ने अधिक अच्छा करने के उद्देश्य से बुद्धिमत्तापूर्ण जोखिम लिया होता है तो बफे उस प्रकार की कभी-कभी की गई गलतियों के भारी नुकसान को सहने की आश्चर्यजनक क्षमता रखते हैं।

इस संदर्भ में, बर्कशायर हैथवे की सहायक कंपनी मिड अमेरिकन एनर्जी कंपनी (डेस मोइनेस, आयोवा) के चेयरमैन व मुख्य कार्यकारी अधिकारी और वॉरेन बफे के भावी उत्तराधिकारी माने जानेवाले बहुचर्चित पेशेवर डेविड एल. सोकोल के उत्थान-पतन का उदाहरण प्रस्तुत किया जा सकता है। वॉरेन बफे के गृहनगर ओमाहा में ही पले-बढ़े तथा नेब्रास्का विश्वविद्यालय (ओमाहा) से सिविल इंजीनियरिंग में स्नातक सोकोल ने आर्किटेक्चरल इंजीनियरिंग फर्म से अपना पेशेवर जीवन शुरू किया था। सन् 1982 में सोकोल को सिटी बैंक (न्यूयॉर्क सिटी) में भरती किया गया था, जहाँ वह ग्राहकों को बड़े अपशिष्ट ऊर्जा परियोजनाओं (वेस्ट एनर्जी प्रोजेक्ट) में निवेश की सलाह देते थे। फिर ओगडेन नामक रियल एस्टेट कंपनी के 5,00,000 डॉलर सीड मनी से अपशिष्ट से ऊर्जा उत्पादन व्यवसाय में कदम बढ़ाया था, जो अगले छह वर्षों में ओक्लाहोमा व ऑरिगोन में दो संयंत्रों सहित 1,000 से अधिक कर्मचारियों वाला 1 अरब डॉलर राजस्व अर्जित करनेवाला निगम बन गया था और सन् 1989 में सार्वजनिक हो गया था। इस तरह, 32 वर्ष की उम्र में सोकोल न्यूयॉर्क स्टॉक एक्सचेंज में सूचीबद्ध

कंपनी का मुख्य कार्यकारी अधिकारी बन गया था; लेकिन ओगडेन के संचालक के बेटे से झड़प होने के बाद सोकोल को सन् 1990 में बाहर का रास्ता दिखा दिया गया था। फिर, सोकोल ने न्यूयॉर्क की कॉण्ट्रेक्टर कंपनी जे.डब्ल्यू.पी. में अध्यक्ष की नौकरी शुरू की थी; लेकिन लेखांकन संबंधी समस्याओं पर निदेशक मंडल के साथ बहस के बाद सन् 1992 में अपना त्याग-पत्र दे दिया था।

यह वही समय था, जब डेविड एल. सोकोल से ओमाहा में आधारित एक राष्ट्रीय निर्माण कंपनी पीटर के.वी.आई.ट संस के मुख्य कार्यकारी अधिकारी वॉल्टर स्कॉट ने संपर्क किया था, जो ओगडेन के लिए काम कर चुके थे। वॉल्टर ने उन्हें ओमाहा वापस आने और एक साथ मिलकर कुछ नया शुरू करने का आग्रह किया था। इस प्रकार, स्कॉट-सोकोल साझेदारी में छोटे से भू-तापीय (जियोथर्मल) व्यापार शुरू हुआ था, जो बड़ी व लाभदायक मिडअमेरिकन एनर्जी कंपनी के रूप में विकसित हो गई थी। फिर बफे के बचपन के मित्र वॉल्टर स्कॉट, जो बर्कशायर के निदेशक मंडल के सदस्य थे, ने डेविड सोकोल को भी बफे के विस्तारित वंश का हिस्सा बना लिया था। वर्ष 2000 में बर्कशायर ने मिडअमेरिकन की 80 प्रतिशत हिस्सेदारी खरीद ली थी। उसके बाद सोकोल ने कई सफल अधिग्रहण किए थे और मिडअमेरिकन आयोवा के दो-तिहाई हिस्से के साथ-साथ इलिनोइस, साउथ डकोटा व नेब्रास्का के कुछ हिस्सों में अपनी सेवा का विस्तार कर लिया था। बफे ने सोकोल को उसकी मेहनत के लिए अगले दस वर्षों में कुल 88 लाख डॉलर वेतन व बोनस के रूप में कुल 5.39 करोड़ डॉलर का भुगतान किया था। इस अवधि में सोकोल ने अपनी स्वामित्व हिस्सेदारी के लिए 2.63 करोड़ डॉलर का लाभांश भी हासिल किया था और 14.55 करोड़ डॉलर मूल्य की स्वामित्व हिस्सेदारियाँ भी बेची थीं।

स्कॉट-सोकोल साझेदारी में छोटे से भू-तापीय (जियोथर्मल) व्यापार शुरू हुआ था, जो बड़ी व लाभदायक मिडअमेरिकन एनर्जी कंपनी के रूप में विकसित हो गई थी। फिर बफे के बचपन के मित्र वॉल्टर स्कॉट, जो बर्कशायर के निदेशक मंडल के सदस्य थे, ने डेविड सोकोल को भी बफे के विस्तारित वंश का हिस्सा बना लिया था।

इस बीच, वर्ष 2010 में डगलस काउंटी (नेब्रास्का) के न्यायाधीश गैरे बी. रैंडल ने मिडअमेरिकन को फिलीपींस में एक सिंचाई परियोजना के शेयरधारकों के साथ अपने सौदे में 'असंगत, गलत तरीके से तथा बेईमानी से' काम करने का दोषी पाया था और उसके लिए डेविड सोकोल को जिम्मेदार ठहराया था। कुल मिलाकर, मिडअमेरिकन को क्षतिपूर्ति के रूप में वर्ष 2010 के शुद्ध लाभ 1.2 अरब डॉलर का 7 प्रतिशत राशि (लगभग 8.4 करोड़ डॉलर) का भुगतान करना पड़ा था। लेकिन 30 मार्च, 2011 के अपने वक्तव्य में वॉरेन बफे ने डेविड सोकोल एवं उनके विश्वस्त ग्रेगोरी ई. आबेल को बर्कशायर की नागरिक उपयोगिता कंपनियों के सर्वोत्तम कार्य-प्रदर्शन के लिए बधाई भी दी थी। याद रहे कि वर्ष 2002 से 2004 के बीच डेविड सोकोल से हुई बहुत बड़ी निवेश भूल हुई थी, जब 13 सितंबर, 2004 को वॉरेन बफे ने मिडअमेरिकन के जिंक रिकवरी प्रोजेक्ट में 34 करोड़ डॉलर के घाटे को बट्टे खाते में डालने की घोषणा की थी। बफे ने इन दोनों ही मामलों में केवल इसलिए कोई सजा नहीं दी थी, क्योंकि उनमें उन्हें सोकोल की कोई उद्देश्यपूर्ण गलतियाँ नहीं दिखाई दी थीं।

नेटजेट्स (कोलंबस, ओहियो) विश्व भर में लगभग 700 निजी व्यावसायिक विमानों के सबसे बड़े बेड़े का संचालन करती है और अपने ग्राहकों को उनके आंशिक स्वामित्व बेचती है। सन् 1995 में वॉरेन बफे ने अपने उपयोग के लिए 'हॉकर 1000' में 25 प्रतिशत हिस्सेदारी खरीदी थी।

इतना ही नहीं, इससे पहले 26 फरवरी, 2011 को बर्कशायर के शेयरधारकों को लिखे अपने वार्षिक पत्र में बफे ने पिछले दो वर्षों में बर्कशायर की सहायक कंपनी 'नेटजेट्स' को वित्तीय रूप से पटरी पर लाने का श्रेय डेविड सोकोल को ही दिया था। नेटजेट्स (कोलंबस, ओहियो) विश्व भर में लगभग 700 निजी व्यावसायिक विमानों के सबसे बड़े बेड़े का संचालन करती है और अपने ग्राहकों को उनके आंशिक स्वामित्व बेचती है। सन् 1995 में वॉरेन बफे ने अपने उपयोग के लिए 'हॉकर 1000' में 25 प्रतिशत हिस्सेदारी खरीदी थी। उन्होंने जल्द ही यह निर्धारित कर लिया था कि आंशिक स्वामित्व की अवधारणा ही निजी विमानन का भविष्य थी और सन् 1998 में बर्कशायर हैथवे ने पूरी कंपनी का

अधिग्रहण कर लिया था। लेकिन अगले ग्यारह वर्षों में जब नेटजेट्स का कुल कर पूर्व घाटा 15.70 करोड़ डॉलर के स्तर पर चला गया था, बफे ने उसकी कायापलट के लिए डेविड सोकोल को मुख्य कार्यकारी अधिकारी नियुक्त किया था। बफे ने उक्त पत्र में सूचित किया था कि यदि नेटजेट्स को बर्कशायर की मजबूत साख का सहारा न मिला होता तो यह घाटा और भी बहुत अधिक बढ़ जाता। लेकिन सोकोल ने एक साल के भीतर कंपनी को नीचे से ऊपर की तरफ मोड़ दिया था। सोकोल ने भारी छँटनी, परिसंपत्तियों की बिक्री एवं प्रबंधन में आमूलचूल परिवर्तन कर वर्ष 2010 में नेटजेट्स को 20.7 करोड़ डॉलर कर पूर्व लाभ की स्थिति में खड़ा कर दिया था।

बर्कशायर की कंपनियों के संचालन के अतिरिक्त सोकोल ने उसके लिए निवेश के अवसर भी खोजे थे। वर्ष 2008 में वॉल स्ट्रीट का संकट गहराने के बाद सोकोल ने बफे के प्रतिनिधि के रूप में अपना अधिकांश समय वित्तीय अराजकता द्वारा बनाए गए संभावित सौदे के मूल्यांकन में ही लगाया था।

वास्तव में, सोकोल ने बफे के लिए बहुत पैसा बनाया था, जिससे उनकी क्षमता में बहुत अधिक आत्मविश्वास भी उत्पन्न हुआ था। बर्कशायर की कंपनियों के संचालन के अतिरिक्त सोकोल ने उसके लिए निवेश के अवसर भी खोजे थे। वर्ष 2008 में वॉल स्ट्रीट का संकट गहराने के बाद सोकोल ने बफे के प्रतिनिधि के रूप में अपना अधिकांश समय वित्तीय अराजकता द्वारा बनाए गए संभावित सौदे के मूल्यांकन में ही लगाया था। लेहमैन पर अमेरिकी दिवाला न्यायालय के परीक्षक के वर्ष 2010 के प्रतिवेदन के अनुसार, सितंबर 2008 में लेहमैन ब्रदर्स के निवेश प्रमुख (चीफ ऑफ इन्वेस्टमेंट बैंकिंग) ह्यूग ई. मैकजी-III ने डेविड सोकोल से संपर्क साधकर सलाह माँगी थी कि क्या उनके पास लेहमैन को बचा पाने का कोई विचार था। लेकिन सोकोल के 'न' कर देने के बाद लेहमैन ने दिवालिया होने का आवेदन दाखिल किया था।

लेकिन लेहमैन ब्रदर्स के ध्वस्त होने के बाद सोकोल ने बफे को बाल्टीमोर की उपयोगिता कंपनी कांस्टेलेशन एनर्जी ग्रुप/सी.ई.जी. की स्वामित्व हिस्सेदारियों के भाव में तेजी से आ रही गिरावट की ओर इशारा किया था और बफे का

अनुमोदन हासिल होते ही मिडअमेरिकन के प्रमुख होने के नाते सोकोल ने 4.7 अरब डॉलर के भारी छूट-मूल्य पर सी.ई.जी. को अधिगृहीत कर दिवालिया होने से बचाने का सौदा पटा लिया था। लेकिन जब तक अधिग्रहण की प्रक्रिया शुरू हो पाती, फ्रांसीसी प्रतिस्पर्धी ऊँची बोली के साथ मैदान में आ गया था। लेकिन सोकोल की मेहनत व दूरदृष्टि बेकार नहीं हुई थी। सी.ई.जी. को संबंध-विच्छेद शुल्क (ब्रेकअप फी) सहित सौदे की अन्य शर्तों को पूरा करने के लिए बर्कशायर को 1 अरब डॉलर से अधिक का भुगतान करना पड़ा था। इस तरह, सोकोल अपने कुछ महीनों के बदले में बफे की झोली में इतनी बड़ी कमाई डालने में सफल रहे थे।

सी.ई.जी. को संबंध-विच्छेद शुल्क (ब्रेकअप फी) सहित सौदे की अन्य शर्तों को पूरा करने के लिए बर्कशायर को 1 अरब डॉलर से अधिक का भुगतान करना पड़ा था। इस तरह, सोकोल अपने कुछ महीनों के बदले में बफे की झोली में इतनी बड़ी कमाई डालने में सफल रहे थे।

जी हाँ, इस तरह का 'लाभप्रद अवसरवाद' बर्कशायर (वॉरेन बफे) के निवेश सूत्र (इन्वेस्टमेंट फॉर्मूला) का बहुत बड़ा हिस्सा रहा है; लेकिन इसकी बहुत कम सराहना होती है। बफे की साख ऐसे 'उदार स्वामी' की है, जो कुशल प्रबंधन को महत्त्व देता है और बनाए रखता है। इसका परिणाम यह है कि कई कंपनियाँ स्वयं को बर्कशायर को बेचने के लिए उत्सुक रहती हैं। इतना ही नहीं, बफे का व्यक्तिगत आभामंडल और उनके पिछले कार्यों का कीर्तिमान उनके लिए ऐसे गैर-स्वामित्व निवेश (नॉन-ओनरशिप इन्वेस्टमेंट) के दरवाजे भी खोलते हैं, जिनके बारे में अन्य लोग केवल सपने ही देख सकते हैं। ऐसे उदाहरणों में गोल्डमैन सैश (5 अरब डॉलर) व जनरल इलेक्ट्रिक (3 अरब डॉलर) के वर्ष 2008 के गैर-स्वामित्व निवेश सौदों को शामिल किया जा सकता है, जब दोनों कंपनियों की वित्तीय स्थितियाँ डाँवाँडोल हो गई थीं। ऐसे अत्यंत संवेदनशील समय में वॉरेन बफे ने इन दोनों कंपनियों के प्रति अपनी सद्‌भावना प्रकट की थी; लेकिन उसके बदले में बर्कशायर को अपने मूल धन (8 अरब डॉलर) के पुनर्भुगतान (रीपेमेंट) के अतिरिक्त ब्याज सहित मोचन शुल्क (रिडेम्पशन फी) व जमानत शुल्क (वारंटी फी) के रूप में कुल 4 अरब डॉलर से अधिक कमाई कर सकते थे। क्या ऐसे लाभकारी सौदे अन्य नियमित

निवेशकों को मिल सकते हैं? और, इन सभी सौदों में डेविड सोकोल की भूमिका अहम रही थी।

लेकिन 30 मार्च, 2011 को वॉरेन बफे ने यह घोषणा कर सबको चौंका दिया था कि डेविड सोकोल बर्कशायर से त्याग-पत्र देंगे। फिर 27 अप्रैल को बर्कशायर की लेखा-परीक्षा समिति (ऑडिट कमेटी) ने 18 पृष्ठों का प्रतिवेदन जारी किया था, जिसमें उसने सोकोल पर बर्कशायर को लुब्रिया जोल (एल.जेड.) रासायनिक निर्माता, जिसकी उसने बफे को अधिग्रहण लक्ष्य के रूप में सिफारिश की थी, में अपनी निजी हिस्सेदारी के बारे में गुमराह कर कंपनी के मानकों का उल्लंघन करने का आरोप लगाया था। समिति ने यह निष्कर्ष निकाला कि सोकोल ने संघीय कानून के अंतर्गत 'अंदरूनी व्यापार' (इनसाइडर ट्रेडिंग) का अपराध किया था, जब उसने जनवरी में 10 लाख डॉलर के लुब्रिजोल के शेयर खरीदे थे और फिर बफे से उस कंपनी के अधिग्रहण की सिफारिश की थी। जी हाँ, वॉरेन बफे के लिए सोकोल को हटाने का फैसला लेना आसान नहीं रहा होगा। सोकोल ने इससे पहले भी गलतियाँ की थीं और बफे उन्हें क्षमा करते रहे थे, क्योंकि उन्हें अपनी जाँच में ऐसा कुछ नहीं मिलता था, जिससे यह साबित हो कि सोकोल ने जानबूझकर गलती की थी। लेकिन यह पहला मौका था, जब सोकोल ने निजी लाभ के लिए गलती की थी, जिससे बर्कशायर की ऐतिहासिक साख को चोट पहुँची थी और बफे को उन्हें निकालने का फैसला करना पड़ा था।

सोकोल ने इससे पहले भी गलतियाँ की थीं और बफे उन्हें क्षमा करते रहे थे, क्योंकि उन्हें अपनी जाँच में ऐसा कुछ नहीं मिलता था, जिससे यह साबित हो कि सोकोल ने जानबूझकर गलती की थी। लेकिन यह पहला मौका था, जब सोकोल ने निजी लाभ के लिए गलती की थी, जिससे बर्कशायर की ऐतिहासिक साख को चोट पहुँची थी और बफे को उन्हें निकालने का फैसला करना पड़ा था।

नाम से प्रशंसा और श्रेणी की आलोचना—वॉरेन बफे बहुत अच्छी तरह से जानते हैं कि किसी भी प्रबंधक के पास 'प्रशंसा' व 'आलोचना' दो सबसे महत्त्वपूर्ण औजार हैं। यदि वे इन औजारों का सही उपयोग कर पाते हैं तो अपने

कर्मचारियों को कड़ी मेहनत करने, रचनात्मक होने तथा बड़ी सफलता प्राप्त करने के लिए प्रेरित कर सकते हैं। यदि इन औजारों का गलत उपयोग हुआ तो वे कर्मचारियों के कार्य करने के उत्साह, महत्त्वाकांक्षा व रचनात्मकता को ध्वस्त कर उनकी असफलता को भी सुनिश्चित कर सकते हैं। बफे का मानना है कि 'प्रशंसा' व 'आलोचना' का प्रभावी रूप से उपयोग करना सीखना हरेक प्रबंधक का प्राथमिक पाठ है। जो प्रबंधक इन उपायों की संवेदनशीलता तथा उनके उपयोग की चुनौती को ठीक प्रकार से समझता है, वह अपने सहकर्मियों व कर्मचारियों से कुछ भी करा सकता है। वॉरेन इन उपायों के इस्तेमाल में माहिर रहे हैं। उनका बहुत ही सरल नियम है—नाम से प्रशंसा करें और श्रेणी (कैटेगरी) की आलोचना।

> **हम बचपन में भी अपनी आलोचना सुनने को तैयार नहीं थे और अब वयस्क होने पर इसे सहन नहीं कर पाते हैं, क्योंकि आलोचना हमें गलत साबित करती है। चाहे माता-पिता रहे हों या शिक्षक या वरिष्ठ, जो भी हमारी आलोचना करते रहे हैं, हम उन्हें पसंद नहीं कर पाते हैं और फिर उनकी बातों को अनसुना करते हैं।**

हम सभी अपनी प्रशंसा की चाहत रखते हैं। हम बचपन में अपने माता-पिता की प्रशंसा के लिए तरसते हैं, फिर छात्र के रूप में अपने शिक्षकों की और बाद में कर्मचारी के रूप में अपने वरिष्ठों की। हमें इन सभी की प्रशंसा की आवश्यकता इसलिए पड़ती है, क्योंकि हम जानना चाहते हैं कि हम सही रास्ते पर हैं और यह हमें उस रास्ते पर आगे बढ़ने और अधिक अच्छा करने की प्रेरणा भी देता है। इसके उलट, कोई भी अपनी आलोचना नहीं सुनना चाहता है। चाहे हम कुछ करें या न करें, हमारे लिए अपनी आलोचना से अधिक भयानक कुछ भी नहीं होता। यह हमारे उत्साह पर पानी फेरने के लिए काफी होती है। हम बचपन में भी अपनी आलोचना सुनने को तैयार नहीं थे और अब वयस्क होने पर इसे सहन नहीं कर पाते हैं, क्योंकि आलोचना हमें गलत साबित करती है। चाहे माता-पिता रहे हों या शिक्षक या वरिष्ठ, जो भी हमारी आलोचना करते रहे हैं, हम उन्हें पसंद नहीं कर पाते हैं और फिर उनकी बातों को अनसुना करते हैं। स्पष्ट है कि जल्दी मित्र बनाने के लिए 'प्रशंसा' से बड़ा कुछ भी नहीं और जल्दी शत्रु बनाने के लिए

'आलोचना' से बढ़कर कुछ भी नहीं है। अब सबकुछ आप पर निर्भर करता है कि आप किसी की प्रशंसा कर उसे अपना मित्र बनाते हैं या फिर उसकी आलोचना कर उसे अपना शत्रु।

कई प्रबंधक कभी भी यह नहीं सीख पाते हैं कि अपने संवाद में 'प्रशंसा' व 'आलोचना' का उपयोग कैसे करें। नतीजा यह होता है कि वे बहुत जल्द अपने सहकर्मियों व कर्मचारियों के बीच अलोकप्रिय बन जाते हैं और प्रबंधन उन्हें निकाल बाहर करता है। लेकिन वॉरेन बफे 'प्रशंसा' व 'आलोचना' का सटीक उपयोग करने में माहिर माने जाते हैं और इनके माध्यम से वे अपने प्रबंधकों को बहुत अच्छे कार्य-प्रदर्शन के लिए प्रेरित करने में सफल रहे हैं। जैसे कि हम पहले पढ़ चुके हैं, बफे अपने लोगों की प्रशंसा का कोई भी छोटा-बड़ा अवसर नहीं चूकते। वह अपने लोगों के नाम याद रखने में माहिर हैं और हमेशा उनका नाम लेकर प्रशंसा करते हैं। आप बर्कशायर हैथवे का कोई भी वार्षिक प्रतिवेदन उठा कर देख सकते हैं, शेयरधारकों को संबोधित बफे के विस्तृत पत्र में आपको विभिन्न व्यवसायों के प्रदर्शन की समीक्षा के साथ उन श्रेणियों में अच्छा प्रदर्शन करनेवाले कार्यकारियों के नाम व काम का भी उल्लेख अवश्य ही मिल जाएगा। जी हाँ, बफे अपने लोगों की उपलब्धियों की सार्वजनिक प्रशंसा कर उनके आत्म-सम्मान को बढ़ाते हैं और उन्हें अपनी ऊँची साख के साथ अपना जीवन जीने के लिए प्रेरित करते हैं। बफे की प्रशंसा करने की भाषा से भी स्पष्ट होता है कि वह ऐसा करने में स्वयं भी खुशी का अनुभव करते हैं। लेकिन वह अपने प्रबंधकों की केवल प्रशंसा ही नहीं करते हैं, बल्कि उन्हें उनकी अपेक्षाओं से अधिक पदोन्नत भी करता

बल्कि उन्हें उनकी अपेक्षाओं से अधिक पदोन्नत भी करता और भारी आर्थिक लाभ भी प्रदान कराते हैं। इस तरह, वह अपने लोगों को 'विशेष' होने का अनुभव करते हैं और उन्हें अधिक अच्छे कार्य-प्रदर्शन के लिए प्रोत्साहित करता है। यही कारण है कि बर्कशायर के प्रबंधकों में अधिक-से-अधिक अच्छा कार्य-प्रदर्शन करने की होड़-सी लगती है, मानो वे केवल धन के लिए नहीं, बल्कि 'आत्म-सम्मान' के लिए काम करते हैं।

और भारी आर्थिक लाभ भी प्रदान कराते हैं। इस तरह, वह अपने लोगों को 'विशेष' होने का अनुभव करते हैं और उन्हें अधिक अच्छे कार्य-प्रदर्शन के लिए प्रोत्साहित करता है। यही कारण है कि बर्कशायर के प्रबंधकों में अधिक-से-अधिक अच्छा कार्य-प्रदर्शन करने की होड़-सी लगती है, मानो वे केवल धन के लिए नहीं, बल्कि 'आत्म-सम्मान' के लिए काम करते हैं।

वॉरेन बफे किसी की भी व्यक्तिगत आलोचना को जहरीला ही मानता हैं, लेकिन वह यथार्थवादी (रियलिस्ट) भी हैं। वह स्वीकार करते हैं कि कुछ मामलों में आलोचना अनिवार्य होती है और उसे टाला नहीं जा सकता है। लेकिन जब व्यक्तिगत आलोचना अनिवार्य होती है, तब वह डेल कार्नेगी की सलाह मानते हैं, जो कहते हैं कि किसी व्यक्ति की आलोचना से पहले उसकी प्रशंसा की जानी चाहिए, क्योंकि लोग अपनी प्रशंसा सुने बिना अपनी आलोचना को बिल्कुल सहन नहीं कर पाते और उसे अस्वीकार कर देते हैं।

हालाँकि वॉरेन बफे किसी की भी व्यक्तिगत आलोचना को जहरीला ही मानता हैं, लेकिन वह यथार्थवादी (रियलिस्ट) भी हैं। वह स्वीकार करते हैं कि कुछ मामलों में आलोचना अनिवार्य होती है और उसे टाला नहीं जा सकता है। लेकिन जब व्यक्तिगत आलोचना अनिवार्य होती है, तब वह डेल कार्नेगी की सलाह मानते हैं, जो कहते हैं कि किसी व्यक्ति की आलोचना से पहले उसकी प्रशंसा की जानी चाहिए, क्योंकि लोग अपनी प्रशंसा सुने बिना अपनी आलोचना को बिल्कुल सहन नहीं कर पाते और उसे अस्वीकार कर देते हैं। लेकिन जब बातचीत के दौरान किसी के अच्छे कार्यों की भरपूर प्रशंसा की जाती है और फिर उनकी गलतियों को सामने रखा जाता है तो वे उसे सुनते भी हैं, उन्हें स्वीकार भी करते हैं और फिर उन्हें कभी न दोहराने की कोशिश भी करते हैं। तो, यदि आपको किसी भी व्यक्ति की आलोचना का सकारात्मक नतीजा चाहिए तो आपको बातचीत की शुरुआत प्रशंसा से ही करनी होगी।

टकराव व बहस से बचना ही अच्छा है

डेल कार्नेगी से वॉरेन बफे ने सीखा था कि किसी व्यक्ति के साथ बहस करने की जगह उससे सहमत हो जाना ही अधिक अच्छा होता है, ताकि आप उस व्यक्ति का भरोसा जीत सकें और उस प्रक्रिया में उसे अपने विचार सुनने की स्थिति में ला सकें। वॉरेन ने शुरू से इस दर्शन को पूरी तरह से अपना लिया था और वह हमेशा टकराव व बहस से बचने की कोशिश करने के लिए प्रसिद्ध भी रहे हैं। उन्हे बहुत अच्छी तरह से मालूम रहा है कि यदि आपको बहस में जीतना है तो अपने को पहले स्थान पर रखना अनिवार्य नहीं है। जब आप बहस जीतने की कोशिश में दूसरों को ठीक करने के लिए उनकी गलतियाँ निकालते हैं तो वे अपना अपमान भी महसूस कर सकते हैं, और वैसी स्थिति में वे आपकी बात मानने की जगह आपसे नाराज भी हो सकते हैं।

बफे जब टकराव व बहस से बचने की कोशिश में दूसरों के विचारों से सहमत हो जाते हैं तो उसका सबसे बड़ा उद्देश्य दूसरों के विचारों का आदर करना होता है, भले ही वे विचार उनके स्वयं के विचारों के विपरीत ही क्यों न हों।

वास्तव में, बफे जब टकराव व बहस से बचने की कोशिश में दूसरों के विचारों से सहमत हो जाते हैं तो उसका सबसे बड़ा उद्देश्य दूसरों के विचारों का आदर करना होता है, भले ही वे विचार उनके स्वयं के विचारों के विपरीत ही क्यों न हों। और जब बफे बहस करने की जगह दूसरों के विपरीत विचारों से भी सहमत हो जाते हैं, तो दूसरे लोग स्वयं को आराम की स्थिति में महसूस करने लगते हैं और स्वाभाविक रूप से उसके विचारों को सुनने को उत्सुक हो जाते हैं। और यही तो बफे की कुशलता है कि वह बहुत अच्छी तरह से समझते हैं कि एक बार दूसरों को अपनी बातें सुना पाना ही बहस को जीतने का पहला कदम है। शुरू में जब वह प्रतिभूति बिक्रीकर्मी के रूप में काम करते थे तो अपने संभावित ग्राहकों के तर्कों से तुरंत सहमत हो जाते थे।

वास्तव में, वॉरेन बफे के साथ-साथ उसके मित्र तथा बर्कशायर के वाइस चेयरमैन चार्ली मुँगेर के शैक्षणिक विकास तथा उनके व्यक्तिगत व पेशेवर जीवन में संयुक्त राज्य अमेरिका के संस्थापक पिताओं में गिने जानेवाले बेंजामिन फ्रैंकलिन के अनमोल ज्ञान ने अहम भूमिका निभाई थी। बर्कशायर के वार्षिक प्रतिवेदन उठा

लीजिए। आपको बेंजामिन फ्रैंकलिन के उद्धरण अवश्य ही पढ़ने को मिल जाएँगे। बेंजामिन फ्रैंकलिन भी बहस से बचने तथा दूसरे लोगों के विचार को आदर देने में माहिर रहे थे। हो सकता है, बफे ने उसी से प्रभावित होकर इस रणनीति को अपनाया था।

दूसरे व्यक्तियों की चाहतों व आवश्यकताओं के बारे में बोलें—वॉरेन बफे का कथन है, "जब आप चाहते हैं कि कोई कुछ करे तो आप क्या चाहते हैं, के संदर्भ में सोचना बंद करें और वे क्या चाहते हैं, के सदर्भ में सोचें।" जी हाँ, नेतृत्वकर्ता व व्यवसाय स्वामी के नाते बफे के प्रबंधन की सफलता का यही रहस्य है कि वह अपने प्रबंधकों/मुख्य कार्यकारी अधिकारियों की जरूरतों व चाहतों को समझने और हमेशा उनकी जरूरतों व चाहतों की बातें कर पाने में सक्षम थे। इस संदर्भ में, बफे बीसवीं सदी के महान् उद्योगपति एवं फोर्ड मोटर कंपनी के संस्थापक हेनरी फोर्ड से प्रभावित था। फोर्ड ने अपनी आत्मकथा में लिखा है—"यदि सफलता का कोई एक रहस्य है तो यह दूसरे व्यक्ति के दृष्टिकोण को प्राप्त करने और हमारे स्वयं के साथ-साथ उस व्यक्ति के दृष्टिकोण से चीजों को देखने की क्षमता में निहित है।"

बफे ने अपने व्यक्तिगत व पेशेवर—दोनों ही जीवन में इस विचार को समाहित किया था। जब वह अपने बच्चों में कोई सुधार लाना चाहते थे तो उन पर टीका-टिप्पणी करने की बजाय उनकी आवश्यकताओं की बातें करते थे। जैसे यदि वह चाहता था कि बच्चे अपने स्वास्थ्य का ध्यान रखें और अपने वजन को नियंत्रित रखें, तो उसने उनके लिए पुरस्कार योजना का प्रस्ताव रखा था। बफे बहुत अच्छी तरह से किशोर मनोविज्ञान को समझते थे और उन्हें पता था कि जब तक वह बच्चों की नकदी की आवश्यकता को पूरा नहीं

> जब बफे किसी निजी स्वामित्ववाली पारिवारिक कंपनी को खरीदने की कोशिश करते थे तो सबसे पहले उस व्यवसाय में स्वामी के गौरव की बातें करता थे। वास्तव में, बफे बहुत अच्छी तरह से इस तथ्य को समझते थे कि स्वामी अपनी कंपनी को अधिकतम संभव पर बेचने के साथ-साथ यह भी चाहते थे कि उनकी कंपनी ऐसे हाथों में जाए, जो उसके गौरव को बनाए रख सकता हो।

करेंगे, वे उसकी बातों को अनसुना कर देंगे। इसी प्रकार, जब बफे किसी निजी स्वामित्ववाली पारिवारिक कंपनी को खरीदने की कोशिश करते थे तो सबसे पहले उस व्यवसाय में स्वामी के गौरव की बातें करता थे। वास्तव में, बफे बहुत अच्छी तरह से इस तथ्य को समझते थे कि स्वामी अपनी कंपनी को अधिकतम संभव पर बेचने के साथ-साथ यह भी चाहते थे कि उनकी कंपनी ऐसे हाथों में जाए, जो उसके गौरव को बनाए रख सकता हो। यही कारण था कि कंपनियों को खरीदने के बाद भी बफे उन्हीं स्वामियों के हवाले कर देता था, जो आजीवन उसे संचालित करने में गौरव का अनुभव करते थे।

हम नेब्रास्का फर्नीचर मार्ट के बारे में पढ़ चुके हैं कि 80 प्रतिशत हिस्सेदारी खरीदने के बाद भी बफे ने 'मिसेज बी' एवं उसके बेटों सहित तत्कालीन प्रबंधन में कोई बदलाव नहीं किया था और उसी परिवार के सदस्य आज भी उसका संचालन करते हैं। इसी प्रकार, फ्लाइट सेफ्टी के अधिग्रहण के बाद भी बफे ने उसे संस्थापक व सभापति ए. एल. उल्तेस्की को आजीवन अपनी कंपनी संचालित करने का अवसर प्रदान किया था। और, बफे ने कमोबेश ऐसी ही व्यवस्था अन्य कंपनियों में करने की कोशिश की थी, क्योंकि वह व्यवसाय के प्रति स्वामियों के गौरव को बनाए रखना चाहते थे। इस तरह, बफे ने उन स्वामियों की जरूरतों व चाहतों को पूरा किया था और उन्होंने बफे को उनके निवेश व उदारता के बदले में आश्चर्यजनक वित्तीय परिणाम दिए थे।

इसके अलावा, वॉरेन बफे अपने प्रबंधकों को अपने लक्ष्य व मानक तय करने का अवसर भी प्रदान करते हैं। वह लोगों को नौकरी पर रख तो लेते हैं, लेकिन यह नहीं बताते हैं कि उन्हें करना क्या है। इस तरह वह अपने प्रबंधकों को अपने स्वयं के सही विचार लाने के लिए उकसाते हैं। और, जब प्रबंधकों को अपना लक्ष्य व मानक स्वयं निर्धारित करने की स्वतंत्रता मिलती है तो वे अपने स्वामी की दृष्टि में अच्छा दिखने के लिए लक्ष्य व मानकों को हमेशा ऊँचा ही रखने की कोशिश करते

> **इस तरह वह अपने प्रबंधकों को अपने स्वयं के सही विचार लाने के लिए उकसाते हैं। और, जब प्रबंधकों को अपना लक्ष्य व मानक स्वयं निर्धारित करने की स्वतंत्रता मिलती है तो वे अपने स्वामी की दृष्टि में अच्छा दिखने के लिए लक्ष्य व मानकों को हमेशा ऊँचा ही रखने की कोशिश करते हैं।**

हैं। वैसे प्रबंधकों को पता होता है कि भले ही बफे उनसे कुछ भी न कहें, लेकिन उनकी चुप्पी बहुत कुछ संकेत देती है। यदि वह अपने प्रबंधकों को काम करने की पूरी स्वतंत्रता व अधिकार प्रदान करते हैं तो उनकी अपेक्षा भी उतनी ही अधिक होती है। वह अपने प्रबंधकों से असाधारण परिणामों की अपेक्षा रखते हैं। बफे का मानना है कि जब हम किसी को कुछ करने के लिए कहते हैं तो वह परोक्ष रूप से आदेश होता है। और मनोवैज्ञानिक सच तो यही है कि कोई भी व्यक्ति आदेश नहीं सुनना चाहता है और आदेश की कार्य-प्रदर्शन की क्षमता को सीमित करता है। यही कारण है कि बफे अपने प्रबंधकों को आदेश देने की बजाय उनसे ढेर सारे प्रश्न पूछते हैं और उन्हीं प्रश्नों में प्रबंधकों को समझ आ जाता है कि बफे क्या चाहते हैं। वास्तव में, बफे के प्रश्न परोक्ष रूप से 'आदेश' ही होते हैं; लेकिन वह सीधे तौर पर 'आदेश' देने से बचते हैं।

…और वॉरेन बफे का मानना है कि हरेक व्यक्ति गलती करता है, इसलिए सभी को उसे तत्काल स्वीकार करने की आदत डालनी चाहिए, ताकि बिना समय गँवाए उसके सुधार की कोशिशें शुरू हों।

□

अध्याय-5

खतरे, चुनौतियाँ व अवसर

वॉरेन बफे का कहना है कि व्यवसाय की सड़कें गड्ढों से भरी-पूरी हैं और उनसे बचने के लिए योजना की आवश्यकता होती है, जिसे आपदा योजना (प्लान ऑफ डिजॉस्टर) कहते हैं। बहुत अधिक उधार के खतरों, कर्मचारियों द्वारा कानून तोड़ने, अच्छे विचारों के भटक जाने, अनजाने में गलतियाँ हो जाने, चापलूसों को प्रबंधित करने तथा अवसर चूक जाने को ऐसे गड्ढों में गिनते हैं और उन सभी खतरों व चुनौतियों से निपटने के लिए विशेष प्रबंधन तकनीकों का उपयोग करते हैं। बफे का मानना है कि जब हम इन सभी से निपटने में सक्षम होते हैं, तभी संबंधित व्यवसाय के अवसरों को देख पाते हैं। बफे ने यह सब अपने तीखे अनुभवों से सीखा था। इस अध्याय में हम बफे के इन्हीं अनमोल अनुभवों की चर्चा करनेवाले हैं, जिनसे हरेक नेतृत्वकर्ता को स्वयं को प्रबंधकीय खतरों को दूर रखने और उनसे स्वयं को बाहर निकलने में मदद मिलेगी।

बहुत अधिक उधार जुआ जैसा ही है

वॉरेन बफे का स्पष्ट मत है कि जिन व्यवसाय प्रबंधकों को बहुत अधिक उधार लेना पड़ता है, वे वास्तव में जुआ खेल रहे होते हैं। विडंबना यह है कि ऐसे प्रबंधकों को बहुधा यही भ्रम रहता है कि उन्हें आगे व्यवसाय की लंबी सड़कों पर कोई वित्तीय गड्ढा नहीं मिलेगा। लेकिन उन्हें उन वित्तीय गड्ढों से बचकर आगे बढ़ने के लिए विशेष व्यावसायिक योजना की आवश्यकता होती है। लेकिन बफे अपने अनुभव के आधार पर यह चेतावनी देते हैं कि भले ही कोई व्यवसाय कितनी ही कुशलता से क्यों न संचालित किया जा रहा हो, यदि वह अपनी उधार सहन-शक्ति (लिवरेज) बकाया देय राशि से अधिक संभावित लाभ की अपेक्षा

में उधार पूँजी हासिल करने की क्षमता का बहुत अधिक उपयोग करता है तो वह अपनी वित्तीय समस्याओं को हमेशा धोखा नहीं नहीं दे सकता है, उनसे बचकर नहीं निकल सकता है।

बफे का कहना है कि 'उधार सहन-शक्ति' (लिवरेज) के बहुत अधिक उपयोग के कारण ही हर बीस वर्षों में विश्व अर्थव्यवस्था में बैंकिंग संकट आ जाता है। बैंक 'उधार सहन-शक्ति' (लिवरेज) के राजा होते हैं। वे जितना भी उधार देते हैं, वह सारा धन वे जमाकर्ताओं से उधार ही तो लेते हैं। लेकिन वे जमाकर्ताओं से तो लघुकालिक उधार (शॉर्टटर्म बोरोइंग) करते हैं, जबकि उन्हें आगे दीर्घकालिक उधार (लॉन्गटर्म बॉरोइंग) देना होता है। यह तब तक ठीक-ठाक चलता रहता है, जब तक कि बैंक नए जमाकर्ताओं की संख्या को बढ़ाता रहता है। लेकिन जब अधिकांश जमाकर्ता एक साथ अपने लघुकालिक उधार वापस माँगते हैं और बैंक उन्हें उधार वापस नहीं कर पाता है तो साहूकारी संकट की स्थिति खड़ी हो जाती है। आर्थिक स्थितियों में इस प्रकार के बदलाव की स्थितियाँ बहुत से अवसर भी पैदा करती हैं। लेकिन यदि हमारे पास नकदी हो, तभी हम उन स्थितियों का लाभ उठा सकते हैं। लेकिन आर्थिक बदलाव आपदा भी सिद्ध हो सकते हैं, यदि हमने बहुत अधिक उधार ले रखा है। बफे का मानना है कि ऐसे आर्थिक बदलाव हमेशा ही होते रहे हैं और आगे भी हमेशा ही होते रहेंगे। शर्त यह है कि क्या हम उन बदलावों में स्वयं को जीवित बनाए रख सकने में सक्षम हैं?

वॉरेन बफे का कहना है कि उधार सहन-शक्ति ललचानेवाली होती है और हमें हमेशा संकट की ओर ले जाती है। अब प्रश्न यह उठता है कि उधार सहन-शक्ति ललचानेवाली क्यों होती है? क्योंकि यह किसी व्यवसाय के प्रबंधकों के कार्य-प्रदर्शन को नाटकीय रूप से सुधार सकती है। हाँ, शर्त बस, इतनी है कि वह प्रबंधक उधार सहन-शक्ति का उपयोग करना जानता हो। मान लें कि आप जिस व्यवसाय को संचालित कर रहे हैं, वह सामान्य स्थिति में बिना किसी कर्ज के 1 करोड़ रुपए

> **वॉरेन बफे का कहना है कि उधार सहन-शक्ति ललचानेवाली होती है और हमें हमेशा संकट की ओर ले जाती है। अब प्रश्न यह उठता है कि उधार सहन-शक्ति ललचानेवाली क्यों होती है? क्योंकि यह किसी व्यवसाय के प्रबंधकों के कार्य-प्रदर्शन को नाटकीय रूप से सुधार सकती है।**

का लाभ हासिल कर रहा है। ऐसे में, आपको 10 करोड़ रुपए की अतिरिक्त लागत से 2 करोड़ रुपए के लाभ की संभावना दिखाई देती है। यह बहुत ही ललचानेवाली स्थिति है। लेकिन समस्या यह है कि आपका व्यवसाय उस सौदे के वित्त-पोषण की स्थिति में नहीं है। लेकिन आप अपने व्यवसाय की उधार सहन-शक्ति का उपयोग कर पूँजी बाजार में बैठे इन्वेस्टमेंट बैंकर्स से बहुत ही आसानी से 10 करोड़ रुपए की उधार पूँजी हासिल कर सकते हैं; क्योंकि वे ऐसे ही अवसरों की ताक लगाए बैठे हैं। वे आपको खुशी-खुशी ऋण का प्रस्ताव करेंगे, यदि आप उन्हें 1 करोड़ रुपए वार्षिक ब्याज देने को सहमत हो जाएँ। इसका अर्थ यह हुआ कि आप नए व्यवसाय में 2 करोड़ रुपए के लाभ में से 1 करोड़ रुपए की ब्याज की राशि का भुगतान करने के बाद शुद्ध लाभ के रूप में 1 करोड़ रुपए अर्जित कर सकेंगे। इस तरह, आप अपनी कंपनी की बैलेंस शीट में 2 करोड़ रुपए (पुराने व्यवसाय से 1 करोड़ तथा नए व्यवसाय से 1 करोड़) का शुद्ध लाभ सूचित कर सकेंगे। इस तरह पिछले वर्ष की तुलना में आपके व्यवसाय के कार्य-प्रदर्शन में 100 प्रतिशत वृद्धि हो जाएगी और आप अपने प्रबंधन से बड़े अधिलाभ (बोनस) झटक पाने की स्थिति में आ सकते हैं।

लेकिन आप प्रबंधक के रूप में अपने व्यवसाय की उधार सहन-शक्ति के उपयोग से अपने कार्य-प्रदर्शन को दोगुना बढ़ाने के इस खेल को तभी तक जारी रख सकेंगे, जब तक स्थिति सामान्य रहेगी और आप अपने अनुमान के अनुसार लाभ अर्जित कर पाने में सफल रह पाएंगे। लेकिन ज्यों ही आर्थिक स्थितियाँ बदलेंगी और मंदी का संकट आएगा, आपका खेल बिगड़ना शुरू हो जाएगा। आप अनुमान के अनुसार लाभ कमा पाने की स्थिति में नहीं होंगे। हो सकता है कि आप ब्याज भी चुका सकने की स्थिति में न हों। ऐसे में आपके

आप प्रबंधक के रूप में अपने व्यवसाय की उधार सहन-शक्ति के उपयोग से अपने कार्य-प्रदर्शन को दोगुना बढ़ाने के इस खेल को तभी तक जारी रख सकेंगे, जब तक स्थिति सामान्य रहेगी और आप अपने अनुमान के अनुसार लाभ अर्जित कर पाने में सफल रह पाएँगे। लेकिन ज्यों ही आर्थिक स्थितियाँ बदलेंगी और मंदी का संकट आएगा, आपका खेल बिगड़ना शुरू हो जाएगा।

कार्य-प्रदर्शन का गुब्बारा फुस्स हो जाएगा और आपका व्यवसाय वित्तीय संकट में फँस जाएगा—और कंपनी दिवालिया हो जाने की स्थिति में आ जाएगी। वैसी स्थिति में आपका निदेशक मंडल आपके साथ कैसा व्यवहार करेगा? सीधा उत्तर यही है कि वह पुराने प्रबंधन को हटाएगा और आप अपनी नौकरी से हाथ धो बैठेंगे।

इसीलिए वॉरेन बफे बहुत अधिक उधार को 'जुआ' ही कहते हैं और वैसी कंपनियों में निवेश नहीं करते, जिसका दीर्घकालिक उधार बहुत अधिक होता है। जी हाँ, बफे ने कभी बर्कशायर को ऋण में नहीं फँसने दिया है। वह कभी भी उधार पूँजी से कोई व्यवसाय नहीं खरीदते। वह अपनी नकदी को लगातार जमा होने देते हैं, जब तक कि उन्हें कोई निश्चित लाभ का सौदा न मिल जाए। इस मामले में वॉरेन बफे पुराने विचार के व्यवसायी हैं, जो उधार पूँजी से कभी भी अपनी कमाई को बढ़ाने की कोशिश नहीं करते।

अच्छे विचार भी बुरे सिद्ध हो सकते हैं

> यदि अच्छा विचार सफल होता है तो वह प्रथा बन जाता है। और जब कोई विचार प्रथा बन जाता है तो उसके बुरे सिद्ध हो जाने के बारे में किसी को कोई संदेह भी नहीं होता है। ऐसे में, अच्छे विचारों का गलत उपयोग शुरू हो जाता है। चूँकि इसके बारे में कोई सावधानी नहीं बरती जाती है, इसलिए अच्छे विचारों का गलत प्रयोग इस हद तक बढ़ता चला जाता है, जब तक पूरी प्रणाली ही ध्वस्त होने लगती है।

वॉरेन बफे ने अपने गुरु बेंजामिन ग्राहम को अपने पेशेवर जीवन में सही पाया था कि बुरे विचारों की तुलना में अच्छे विचार अधिक बुरे परिणाम ला सकते हैं। ग्राहम का मानना था कि प्रबंधक कभी भी जान-बूझकर बुरे विचारों पर कार्य नहीं करते क्योंकि बुरे विचारों की हत्या शुरू में ही कर दी जाती है; लेकिन अच्छे विचारों पर काम किया जाता है। यदि अच्छा विचार सफल होता है तो वह प्रथा बन जाता है। और जब कोई विचार प्रथा बन जाता है तो उसके बुरे सिद्ध हो जाने के बारे में किसी को कोई संदेह भी नहीं होता है। ऐसे में, अच्छे विचारों का गलत उपयोग शुरू हो जाता है। चूँकि इसके बारे में कोई

सावधानी नहीं बरती जाती है, इसलिए अच्छे विचारों का गलत प्रयोग इस हद तक बढ़ता चला जाता है, जब तक पूरी प्रणाली ही ध्वस्त होने लगती है।

उदाहरण के लिए, सबप्राइम मॉर्टगेज लोन मूल रूप से अच्छा विचार ही था, जिसके माध्यम से मार्जिनल क्रेडिट वाले अच्छे लोगों को अपना घर खरीदने की अनुमति दी गई थी। चूँकि मॉर्टगेज लोन बेचनेवाली इन योजनाओं पर अच्छी दलाली (कमीशन) कमाने का अवसर मिल रहा था, इसलिए उन्होंने खराब साखवाले लोगों को योग्य बताकर 'सबप्राइम मॉर्टगेज लोन' बेचना शुरू कर दिया था। ऐसे में, खराब साखवाले लोगों की संख्या बढ़ने लगी थी। वे एक से अधिक घर खरीदने लगे थे और दलालों को अधिक कमाई का मौका मिल रहा था। इसके चलते अचल संपत्ति बाजार में भारी तेजी की स्थिति बनने लगी थी। बड़े ऋण-लक्ष्यों को प्राप्त करने की होड़ में बैंकों ने दलालों के प्रस्तावों को लगभग आँख मूँदकर स्वीकार करना शुरू कर दिया था। इस प्रकार 2004 से 2006 के बीच सबप्राइम मॉर्टगेज लोन की वार्षिक वृद्धि दर 8 प्रतिशत से 20 प्रतिशत हो गई थी।

बड़े ऋण-लक्ष्यों को प्राप्त करने की होड़ में बैंकों ने दलालों के प्रस्तावों को लगभग आँख मूँदकर स्वीकार करना शुरू कर दिया था। इस प्रकार 2004 से 2006 के बीच सबप्राइम मॉर्टगेज लोन की वार्षिक वृद्धि दर 8 प्रतिशत से 20 प्रतिशत हो गई थी।

याद रहे कि लगातार बढ़ रही खर्चीली आदतों के कारण 1990 के दशक में ही औसत अमेरिकी परिवारों के ऋण (डेब्ट) एवं प्रयोज्य व्यक्तिगत आय (डिस्पोजेबल पर्सनल इन्कम) का अनुपात 77 प्रतिशत चल रहा था, जो वर्ष 2007 के अंत में विशेष रूप से सबप्राइम मॉर्टगेज लोन के कारण 127 प्रतिशत के उच्च स्तरों पर पहुँच गया था। ऐसे में, जब वर्ष 2006 के मध्य में उच्चतम स्तर पर पहुँचने के बाद अचल संपत्तियों की कीमतें तेजी से घटने लगी थीं तो उधारकर्ताओं के लिए अपने घरों का पुनर्वित्त-पोषण (री-फाइनेंसिंग) कराना मुश्किल होने लगा था। ऐसे में वे और अधिक ऊँची दरों पर पुनर्वित्त-पोषण कराने लगे थे, जिससे ऋण-किस्तों का आकार भी बढ़ने लगा था और वे उनका भुगतान करने में असमर्थ होने लगे थे। चूँकि अचल संपत्तियों के बाजार मूल्य में भारी गिरावट आ रही थी,

इसलिए वित्तीय संस्थाओं ने सबप्राइम मॉर्टगेज लोन समर्थित प्रतिभूतियों में निवेश बंद कर दिया था और अमेरिका का बैंकिंग सिस्टम में उधार-संकट की स्थिति बन गई थी।

लेहमैन ब्रदर्स वर्ष 2008 के वित्तीय संकट का सबसे बड़ा शिकार बना था और यह इतिहास का सबसे बड़ा दिवालियापन सिद्ध हुआ था। इसके चलते अक्तूबर 2008 में केवल एक माह के भीतर विश्व के पूँजी बाजारों के बाजार पूँजीकरण (मार्किट कैपिटलाइजेशन) में 10,000 अरब डॉलर का ऐतिहासिक नुकसान हुआ था।

15 सितंबर, 2008 को लेहमैन ब्रदर्स ने स्वयं को दिवालिया घोषित कर दिया था। यह गोल्डमैन सैश, मॉर्गन स्टेनली व मेरिल लिंच के बाद अमेरिका का चौथा सबसे बड़ा इन्वेस्टमेंट बैंक था, जिसमें विश्व भर के 25,000 कर्मचारी काम कर रहे थे। उस समय लेहमैन ब्रदर्स के पास 619 अरब डॉलर की परिसंपत्तियाँ थीं, जबकि उस पर 619 अरब डॉलर का ऋणभार था। इस प्रकार लेहमैन ब्रदर्स वर्ष 2008 के वित्तीय संकट का सबसे बड़ा शिकार बना था और यह इतिहास का सबसे बड़ा दिवालियापन सिद्ध हुआ था। इसके चलते अक्तूबर 2008 में केवल एक माह के भीतर विश्व के पूँजी बाजारों के बाजार पूँजीकरण (मार्किट कैपिटलाइजेशन) में 10,000 अरब डॉलर का ऐतिहासिक नुकसान हुआ था।

वास्तव में, लेहमैन ब्रदर्स की जड़ें सन् 1844 में मॉण्टगोमेरी (अल्बामा) में जर्मन आप्रवासी हेनरी लेहमैन द्वारा स्थापित की गई छोटी सी किराना दुकान से जुड़ी हुई हैं। सन् 1850 में, हेनरी लेहमैन और उसके भाई इमानुएल व मेयर ने लेहमैन ब्रदर्स की स्थापना की थी। हालाँकि आनेवाले दशकों में अमेरिका के धुआँधार वित्तीय विकास ने लेहमैन ब्रदर्स को भी समृद्ध होने का अवसर दिया था, लेकिन इस बीच उसे कई चुनौतियों का भी सामना करना पड़ा था। चाहे वह उन्नीसवीं सदी की शुरुआत में रेलवे कंपनियों के दिवालिया हो जाने का संकट हो या 1930 के दशक की महामंदी, दो विश्व युद्ध, वर्ष 1994 में अमेरिकन एक्सप्रेस कंपनी द्वारा अलग कर दिए जाने के बाद पूँजी की या फिर 1998 में दीर्घकालिक ऋण प्रबंधन (लॉन्गटर्म कैपिटल मैनेजमेंट) के ढह जाने तथा रूसी ऋण के किस्तें न चुका पाने का संकट, लेहमैन ब्रदर्स ने सभी को झेल लिया था। लेकिन सबप्राइम मॉर्टगेज

बाजार में गले तक फँस जाना उसके लिए विनाशकारी सिद्ध हुआ था, जिसने उसे घुटने के बल खड़े कर दिया था।

वर्ष 2003 व 2004 में जब अमेरिकी रियल एस्टेट बुलबुला फूलना शुरू हुआ था, लेहमैन ने पाँच बंधक उधारदाताओं का अधिग्रहण किया था, जिनमें बी.एन. सी. मॉर्गेज व औरोरा लोन सर्विसेज भी शामिल थे, जो पूर्ण दस्तावेज के बिना ही सबसे जोखिमपूर्ण 'ऑल्ट-ए' श्रेणी के ऋण विशेषज्ञ माने जाते थे। इन अधिग्रहणों से वर्ष 2004 से 2006 के बीच रियल एस्टेट व्यवसाय में भारी बढ़त के कारण लेहमैन के पूँजी बाजार के राजस्व में 56 प्रतिशत का उछाल आया था, जो अन्य सभी निवेश साहूकारों की तुलना में बहुत अधिक था। वर्ष 2006 में लेहमैन ने 146 अरब डॉलर के मॉर्टगेज लोन का प्रतिभूतीकरण (सिक्यूरिटाइजेशन) किया था, जो वर्ष 2005 से 10 प्रतिशत अधिक था। हालाँकि लेहमैन ने वर्ष 2005 से शुद्ध लाभ घोषित करना शुरू कर दिया था, लेकिन 2007 में उसने 19.3 अरब डॉलर के राजस्व पर 4.2 अरब डॉलर के शुद्ध लाभ का कीर्तिमान सूचित किया था। फरवरी 2007 में लेहमैन ब्रदर्स की स्वामित्व हिस्सेदारियों (शेयर ऑफ स्टॉक) के बाजार मूल्य ने 86.16 डॉलर का कीर्तिमान बनाया था, जिसने उसके बाजार पूँजीकरण को 60 अरब डॉलर के उच्च स्तर पर पहुँचा दिया था। इस बीच, लोन डिफॉल्ट पिछले सात वर्षों में अपने उच्चतम स्तर पर पहुँच गया था और सबप्राइम मॉर्टगेज लोन का संकट शुरू हो गया था। ऐसे में, जब 14 मार्च, 2007 को शेयर बाजारों में पिछले पाँच वर्षों की सबसे बड़ी एकदिवसीय गिरावट दर्ज की गई थी, तब लेहमैन ने पहली तिमाही का शानदार नतीजा प्रस्तुत किया था।

लोन डिफॉल्ट पिछले सात वर्षों में अपने उच्चतम स्तर पर पहुँच गया था और सबप्राइम मॉर्टगेज लोन का संकट शुरू हो गया था। ऐसे में, जब 14 मार्च, 2007 को शेयर बाजारों में पिछले पाँच वर्षों की सबसे बड़ी एकदिवसीय गिरावट दर्ज की गई थी, तब लेहमैन ने पहली तिमाही का शानदार नतीजा प्रस्तुत किया था।

लेकिन बीयर स्टेअर्न्स कंपनीज (न्यूयॉर्क आधारित निवेश बैंक, प्रतिभूति व्यापार व दलाली प्रतिष्ठान) की दो 'प्रतिरक्षा निधि' (हेज फंड) के असफल हो

जाने के बाद जब अगस्त 2007 में उधारी संकट भयंकर हो गई थी, लेहमैन ब्रदर्स की स्वामित्व हिस्सेदारियों के बाजार मूल्य तेजी से गिरे थे और उसी माह कंपनी ने मॉर्टगेज संबंधी 2,500 कर्मचारियों को निकालकर बी.एन.सी. इकाई को बंद कर दिया था। इसके साथ ही, लेहमैन ने औरोरा लोन सर्विसेज के तीन राज्यों के कार्यालयों को बंद कर दिया था।

> **चौथी तिमाही में विश्व के शेयर बाजारों के दुबारा उछाल आने से लेहमैन के बाजार मूल्य में भी उछाल आया था; लेकिन कंपनी ने अपनी विशाल बंधक निवेश-सूची (मॉर्गेज पोर्टफोलियो) को पतला नहीं बनाया था और इस तरह लेहमैन ब्रदर्स के हाथों से स्वयं के बचाव का अंतिम अवसर भी जाता रहा था।**

यहाँ तक कि जब अमेरिकी आवासीय बाजार में सुधार की प्रक्रिया तेजी पकड़ रही थी, लेहमैन ब्रदर्स मॉर्टगेज मार्केट में प्रमुख खिलाड़ी बना रहा था। वर्ष 2007 में लेहमैन ने किसी भी अन्य प्रतिष्ठान की तुलना में अधिक बंधक-समर्थित प्रतिभूतियों (मॉर्गेज बैक्ड सिक्योरिटीज) का अधिरक्षण (अंडरराइटिंग) करता रहा है, 85 अरब डॉलर की निवेश सूची (पोर्टफोलियो) जमा कर लिया था, उसके शेयरहोल्डर्स इक्विटी से चार गुना अधिक थी। हालाँकि चौथी तिमाही में विश्व के शेयर बाजारों के दुबारा उछाल आने से लेहमैन के बाजार मूल्य में भी उछाल आया था; लेकिन कंपनी ने अपनी विशाल बंधक निवेश-सूची (मॉर्गेज पोर्टफोलियो) को पतला नहीं बनाया था और इस तरह लेहमैन ब्रदर्स के हाथों से स्वयं के बचाव का अंतिम अवसर भी जाता रहा था। इस प्रकार वर्ष 2007 के अंत तक लेहमैन की उधार सहन-शक्ति (लिवरेज)—कुल परिसंपत्ति (टोटल एसेट्स) व शेयरहोल्डर्स इक्विटी का अनुपात—31 हो चुका था और खराब होती जा रही बाजार स्थितियों में विशाल बंधक निवेश सूची लेहमैन की वित्तीय स्थिति को लगातार कमजोर बनाती जा रही थी।

फिर मार्च 2008 में जब बीयर स्टेअर्न्स कंपनीज—बंधक-समर्थित प्रतिभूतियों/मॉर्टगेज बैक्ड सिक्योरिटीज का अधिरक्षण (अंडरराइटिंग) करनेवाली दूसरी सबसे बड़ी निवेश साहूकार प्रतिष्ठान—लगभग ध्वस्त होने के कगार पर पहुँच गया था, तब यह अनुमान लगाया जाने लगा था कि अगली बारी बंधक ऋण के बादशाह

लेहमैन ब्रदर्स की थी और उसके बाजार मूल्य में 48 प्रतिशत की गिरावट आ गई थी। लेकिन कंपनी के आत्मविश्वास में थोड़ा सुधार तब आया था, जब अप्रैल में उसने अधिमानी स्वामित्व हिस्सेदारी (प्रिफर्ड शेयर ऑफ स्टॉक) जारी कर 4 अरब डॉलर की उगाही की थी, जो उस समय के बाजार मूल्य से 32 प्रतिशत अधिमूल्य (प्रीमियम) पर लेहमैन की स्वामित्व हिस्सेदारी (शेयर ऑफ स्टॉक) में बदलने योग्य थी। लेकिन प्रतिरक्षा निधियों (हेज फंड) के प्रबंधकों ने लेहमैन के मॉर्टगज पोर्टफोलियो के मूल्यांकन पर उँगलियाँ उठाना शुरू कर दिया था और कंपनी का बाजार मूल्य एक बार फिर से गिरना शुरू हो गया था।

> **9 जून, 2008 को लेहमैन ने दूसरी तिमाही में 2.8 अरब डॉलर के ऐतिहासिक घाटे की घोषणा की थी। यह सन् 1994 में अमेरिकन एक्सप्रेस कंपनी द्वारा अलग कर दिए जाने के बाद से लेहमैन ब्रदर्स का पहला घाटा था। इसके साथ ही कंपनी ने यह भी सूचित किया था कि उसने निवेशकों से 6 अरब डॉलर की उगाही की थी।**

9 जून, 2008 को लेहमैन ने दूसरी तिमाही में 2.8 अरब डॉलर के ऐतिहासिक घाटे की घोषणा की थी। यह सन् 1994 में अमेरिकन एक्सप्रेस कंपनी द्वारा अलग कर दिए जाने के बाद से लेहमैन ब्रदर्स का पहला घाटा था। इसके साथ ही कंपनी ने यह भी सूचित किया था कि उसने निवेशकों से 6 अरब डॉलर की उगाही की थी। कंपनी ने आगे सूचित किया था कि उसने अपने तरलता कुंड (लिक्विडिटी पूल) को बढ़ाकर 45 अरब डॉलर, कुल परिसंपत्ति को घटाकर 147 अरब डॉलर, आवासीय व वाणिज्यिक मॉर्टगेज के अपने जोखिम को 20 प्रतिशत तक कम और अपनी उधार सहन-शक्ति (लिवरेज) को 32 गुणक से घटाकर 25 कर लिया था। लेकिन इन सभी उपायों को बाजार ने बहुत कम तथा बहुत अधिक देर होना ही माना था। अगले कुछ महीनों में लेहमैन के प्रबंधकों ने संभावित साझेदारों को साथ लाने की बहुत सी असफल कोशिशें की थीं और सितंबर 2008 के पहले सप्ताह में कंपनी के बाजार मूल्य में 77 प्रतिशत की भारी गिरावट आ गई थी।

10 सितंबर को लेहमैन ने तीसरी तिमाही में 3.9 अरब डॉलर के घाटे के साथ-साथ अपनी परिसंपत्तियों में 5.6 अरब डॉलर के अवमूल्यन का प्रावधान

घोषित किया था। ठीक उसी दिन मूडीज इन्वेस्टर सर्विसेज ने लेहमैन के ऋण-पात्रता मूल्यांकन (क्रेडिट रेटिंग्स) की समीक्षा करने की घोषणा की थी और कहा था कि मूल्यांकन में गिरावट से बचने के लिए लेहमैन को अपने संभावित रणनीतिक साझेदार (स्ट्रेटेजिक पार्टनर) को बहुमत हिस्सेदारी (मेजॉरिटी स्टेक) को बेचना होगा। इन सभी घटनाओं के कारण 11 सितंबर को लेहमैन के बाजार मूल्य में 42 प्रतिशत की गिरावट आ गई थी। उस सप्ताह के अंत में जब लेहमैन ब्रदर्स के पास केवल 1 अरब डॉलर की नकदी बच गई थी, तब 13 सितंबर को उसने बर्कली तथा बैंक ऑफ अमेरिका से सौदेबाजी की असफल अंतिम कोशिश भी की थी; और 15 सितंबर को लेहमैन ब्रदर्स के पास स्वयं को दिवालिया घोषित करने के अलावा और कोई विकल्प नहीं बचा था।

कानून के दायरे में भी बहुत पैसा है

वॉरेन बफे अपने प्रबंधकों को स्पष्ट निर्देश देते रहे हैं कि कानून के दायरे में रहते हुए भी बहुत अधिक धन कमाया जा सकता है। हाँ, पैसा बनाने के लिए आक्रामक होना बहुत महत्त्वपूर्ण है; लेकिन आप कानून की सीमाओं के भीतर रहते हुए ऐसा कर सकते हैं।

वॉरेन बफे अपने प्रबंधकों को स्पष्ट निर्देश देते रहे हैं कि कानून के दायरे में रहते हुए भी बहुत अधिक धन कमाया जा सकता है। हाँ, पैसा बनाने के लिए आक्रामक होना बहुत महत्त्वपूर्ण है; लेकिन आप कानून की सीमाओं के भीतर रहते हुए ऐसा कर सकते हैं। बफे ने अपने अनुभवों से सीखा है कि जब प्रबंधक बहुत जल्द अधिक लाभ कमाने के चक्कर में कानून की सीमाओं को तोड़ते हैं, तो वे अपने एकमात्र कदम से समूचे व्यवसाय को जोखिम में डाल देते हैं। इस संदर्भ में सन् 1991 में सामने आए अमेरिकी राजकोषीय ऋण-प्रपत्र (यू.एस. ट्रेजरी ब्रांड) घोटाले का उदाहरण दिया जा सकता है, जब अपने दो ब्रांड व्यापारियों द्वारा कानून तोड़ने के कारण वॉल स्ट्रीट के दिग्गज निवेश बैंकिंग प्रतिष्ठान सालोमन ब्रदर्स का अस्तित्व खतरे में आ गया था। ऐसे में, सबसे बड़े निवेशक-निदेशक होने के नाते उसके बचाव के लिए वॉरेन बफे को सामने आना पड़ा था और 29 करोड़ डॉलर का भारी दंड भुगतने के बाद किसी तरह उनकी जान बच सकी थी।

वास्तव में, अगस्त 1987 में 'अधिग्रहण कलाकार' के रूप में कुख्यात अमेरिकी निवेशक रोनाल्ड ओवेन पेरेलमैन ने सालोमन ब्रदर्स में मिनरल्स एंड रिसोर्सेज कॉर्पोरेशन लिमिटेड/मिनरेको (विशाल दक्षिण अफ्रीका समूह एंग्लो-अमेरिकन कॉर्प की सहायक कंपनी) की 12 प्रतिशत हिस्सेदारी को खरीदकर कंपनी को अपने कब्जे में लेने की कोशिश शुरू कर दी थी। (मैक एंड्रयूज एंड फोर्ब्स इंकॉर्पोरेटेड के संस्थापक रोनाल्ड ओवेन पेरेलमैन वर्ष 2016 में 12.2 अरब डॉलर की निजी संपत्ति के साथ विश्व के सबसे धनवान् व्यक्तियों की सूची में 80वें स्थान पर था।) तब, सालोमन ब्रदर्स के तत्कालीन चेयरमैन व मुख्य कार्यकारी अधिकारी जॉन गुटफ्रंड ने वॉरेन बफे से संपर्क साधा था। 27 सितंबर, 1987 को वॉरेन बफे ने बर्कशायर हैथवे के माध्यम से 70 करोड़ डॉलर में सालोमन ब्रदर्स की 12 प्रतिशत हिस्सेदारी खरीदी थी। यह बफे का किसी एक कंपनी में तब तक का सबसे बड़ा निवेश था। लेकिन सालोमन ब्रदर्स को स्वयं को पेरेलमैन के अधिग्रहण साजिश से बचने के लिए 12 प्रतिशत हिस्सेदारी को वापस खरीदने के लिए 80.9 करोड़ डॉलर का भुगतान करना पड़ा था, अर्थात् बफे ने सालोमन ब्रदर्स के सहयोग के लिए 10.90 करोड़ डॉलर की भारी छूट पर हिस्सेदारी निवेश किया था और वह भी परिवर्तनीय अधिमानी स्वामित्व हिस्सेदारी (कन्वर्टेबल प्रिफर्ड शेयर ऑफ स्टॉक) थी, जिसे कभी भी सालोमन की सामान्य स्वामित्व हिस्सेदारी (कॉमन शेयर ऑफ स्टॉक) में बदला जा सकता था। और, बफे ने यह निवेश इसलिए किया था, क्योंकि पिछले वर्षों में जॉन गुटफ्रंड ने कई सौदों में उसकी मदद की थी। ऐसा पहली बार था, जब वॉरेन बफे ने वॉल स्ट्रीट के तथाकथित 'लालची समुदाय' में स्वयं को शामिल किया था, जिससे वह अब तक बचते रहे थे।

बफे ने यह निवेश इसलिए किया था, क्योंकि पिछले वर्षों में जॉन गुटफ्रंड ने कई सौदों में उसकी मदद की थी। ऐसा पहली बार था, जब वॉरेन बफे ने वॉल स्ट्रीट के तथाकथित 'लालची समुदाय' में स्वयं को शामिल किया था, जिससे वह अब तक बचते रहे थे।

याद रहे कि इस सौदे को अभी एक माह भी नहीं बीता था, जब 19 अक्तूबर, 1987 (काला सोमवार) को हांगकांग व यूरोपीय शेयर बाजारों में भारी गिरावट के बाद अमेरिकी शेयर बाजारों में भी भारी गिरावट आई थी और डॉव जोन्स इंडस्ट्रियल

एवरेज (डी.जे.आई.ए.) में 508 अंकों (22.6 प्रतिशत) की गिरावट दर्ज की गई थी। इससे एक सप्ताह पहले बर्कशायर हैथवे का बाजार मूल्य 4,230 डॉलर प्रति शेयर था, जो सोमवार को 3,170 डॉलर रह गया था; और एक दिन में कंपनी के बाजार पूँजीकरण में 5 अरब डॉलर नीचे आ गया था, जबकि वॉरेन बफे का व्यक्तिगत निवल मूल्य (नेटवर्थ) 34.20 करोड़ डॉलर कम हो गया था। लेकिन रोचक तथ्य यह है कि बाजार की अप्रत्याशित ऊँचाई का अनुमान लगाकर वॉरेन बफे ने अपनी निवेश-सूची की अधिकांश स्वामित्व हिस्सेदारियों को उच्चतम कीमतों पर बेचकर भारी नकदी एकत्रित कर ली थी, जो बेहद सस्ते सौदों में निवेश के काम आनेवाली थी।

रोचक तथ्य यह है कि बाजार की अप्रत्याशित ऊँचाई का अनुमान लगाकर वॉरेन बफे ने अपनी निवेश-सूची की अधिकांश स्वामित्व हिस्सेदारियों को उच्चतम कीमतों पर बेचकर भारी नकदी एकत्रित कर ली थी, जो बेहद सस्ते सौदों में निवेश के काम आनेवाली थी।

लेकिन वॉरेन बफे का बचाव सालोमन ब्रदर्स के लिए तात्कालिक साबित हुआ था और वह आनेवाले समय में कई वित्तीय उलझनों में फँसने वाली थी। लेकिन सबसे बड़ा संकट वर्ष 1991 में आया था, जब अमेरिकी राजकोष (यू.एस. ट्रेजरी) के उप-सहायक सचिव (डिप्टी असिस्टेंट सेक्रेटरी) माइक बॉशम को पता चला था कि सालोमन के व्यापारी पॉल मोजर ने दिसंबर 1990 से मई 1991 के बीच की अवधि में एक खरीदार की अनुमति से अधिक राजकोषीय ऋण-प्रपत्र (ट्रेजरी बॉण्ड) खरीदने की कोशिश में झूठी बोली लगाई थी। इस प्रकरण में चेयरमैन व मुख्य कार्यकारी अधिकारी जॉन गुटफ्रेंड को अगस्त 1991 में अपना पद-त्याग करना पड़ा था। फिर अमेरिकी प्रतिभूति एवं विनिमय आयोग (यू.एस. सिक्योरिटीज एंड एक्सचेंज कमीशन/एस.ई.सी.) ने जॉन गुटफ्रेंड पर 1,00,000 डॉलर का जुर्माना ठोंका था और उसे किसी भी निवेश बैंकिंग व दलाली प्रतिष्ठान के मुख्य कार्यकारी अधिकारी के रूप में सेवा देने से रोक दिया गया था। इस बीच, जॉन गुटफ्रेंड के स्थान पर सबसे बड़े निवेशक होने के नाते वॉरेन बफे ने सालोमन ब्रदर्स की कमान सँभाली थी और एस.ई.सी. की जाँच में हर संभव मदद की थी।

बफे की पुरानी साख तथा इस प्रकरण में ईमानदार सहयोग को देखकर एस.ई.सी. ने सालोमन के ऋण-प्रपत्रों के व्यापार पर पाबंदी तो नहीं लगाई थी, लेकिन क्षतिपूर्ति के लिए 29 करोड़ डॉलर का आर्थिक दंड भुगतान का फैसला सुना दिया था, जो उस समय का ऐतिहासिक दंड था। नौ महीने तक सालोमन का कामकाज देखने के बाद बफे ने अपना कार्यभार कंपनी के सुयोग्य हाथों में सौंप दिया था। अंततः सन् 1997 में वित्तीय समूह ट्रैवलर्स ने 9 अरब डॉलर में अधिगृहीत किया था और ओमाहा मुख्यालय में बैठे वॉरेन बफे ने राहत की साँस ली थी; क्योंकि उसका 70 करोड़ डॉलर का निवेश का मूल्य अब 1.70 अरब डॉलर बन गया था। लेकिन बफे के लिए वॉल स्ट्रीट के प्रतिष्ठान में निवेश का यह अनुभव बहुत ही कड़वा रहा था और वर्ष 2001 तक वह सालोमन से पूरी तरह बाहर आ गया था। वर्ष 2007 में ट्रैवलर्स का सिटी ग्रुप में विलय हो गया था।

ओमाहा मुख्यालय में बैठे वॉरेन बफे ने राहत की साँस ली थी; क्योंकि उसका 70 करोड़ डॉलर का निवेश का मूल्य अब 1.70 अरब डॉलर बन गया था। लेकिन बफे के लिए वॉल स्ट्रीट के प्रतिष्ठान में निवेश का यह अनुभव बहुत ही कड़वा रहा था और वर्ष 2001 तक वह सालोमन से पूरी तरह बाहर आ गया था। वर्ष 2007 में ट्रैवलर्स का सिटी ग्रुप में विलय हो गया था।

लेकिन वॉरेन बफे का यह अनुभव अपने प्रबंधकों को सावधान करने के काम में आया था। वह अपने प्रबंधकों को इस उदाहरण से समझाते रहे थे कि तात्कालिक लाभ के लिए कानून की सीमा को तोड़ना व्यक्तिगत पेशेवर जीवन के साथ-साथ व्यवसाय के अस्तित्व के लिए भी सबसे बड़ा खतरा सिद्ध हो सकता है।

गलतियों से अधिक सफलताएँ अनिवार्य

वॉरेन बफे भी आसमान से टपके नहीं थे। उन्होंने भी अपना सौभाग्य साम्राज्य गलतियों से सीखकर ही किया था। उनका कथन है, "मैंने बहुत सी गलतियाँ की हैं और मैं बहुत सी और गलतियाँ भी करूँगा। यह खेल का हिस्सा है। आपको बस, इतना सुनिश्चित करना है कि सही चीजें गलत चीजों को काबू कर लें।" जी

हाँ, आप गलतियों से बच तो नहीं सकते, हाँ, उनसे सीखकर अधिक सफलताएँ अवश्य हासिल कर सकते हैं। तो होशियारी केवल इतनी है कि आपकी सफलताएँ आपकी गलतियों पर भारी पड़ें। लेकिन यदि समीकरण उलटा हुआ तो समस्याओं में फँसना भी निश्चित ही है। बफे के अनुभवों से हम निम्नलिखित सावधानियाँ बरत सकते हैं—

बहुत हड़बड़ी में फैसले न करें—वर्ष 2011 के वार्षिक प्रतिवेदन में बर्कशायर हैथवे के शेयरधारकों को संबोधित पत्र में वॉरेन बफे ने एनर्जी फ्यूचर होल्डिंग्स के ऋण-प्रपत्र (बॉण्ड) में भारी निवेश की अपनी गलती के बारे में बताया था। बफे ने लिखा था—"कुछ साल पहले मैंने एनर्जी फ्यूचर होल्डिंग्स, जो टेक्सास के हिस्सों में बिजली उपयोगिता परिचालन सेवा प्रदान करनेवाली थी, के कई ऋण-प्रपत्रों को खरीदने में 2 अरब डॉलर खर्च किए थे। वह गलती थी—बड़ी गलती। बड़े पैमाने पर, कंपनी की संभावनाएँ प्राकृतिक गैस की कीमतों से जुड़ी हुई थीं, जो हमारी खरीद के तुरंत बाद नीचे जा गिरी थीं और उदास ही बनी रही थीं। हालाँकि हमने अपनी खरीद के बाद से वार्षिक 10.2 करोड़ का ब्याज भुगतान प्राप्त किया है, लेकिन कंपनी की भुगतान करने की क्षमता जल्द ही समाप्त हो जाएगी, जब तक कि गैस की कीमतें काफी हद तक बढ़ न जाएँ। हमने वर्ष 2010 में अपने निवेश में 1 अरब डॉलर तथा पिछले वर्ष 39 करोड़ डॉलर का अतिरिक्त अवमूल्यन किया था। वर्ष के अंत में हमने ऋण-प्रपत्रों को उनके बाजार मूल्य 87.8 करोड़ डॉलर पर ढोया है। अगर गैस की कीमतें वर्तमान स्तर पर बनी रहती हैं तो संभवतः हमें एक और नुकसान का सामना करना पड़ सकता है—संभवतः उस मात्रा में, जो वास्तव में हमारे वर्तमान ढोए जानेवाले

> **वर्ष के अंत में हमने ऋण-प्रपत्रों को उनके बाजार मूल्य 87.8 करोड़ डॉलर पर ढोया है। अगर गैस की कीमतें वर्तमान स्तर पर बनी रहती हैं तो संभवतः हमें एक और नुकसान का सामना करना पड़ सकता है—संभवतः उस मात्रा में, जो वास्तव में हमारे वर्तमान ढोए जानेवाले मूल्य को मिटा देगा। इसके विपरीत, गैस की कीमतों में पर्याप्त वृद्धि हमें अपने अवमूल्यन का कुछ या फिर पूरा वापस निकालने की अनुमति दे सकती है।**

मूल्य को मिटा देगा। इसके विपरीत, गैस की कीमतों में पर्याप्त वृद्धि हमें अपने अवमूल्यन का कुछ या फिर पूरा वापस निकालने की अनुमति दे सकती है। हालाँकि बातें बाहर निकलती हैं, जब मैंने ऋण-प्रपत्र (ब्रॉण्ड) खरीदे थे, मैंने लाभ/हानि की संभावनाओं का पूरी तरह से गलत अनुमान लगाया था। टेनिस की शब्दावली में—यह आपके अध्यक्ष द्वारा अनायास की गई प्रमुख त्रुटि थी।"

बफे का अनुमान सच निकला था और निजी औचित्य प्रतिष्ठान (प्राइवेट इक्विटी फर्म) के.के. आर., टी.पी.जी. कैपिटल व गोल्डमैन सैश कैपिटल पार्टनर्स द्वारा वर्ष 2007 में खरीदी गई एनर्जी फ्यूचर होल्डिंग्स (ई.एफ. एच.) 40 अरब डॉलर से अधिक के ऋण बोझ को अधिक समय तक सह न सकी थी।

फिर दो वर्षों बाद, 2013 के वार्षिक प्रतिवेदन में, बर्कशायर हैथवे के शेयरधारकों संबोधित पत्र में वॉरेन बफे ने लिखा था—"आप में से अधिकांश ने कभी एनर्जी फ्यूचर होल्डिंग्स (ई.एफ.एच.) के बारे में नहीं सुना है। अपने आप को भाग्यशाली मानें; मुझे यकीन है कि मैं नहीं था। टेक्सास में विद्युत् उपयोगिता परिसंपत्तियों (इलेक्ट्रिक यूटिलिटी एसेट्स) की विशाल उधार सहन-शक्ति प्राप्त खरीदारी (लीवरेज बैकआउट) को प्रभावी करने के लिए वर्ष 2007 में कंपनी का गठन किया गया था। औचित्य स्वामियों (इक्विटी ओनर्स) ने 8 अरब डॉलर डाला था और इसके अतिरिक्त बहुत बड़ी राशि उधार भी ली थी। बर्कशायर द्वारा लगभग 2 अरब डॉलर का ऋण खरीदा गया था। इसके लिए मैंने चार्ली (मुँगेर) से परामर्श किए बिना फैसला किया था। वह बहुत बड़ी गलती थी। जब तक प्राकृतिक गैस की कीमतों में बढ़ोतरी नहीं होती है, ई.एफ. एच. लगभग निश्चित रूप से वर्ष 2014 में दिवालिएपन के लिए आवेदन दाखिल करेगा। पिछले साल हमने 25.9 करोड़ डॉलर में अपना स्वामित्व बेचा था। जब ऋण-प्रपत्रों (बॉण्ड्स) के स्वामी रहते हुए हमें नकद ब्याज में 83.7 करोड़ डॉलर मिले थे। कुल मिलाकर, इसलिए हमें 87.3 करोड़ डॉलर का कर पूर्व (प्री-टैक्स) नुकसान हुआ था। अगली बार मैं चार्ली को फोन करूँगा।"

जी हाँ, बफे का अनुमान सच निकला था और निजी औचित्य प्रतिष्ठान (प्राइवेट इक्विटी फर्म) के.के.आर., टी.पी.जी. कैपिटल व गोल्डमैन सैश कैपिटल

पार्टनर्स द्वारा वर्ष 2007 में खरीदी गई एनर्जी फ्यूचर होल्डिंग्स (ई.एफ.एच.) 40 अरब डॉलर से अधिक के ऋण बोझ को अधिक समय तक सह न सकी थी। गैस की कीमतें बढ़ने की उम्मीद में किया गया यह सौदा बहुत महँगा जुआ साबित हुआ था, जब 29 अप्रैल, 2014 को ई.एफ.एच. ने स्वयं को दिवालिया घोषित कर दिया था। लेकिन बफे को धन के नुकसान से अधिक इस बात का पछतावा था कि उन्होंने फैसला लेने से पहले अपने बहुत पुराने मित्र और बर्कशायर के वाईस चेयरमैन से सलाह नहीं ली थी। लेकिन बफे की तरह बहुत कम लोग ही इतने सौभाग्यशाली होते हैं, जिनके पास सलाह करने के लिए चार्ली मुँगेर जैसा मित्र होता है। लेकिन हम लोग वैसा करने से बचने की जी-तोड़ कोशिश अवश्य ही कर सकते हैं, जैसा कि बफे ने किया था—उन्होंने बहुत हड़बड़ी में फैसला किया था। निवेश पर अपने निर्णय को अंतिम रूप देने से पहले थोड़ा अधिक समय लगाना ही अच्छा है, भले ही वह बफे की 2 अरब डॉलर की गलती से बहुत कम ही क्यों न हो। ध्यान रहे कि बफे की सफलताओं के सामने 2 अरब की डॉलर गलती बहुत ही छोटी थी, और वह उसे बड़े आराम से झेल सकता था।

जिनके पास सलाह करने के लिए चार्ली मुँगेर जैसा मित्र होता है। लेकिन हम लोग वैसा करने से बचने की जी-तोड़ कोशिश अवश्य ही कर सकते हैं, जैसा कि बफे ने किया था–उन्होंने बहुत हड़बड़ी में फैसला किया था। निवेश पर अपने निर्णय को अंतिम रूप देने से पहले थोड़ा अधिक समय लगाना ही अच्छा है, भले ही वह बफे की 2 अरब डॉलर की गलती से बहुत कम ही क्यों न हो। ध्यान रहे कि बफे की सफलताओं के सामने 2 अरब की डॉलर गलती बहुत ही छोटी थी, और वह उसे बड़े आराम से झेल सकता था।

कंपनी व उद्योग का संपूर्ण मूल्यांकन करें—बफे ने वर्ष 2015 में बर्कशायर के शेयरधारकों को कंपनी के विनिर्माण (मैन्युफैक्चरिंग), सेवा (सर्विसेज) व खुदरा (रिटेल) परिचालनों के अपने अब तक के कार्य-प्रदर्शन के बारे में लिखा था। अधिकतर ने ठोस परिणाम दिए थे, लेकिन उनमें से सभी ने नहीं।

अधिकतर मामलों में, जहाँ कंपनियाँ अच्छा प्रदर्शन नहीं कर रही थीं, उन्होंने स्वीकार किया था कि उनसे कंपनी तथा संबंधित उद्योग के मूल्यांकन में गलती हुई थी। संभवत: वॉरेन बफे के उद्योग के अपने मूल्यांकन में गलत होने का सबसे बड़ा उदाहरण तो मूल कंपनी बर्कशायर हैथवे ही थी। बर्कशायर तब वस्त्र विनिर्माता थी और बफे के पास अपनी स्वामित्व हिस्सेदारियाँ (शेयर ऑफ स्टॉक) को बेचने तथा अच्छा लाभ कमाने का अवसर था। लेकिन उसके बदले बफे ने वस्त्र उद्योग की उस कंपनी में निवेश करना जारी रखा था, जिसे बाद में उन्होंने मरता हुआ व्यवसाय स्वीकार किया था। जी हाँ, बफे ने सन् 1965 में बर्कशायर को अधिगृहीत किया था; लेकिन जब सन् 1985 में उन्होंने वस्त्र परिचालनों को पूरी तरह से बंद किया था, तब तक 20 वर्ष बीत चुके थे। इस तरह बफे जैसे होशियार निवेशक से भी धन के साथ-साथ समय की भी बरबादी हो सकती है। इससे यही साबित होता है कि कोई भी व्यक्ति हमेशा सही नहीं हो सकता। लेकिन इसका अर्थ यह भी नहीं हो सकता कि हम सच को स्वीकार कर सख्त कदम उठाने से बचते रहें। इसलिए निवेश करने से पहले कंपनी के साथ-साथ संबंधित उद्योग का संपूर्ण मूल्यांकन अनिवार्य है।

कोई भी व्यक्ति हमेशा सही नहीं हो सकता। लेकिन इसका अर्थ यह भी नहीं हो सकता कि हम सच को स्वीकार कर सख्त कदम उठाने से बचते रहें। इसलिए निवेश करने से पहले कंपनी के साथ-साथ संबंधित उद्योग का संपूर्ण मूल्यांकन अनिवार्य है।

प्रतिस्पर्धा की भी पूरी जाँच करें—बफे ने वर्ष 2015 में बर्कशायर के शेयरधारकों को लिखे अपने वार्षिक पत्र में उल्लेख किया था कि डेक्सटर शूज को खरीदने से पहले प्रतिस्पर्धा की जाँच नहीं करना उनकी अब तक की सबसे भयानक गलतियों में एक था। वर्ष 1993 में जब उन्होंने कंपनी को खरीदा था, तब सबकुछ बहुत अच्छा लग रहा था। हालाँकि बफे को उस समय पता नहीं था कि विदेशी प्रतियोगिता अपना सिर उठानेवाली थी और डेक्सटर शूज में उनका शुरुआती 44.3 अरब डॉलर का निवेश शून्य हो जानेवाला था। तो यह घटना हमें यह सिखाती है कि चाहे हम किसी भी स्वामित्व हिस्सेदारी (शेयर ऑफ स्टॉक) को खरीद रहे हों, वह किस उद्योग में है या निवेश का आकार

क्या है, हमें सबसे पहले संबंधित बाजार-खंड की प्रतिस्पर्धा की पूरी जाँच करनी होगी। याद रहे कि हरेक बाजार-खंड ऐसी कंपनियों से भरा हुआ है, जो कभी बहुत ही ठोस रही थीं; लेकिन अंततः वे अपने से अधिक अच्छे, अधिक तेज एवं अधिक सस्ते प्रतिद्वंद्वियों के खिलाफ प्रतिस्पर्धा नहीं कर सकीं।

बेहतर निवेशित धन का कहीं और निवेश न करें—वॉरेन बफे को डेक्सटर शू सौदा में प्रतिस्पर्धा की पूरी जाँच न करने की गलती से अधिक इस बात का पछतावा अधिक था कि उन्होंने लेन-देन के लिए बर्कशायर हैथवे की स्वामित्व हिस्सेदारियों (शेयर ऑफ स्टॉक) का उपयोग किया था। वर्ष 2014 में जब बफे ने अंशधारकों को सूचित किया था, तब तक डेक्सटर के बदले में दी गई स्वामित्व हिस्सेदारियों का बाजार मूल्य 5.7 अरब डॉलर हो गया था, जो बाद में और भी 40 प्रतिशत ऊपर चला जानेवाला था। तो इस घटना से महत्त्वपूर्ण पाठ सीखने को मिलता है कि बेहतर ढंग से निवेशित धन का कहीं और निवेश न करें।

यहाँ महान् प्राचीन भारतीय अर्थशास्त्री आचार्य चाणक्य का कथन सटीक बैठता है, "यो ध्रुवाणि परित्यज्य अध्रुवं परिषेवते। ध्रुवाणि तस्य नश्यन्ति अध्रुम नष्टमेव च।" अर्थात् "जो निश्चित को छोड़कर अनिश्चित का सहारा लेता है, उसका निश्चित भी नष्ट हो जाता है; अनिश्चित तो स्वयं नष्ट होता ही है।" जी हाँ, कभी-कभी अधिकतर बुद्धिमान निवेशकों से भी बहुत बड़ी गलती हो जाती है कि वे निश्चित आमदनी देनेवाली स्वामित्व हिस्सेदारियों को बेचकर अपने धन को अनिश्चित संभावनाओं में निवेशित कर देते हैं। तो, यदि कोई स्वामित्व हिस्सेदारी ठोस लाभ कमा रही है और उस व्यवसाय का आधारभूत सिद्धांत ठोस है, तो उसे वहीं बने रहने दें।

कभी-कभी अधिकतर बुद्धिमान निवेशकों से भी बहुत बड़ी गलती हो जाती है कि वे निश्चित आमदनी देनेवाली स्वामित्व हिस्सेदारियों को बेचकर अपने धन को अनिश्चित संभावनाओं में निवेशित कर देते हैं। तो, यदि कोई स्वामित्व हिस्सेदारी ठोस लाभ कमा रही है और उस व्यवसाय का आधारभूत सिद्धांत ठोस है, तो उसे वहीं बने रहने दें।

स्वयं पर बहुत अधिक संदेह न करें—बर्कशायर हैथवे ने सन् 1998 में

जनरल रीइंश्योरेंस कॉर्पोरेशन (जेन री) को खरीदा था। इसके तुरंत बाद वॉरेन बफे ने अपने फैसले पर संदेह करना शुरू कर दिया था। ऐसी समस्याएँ थीं, जिससे बाहरी पर्यवेक्षकों को लगता था कि अरबपति निवेशक बफे ने इस बार बहुत बड़ी गलती कर ली थी; लेकिन बफे ने 'जेन री' खरीदकर कोई गलती नहीं की थी। हाँ, उनकी सबसे बड़ी गलती यह थी कि वे बाहरी पर्यवेक्षकों के संदेहों के कारण स्वयं के फैसले पर 'संदेह' कर रहे थे। लेकिन बफे ने उस संदेह को अपने फैसले के ऊपर हावी नहीं होने दिया था, क्योंकि दुबारा मूल्यांकन के बाद वह निश्चिंत हो गए थे कि उनका फैसला मौलिक निवेश सिद्धांतों पर खरा था और उन्हें बाहरी अनुमानों पर दुबारा ध्यान देने की आवश्यकता नहीं थी। सौभाग्यवश, बफे ने अपने फैसले पर दृढ़ विश्वास बनाए रखा था और 'जेन री' उन्हीं के शब्दों में 'रत्न' (जेम) सिद्ध हुआ था। इस घटना से सबसे बड़ी सीख यह मिलती है कि स्वयं पर बहुत अधिक संदेह करना उचित नहीं है। यदि आपने ठोस निवेश सिद्धांतों को ध्यान में रखते हुए कोई स्वामित्व हिस्सेदारी खरीदी है तो बाहरी प्रतिक्रियाओं को देखते हुए अपने फैसले की दुबारा पुष्टि अवश्य करें; लेकिन बार-बार अपने फैसले पर संदेह न करें। याद रखें, आपने अपने दृष्टिकोण से फैसला किया है, जिसका दूसरों से मेल खाना अनिवार्य नहीं है।

वॉरेन बफे जिस स्वामित्व हिस्सेदारी (शेयर ऑफ स्टॉक) को खरीद लेते हैं, उसे पकड़कर बैठ जाते हैं। लेकिन यह पूरा सच नहीं है। वह अपनी निवेश-सूची (इन्वेस्टमेंट पोर्टफोलियो) में से कुछ अपवादों को छोड़कर शेष को नियमित रूप से बेचते भी रहते हैं।

जब बेचने का समय आए तो लालच न करें—आम धारणा यही है कि वॉरेन बफे जिस स्वामित्व हिस्सेदारी (शेयर ऑफ स्टॉक) को खरीद लेते हैं, उसे पकड़कर बैठ जाते हैं। लेकिन यह पूरा सच नहीं है। वह अपनी निवेश-सूची (इन्वेस्टमेंट पोर्टफोलियो) में से कुछ अपवादों को छोड़कर शेष को नियमित रूप से बेचते भी रहते हैं। वर्ष 2013 में टेस्को किराना व सामान्य व्यापारिक वस्तुओं की ब्रिटिश बहुराष्ट्रीय खुदरा विक्रेता कंपनी बर्कशायर की सबसे अधिक स्वामित्ववाली कंपनियों की सूची में शामिल थी; लेकिन अगले वर्ष वह उस सूची से पूरी तरह गायब हो गई थी। हालाँकि बफे को टेस्को प्रबंधन की गड़बड़ियों का पता वर्ष

2013 में चल गया था और उन्होंने कुछ स्वामित्व हिस्सेदारियाँ बेचकर लाभ भी अर्जित किया था, लेकिन उसकी स्थिति सुधरने की उम्मीद में उन्होंने बाकी हिस्सेदारियाँ बेचने में काफी समय लगा दिया था, अर्थात् जब बेचने का समय आ गया था, तब बफे को भविष्य के और अधिक लाभ का लालच आ गया था। और इसका नतीजा यह निकला था कि वर्ष 2014 के अंत में बर्कशायर को इस सौदे के मद में कुल 44.4 करोड़ डॉलर के शुद्ध घाटे का प्रावधान करना पड़ा था।

बफे ने बर्कशायर हैथवे के वर्ष 2014 के वार्षिक प्रतिवेदन में अंशधारकों को संबोधित पत्र में इस घटनाक्रम का वर्णन इस प्रकार किया था—

"सचेत पाठकगण ध्यान देंगे कि टेस्को, जो पिछले वर्ष हमारे सबसे बड़े सामान्य स्वामित्व हिस्सेदारी (कॉमन शेयर ऑफ स्टॉक) निवेश की सूची में प्रकट हुआ था, अब अनुपस्थित है। एक सचेत निवेशक की तरह मैं प्रतिवेदन करने में शर्मिंदा हूँ कि टेस्को की स्वामित्व हिस्सेदारियों को पहले ही बेच दिया होता। मैंने इस निवेश के साथ समय बिताकर बड़ी गलती की है। वर्ष 2012 के अंत में हमने तब और अब भी यूनाइटेड किंगडम के अग्रणी खाद्य विक्रेता तथा दूसरे देशों में महत्त्वपूर्ण पंसारी की 41.5 करोड़ स्वामित्व हिस्सेदारियों को धारण किया था। इस निवेश की हमारी लागत 2.3 अरब डॉलर थी और बाजार-मूल्य भी समान राशि का ही था।

एक सचेत निवेशक की तरह मैं प्रतिवेदन करने में शर्मिंदा हूँ कि टेस्को की स्वामित्व हिस्सेदारियों को पहले ही बेच दिया होता। मैंने इस निवेश के साथ समय बिताकर बड़ी गलती की है। वर्ष 2012 के अंत में हमने तब और अब भी यूनाइटेड किंगडम के अग्रणी खाद्य विक्रेता तथा दूसरे देशों में महत्त्वपूर्ण पंसारी की 41.5 करोड़ स्वामित्व हिस्सेदारियों को धारण किया था। इस निवेश की हमारी लागत 2.3 अरब डॉलर थी और बाजार-मूल्य भी समान राशि का ही था।

"वर्ष 2013 में मैं कंपनी के प्रबंधन पर कुछ हद तक नाराज हो गया और 11.4 करोड़ स्वामित्व हिस्सेदारियों (शेयर ऑफ स्टॉक) की बिक्री की थी, जिससे 4.3 करोड़ डॉलर का लाभ हासिल हुआ था। बिक्री करने में मेरी आरामदायक गति

से महँगी साबित होनेवाली थी। चार्ली (मुंगेर) इस प्रकार के व्यवहार को 'अँगूठा चूसना' कहते हैं। (मेरी देरी की लागत क्या है, यह ध्यान में रखते हुए कि वह दयालु बन रहा है।)

"वर्ष 2014 के दौरान टेस्को की समस्याएँ हर माह बिगड़ती चली गई थीं। कंपनी की बाजार हिस्सेदारी (मार्केट शेयर) गिर गई। इसकी लाभ-सीमा (प्रॉफिट मार्जिन) सिकुड़ने लगी और लेखांकन की समस्याएँ सामने आ गईं। व्यवसाय की दुनिया में, बुरे समाचार बहुधा क्रम से सतह पर आते हैं। आप अपनी रसोई में एक तिलचट्टा देखते हैं; जैसे ही दिन जाते हैं, आप उसके सगे-संबंधियों से मिलते हैं। हम पूरे साल भर टेस्को की स्वामित्व हिस्सेदारियाँ बेचते रहे और अब स्थिति से बाहर हैं। (हमें उल्लेख करना चाहिए, कंपनी ने नए प्रबंधन को काम पर रखा है और हम उन्हें शुभकामना देते हैं।) इस निवेश से हमारा कर पश्चात् घाटा (आफ्टर टैक्स लॉस) 44.4 करोड़ डॉलर था, बर्कशायर के निवल मूल्य (नेट वर्थ) के 1 प्रतिशत का पाँचवाँ हिस्सा। पिछले पचास वर्षों में हमें केवल एक बार निवेश घाटा हुआ है, जिसकी लागत बिक्री के समय हमारे निवल मूल्य का 2 प्रतिशत थी। हमने दो बार 1 प्रतिशत के नुकसान के अनुभव किए हैं। ये तीनों घाटे वर्ष 1974 से 1975 की अवधि में हुए थे, जब हम दूसरों को खरीदने के लिए—जिन्हें हम सस्ता मानते थे—बहुत सस्ते में स्वामित्व (स्टॉक) बेचते थे।"

हमें यह शिक्षा मिलती है कि जब स्वामित्व हिस्सेदारियों को बेचने का उचित समय आ जाए, अर्थात् जब हमें एक बार यह पता चल जाए कि वह निवेश सुरक्षित नहीं है तो भविष्य में अधिक लाभ कमाने के लालच में उनकी बिकवाली में देर न करें, बिल्कुल भी न डरें।

"तो, इस घटना से हमें यह शिक्षा मिलती है कि जब स्वामित्व हिस्सेदारियों को बेचने का उचित समय आ जाए, अर्थात् जब हमें एक बार यह पता चल जाए कि वह निवेश सुरक्षित नहीं है तो भविष्य में अधिक लाभ कमाने के लालच में उनकी बिकवाली में देर न करें, बिल्कुल भी न डरें।

खरीदने में भी टाल-मटोल न करें—लेकिन वॉरेन बफे की सबसे बड़ी गलती एक अलग तरह की टाल-मटोल थी। वर्ष 2014 में उन्होंने शेयरधारकों से

कहा था कि उनकी लगभग सबसे बड़ी गलतियाँ 'स्वामित्व न खरीदने' की रही हैं; जबकि उसे ऐसा करना चाहिए थे। इस संदर्भ में बफे ने वॉलमार्ट की स्वामित्व हिस्सेदारी खरीदने के मामले में अपने भयानक टाल-मटोल का उल्लेख किया था। रोचक तथ्य यह है कि बफे ने वर्ष 1990 के अंशधारकों को संबोधित अपने वार्षिक पत्र में इस विशाल खुदरा दिग्गज की चर्चा करते हुए लिखा था कि किस प्रकार वॉलमार्ट की कम परिचालन लागत (ऑपरेटिंग कास्ट) उसे उन कीमतों पर बेचने की अनुमति देती थी, जिनकी बराबरी प्रतिस्पर्धी नहीं कर सकते थे और इसलिए वह अपनी बाजार हिस्सेदारी में वृद्धि कर सकते थे। लेकिन वॉरेन बफे इस खरीदारी के बारे में अंतिम फैसला करने अगले पंद्रह वर्षों तक टाल-मटोल करते रहे थे और 2005 से पहले वॉलमार्ट की कोई स्वामित्व हिस्सेदारी नहीं खरीदी थी। वर्ष 2016 के मध्य में बफे के पास वॉलमार्ट की लगभग 3 अरब डॉलर मूल्य की स्वामित्व हिस्सेदारियाँ बची थीं, लेकिन उसके बाद उन्होंने उन्हें बेचना शुरू कर दिया था और फरवरी 2017 में उनके पास केवल 10 करोड़ डॉलर मूल्य की स्वामित्व हिस्सेदारियाँ शेष बची थीं। वास्तव में, वर्ष 2016 की शुरुआत में ही बफे ने अपने अंशधारकों को सूचित किया था कि वॉलमार्ट जैसी महारथी खुदरा कंपनी के दिन लद चुके थे और आनेवाला भविष्य अमेजन.कॉम जैसी इलेक्ट्रॉनिक वाणिज्य कंपनियों का था।

> **वॉरेन बफे की इस महान् गलती से हमें यही सीखने को मिलता है कि जब किसी स्वामित्व हिस्सेदारी को खरीदने का उचित समय हो तो फैसला करने में टालम-टोल नहीं करना चाहिए। बफे ने स्वीकार किया था कि यदि उन्होंने वॉलमार्ट में निवेश के मामले में टाल-मटोल न किया होता और वर्ष 1990 में ही अवसर को झपट कर उसकी स्वामित्व हिस्सेदारियाँ खरीदी होतीं तो बर्कशायर हैथवे के कुल निवल मूल्य में कम-से-कम 50 अरब डॉलर (2014 तक) की बढ़त हुई होती।**

तो वॉरेन बफे की इस महान् गलती से हमें यही सीखने को मिलता है कि जब किसी स्वामित्व हिस्सेदारी को खरीदने का उचित समय हो तो फैसला करने में टालम-टोल नहीं करना चाहिए। बफे ने स्वीकार किया था कि यदि

उन्होंने वॉलमार्ट में निवेश के मामले में टाल-मटोल न किया होता और वर्ष 1990 में ही अवसर को झपट कर उसकी स्वामित्व हिस्सेदारियाँ खरीदी होतीं तो बर्कशायर हैथवे के कुल निवल मूल्य में कम-से-कम 50 अरब डॉलर (2014 तक) की बढ़त हुई होती। इसका अर्थ यह भी हुआ कि जब हमें पता होता कि अमुक कंपनी की स्वामित्व हिस्सेदारी की भविष्य की संभावनाएँ सुनहरी हैं, फिर भी हम उसे खरीदने में देरी करते हैं तो यह मेज पर रखी सोने की थैली को न उठाने जैसी गलती ही होती है। तो, जब भी खरीदने का अवसर मिले, उसे तत्काल झपट लेना चाहिए।

…और अंत में, वॉरेन बफे अपने प्रबंधकों को चापलूसों से बचने की भी सलाह देते हैं।

□□□